全球金融与投资
佳 | 作 | 精 | 选

RISK ARBITRAGE
AN INVESTOR'S GUIDE
（2nd Edition）

风险套利
投资者指南
（第2版）

[美] 基思·M. 穆尔　著
（Keith M. Moore）

王伟　李道　姚楚楚◎译

清华大学出版社
北京

北京市版权局著作权合同登记号　　图字：01-2018-5924

Keith M. Moore

Risk Arbitrage: An Investor's Guide, 2nd Edition

EISBN: 978-0470379745

Copyright © 2018 by John Wiley & Sons, Inc.

Original language published by John Wiley & Sons, Inc. All rights reserved.

本书原版由 John Wiley & Sons, Inc. 出版。版权所有，盗印必究。

Tsinghua University Press is authorized by John Wiley & Sons, Inc. to publish and distribute exclusively this Simplified Chinese edition. This edition is authorized for sale in the People's Republic of China only (excluding Hong Kong, Macao SAR and Taiwan). Unauthorized export of this edition is a violation of the Copyright Act. No part of this publication may be reproduced or distributed by any means, or stored in a database or retrieval system, without the prior written permission of the publisher.

本中文简体字翻译版由 John Wiley & Sons, Inc. 授权清华大学出版社独家出版发行。此版本仅限在中华人民共和国境内（不包括中国香港、澳门特别行政区及中国台湾地区）销售。未经授权的本书出口将被视为违反版权法的行为。未经出版者预先书面许可，不得以任何方式复制或发行本书的任何部分。

本书封面贴有 Wiley 公司防伪标签，无标签者不得销售。
版权所有，侵权必究。举报：010-62782989，beiqinquan@tup.tsinghua.edu.cn。

图书在版编目(CIP)数据

　风险套利：投资者指南：第2版 /（美）基思・M. 穆尔（Keith M. Moore）著；王伟，李道，姚楚楚译. —北京：清华大学出版社，2021.7（2022.11重印）
　（全球金融与投资佳作精选）
　书名原文：Risk Arbitrage: An Investor's Guide, 2nd Edition
　ISBN 978-7-302-53839-4

　Ⅰ.①风⋯　Ⅱ.①基⋯ ②王⋯ ③李⋯ ④姚⋯　Ⅲ.①金融投资－指南　Ⅳ.①F830.59-62

中国版本图书馆 CIP 数据核字（2019）第 227833 号

责任编辑：刘　洋
封面设计：李召霞
版式设计：方加青
责任校对：王荣静
责任印制：丛怀宇

出版发行：清华大学出版社
　　　　网　　址：http://www.tup.com.cn, http://www.wqbook.com
　　　　地　　址：北京清华大学学研大厦 A 座　　　　邮　编：100084
　　　　社 总 机：010-83470000　　　　　　　　　　邮　购：010-62786544
　　　　投稿与读者服务：010-62776969，c-service@tup.tsinghua.edu.cn
　　　　质 量 反 馈：010-62772015，zhiliang@tup.tsinghua.edu.cn
印 装 者：三河市东方印刷有限公司
经　　销：全国新华书店
开　　本：170mm×240mm　　　印　张：20.25　　　字　数：306 千字
版　　次：2021 年 9 月第 1 版　　印　次：2022 年 11 月第 2 次印刷
定　　价：128.00 元

产品编号：081111-01

内 容 简 介

　　本书从一个从业者的角度阐述风险套利的基本概念和理论，介绍在实战中交易员和风控经理使用的多种风险套利工具。本书第2版根据最新的法律和法规更新并修改了相对应的内容，同时增加了一些新的案例和最新的关于计算机交易系统的讨论。本书的出版会让读者对收购并购中的风险套利的规则和影响因素有一个深刻的认识，同时也会增强读者在管理风险组合方面与专业的基金管理人竞争的能力。本书还包含计算风险套利过程中的收益差价和风险，同时提供了实战的案例和分析，从而让读者在实战之前可以熟练地掌握这些知识和技巧。

作者简介

基思·M.穆尔是FBN证券事件驱动组的主管。在加入FBN证券之前,基思是凯尔纳·迪莱奥公司的联席首席投资官、KDC并购套利基金的投资经理和风控总监。除了著有《风险套利:投资者指南》一书之外,他还撰写了由CFA协会出版的《公司金融》一书中的兼并与收购章节,以及一些学术期刊文章。基思曾任职于纽伯格伯曼(1975—1983年和1989—1996年)、帝杰证券(1983—1989年)和木星资本(1997—2006年),主要负责套利的研究、交易和投资组合管理工作。作为圣约翰大学经济学和金融学前助理教授以及罗德岛大学和纽约大学的客席教授,基思获得了许多学术奖项和荣誉。他拥有罗德岛大学的理学学士和博士学位,以及纽约大学的MBA学位。

推荐语

"从未有一个时代像20世纪90年代末期那样出现如此多的并购和收购！基思·M.穆尔所著的《风险套利：投资者指南》是第一次系统化的尝试，为我们揭开了公司重组中投资和交易策略的秘密：风险套利。这不仅是一本关于风险套利之谜的书，更是一本教科书和投资者指南。它向读者介绍了包括对冲基金概念在内的整个风险套利行业，并指引投资者在风险套利中的特殊情况下进行交易。"

——加布里埃尔·布尔斯坦
伦敦大和资本（欧洲）专业股权销售和交易主管

"很高兴基思·M.穆尔能够写出如此通俗易懂的描述风险套利行业的书。这本书对新手投资者和专业投资者都非常有用，同时是大学和学院里教授金融课程的好素材。祝贺基思达成较大的成就。"

——乔治·A.凯尔纳
凯尔纳·迪莱奥公司首席执行官

"这本书及时地填补了套利领域中的一个空白。它写得清楚而全面，对所有对这个问题感兴趣的人，不管他是否有套利经验，都有所帮助。"

——艾伯特·B.科恩
艾伯特·B.科恩有限合伙人公司

纪念詹姆斯·M.加拉格尔。

吉姆，是你引领我进入这个领域，并在日后的每一天给予我帮助。

上帝保佑你，吉姆。

致　谢

我要感谢我的妻子金妮和我的家人，感谢他们的爱和支持。我要感谢很多的朋友和同事，但很难列出一个完整的清单。

多年来，我很幸运地有机会与众多专业人士见面并一起工作。艾伯特·科恩和马蒂·斯克拉向我介绍了风险套利业务，并且教会了我。其他的套利交易者也是很好的朋友，包括杰夫·科恩和约翰·瓦格纳，他们在我的整个职业生涯中都帮助过我。

我还要感谢爱德华·奥尔特曼教授，他鼓励我写这本书，并帮助我开始了这个项目。没有他的指导和鼓励，这本书可能永远不会问世。

我要特别感谢出版公司所有的编辑们对这个项目的耐心，感谢露丝·米尔斯一路上对我的帮助。

这些年来，还有许多人很善良地帮助我，也帮助我完成这本书。

谢谢你们……

基思·M. 穆尔

译者致谢

感谢杨立瞻、陆文豪、邢占英、冯孝文、张齐伟、战若霄、徐敬、李艺婷(排名不分先后)等诸位朋友在本书翻译过程中提供的大量帮助和修改建议。

目 录

第 1 章　引言 ... 1

第 2 章　什么是风险套利？ ... 9

第 3 章　风险套利行业 ... 25

第 4 章　估算风险套利头寸的收益 ... 31

第 5 章　预估套利交易的风险 ... 57

第 6 章　估算交易发生的概率 ... 79

第 7 章　风险套利决策过程 ... 101

第 8 章　恶意收购 ... 111

第 9 章　交易策略 ... 143

第 10 章　投资组合管理 ... 165

第 11 章　令人兴奋的风险套利世界 ... 191

附录 A　要约收购文件 ... 203

附录 B　艾加斯（Airgas）和空气产品公司（Air Products）
　　　　——法院裁决案文 ... 261

附录 C　全食超市公司（Whole Food Market，WFM）
　　　　——代理声明的摘录 ... 271

附录 D　直路通信
　　　　——股东委托书节选 ... 277

附录 E　直路通信
　　　　——2017 年 4 月 13 日 STRP 提交的 8-K 文件摘录 ... 305

第1章

引　言

大多数美国公司都是在特拉华州注册的，所以我经常从纽约的家中前往特拉华州，研究那些可能对合并交易中涉及的证券价格产生重大影响的法庭案件。在跟进法院案件过程中，套利交易者的职责是尝试分析案件，并在法院做出任何裁决之前预测胜诉方和案件结果。与此同时，套利交易者还要预估判决结果产生之后证券价格的变化。一旦这些因素被确定，套利交易者接下来的目标就是在证券中建立仓位。当结果符合预期时，证券价格会像预期的那样波动，从而产生利润。很多时候，确定所需的评估和执行所需的分析是一项困难的工作。

几年前，我去了特拉华州，因为几个月前，固铂轮胎橡胶公司（Cooper Tire & Rubber Company，以下简称固铂轮胎）同意被阿波罗轮胎有限公司（Apollo Tyres Ltd）收购。在这笔25亿美元的合并交易完成时，固铂轮胎的每位股东将获得每股35美元的现金。此次合并交易需获得固铂轮胎股东以及美国和外国政府的批准。35美元的价格较固铂轮胎的现有股价溢价约43%。合并消息公布后，固铂轮胎的股价上涨了9.26美元，在合并消息公布后的第一天收于33.82美元。在35美元的并购价格和固铂轮胎的股价之间，1.18美元的价差并未预示出本次交易及固铂轮胎的股东们在未来5～6个月内即将面临的问题。

图1.1展示了固铂轮胎在交易宣布前以及合并条款公布后的价格变化。

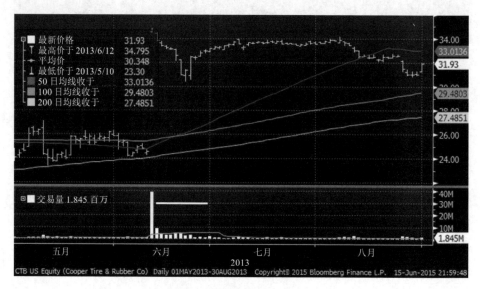

图 1.1　固铂轮胎股价表

数据来源：经彭博财经有限合伙公司许可使用。

在并购谈判宣布后不久，固铂轮胎在中国的合资企业出现了问题。在中国，该工厂 65% 的股权由固铂轮胎公司拥有，35% 的股份由一家名为成山集团的中国公司所有。成山集团的控股股东是车宏志，而固铂轮胎的股东，以及套利交易者都不知道，车宏志一直在计划收购固铂轮胎公司剩余的 65% 的股权。在宣布并购后，车宏志开始策划一项计划，试图阻止合并。

在并购消息公布几天后，这家中国工厂的工人出现了问题。最初是口头抗议，到 6 月底，成山集团工会向固铂轮胎员工和公司发出了一封抗议信。不久之后，工人罢工，最后车宏志以固铂轮胎的名义让工厂停止生产轮胎。更令人惊讶的是，车宏志还把工厂里所有固铂轮胎的员工拒之门外，同时拒绝为原材料支付费用，也不会向其 65% 的股权拥有者提供任何财务信息。这些行为，特别是拒绝提供财务数据，成为并购交易是否成功的关键因素。

在宣布并购后，固铂轮胎和阿波罗面临的不仅仅是与中国合资企业的矛盾。固铂轮胎所属的国内工会——美国钢铁工人联合会也对固铂轮胎表示不满，因为并购会导致控制权的转让，进而导致签订新的劳动合同。最终，固铂轮胎和阿波罗同意美国钢铁工人联合会的索赔；2013年9月13日，仲裁员发表意见，表示双方需要协商新的劳动合同，以完成并购。

这样一来，并购过程因为需要谈判新的劳动合同而变得异常复杂。固铂轮胎与美国钢铁工人联合会的关系多年来一直处于紧张状态，而现在美国钢铁工人联合会在劳工谈判中占有优势。为了完成这笔交易，固铂轮胎需要一份新的合同，并且需要尽快签订，以便阿波罗能够融资完成这笔交易。

随着中国的合资企业和美国钢铁工人联合会事件的发酵，固铂轮胎开始担心阿波罗会产生"买家的懊悔"。在谈判并购之后，买方在某些情况下可能会对其交易产生更多的看法，然后会导致并购失败。由于阿波罗公司没有以固铂轮胎预期的速度推进与美国钢铁工人联合会的合同谈判，固铂轮胎对阿波罗公司完成交易的意愿越来越感到担忧。最终，固铂轮胎的董事会为确保公司以及股东利益决定寻求法律手段以促使阿波罗完成交易。固铂轮胎采取的法律行动被称为"特别行动"，其要求特拉华州法院敦促阿波罗采取一切行动尽快完成交易。

固铂轮胎的诉讼是在2013年10月4日提起的，当时阿波罗无法与美国钢铁工人联合会达成协议，固铂轮胎开始担心，由于与阿波罗的合并协议包含了2013年12月31日的"失效"日期，这将会使阿波罗放弃并购。现在时间对完成这笔交易至关重要，在固铂轮胎看来，这场诉讼的结果可能是完成并购的必经之路。

固铂轮胎提起诉讼的举动进一步给中国合资企业和美国钢铁工人联合会的问题带来了不确定性。诉讼的消息在10月4日的交易日晚些时候开始在市场上扩散，然而，诉讼的全部影响并没有当时反映在固铂轮胎的股价上，直到10月7日（周一）的交易开始。如图1.2所示，固铂轮胎的股票急剧下跌。在周一以25.72美元的价格收盘，收盘价格和当初提议的35美元收购价格之间每股相差了9.28美元！

图 1.2　在诉讼案开始后固铂轮胎股票反映

数据来源：经彭博财经有限合伙公司许可使用。

这起诉讼是在特拉华州的法庭提起的，由副审法官山姆·格拉斯科克三世负责。我在特拉华州的威尔明顿（Wilmington）为格拉斯科克法官就此案提供了几天的专家证词，而最后的结案陈词听证会安排在特拉华州的乔治敦（Georgetown）举行，格拉斯科克法官通常会在那里听取他指定的程序。因此，我和其他几个套利交易者一起叫了一辆出租车，开往了乔治敦。

一旦上了法庭，法庭程序将成为我们所有人都必须遵守的标准，其中最令人厌烦的程序就是把我们的手机交给法庭警卫。与其他人不同的是，律师通常不需要上交他们的手机，因为他们受到法庭规则约束，如果发生不正当行为，则会受到惩罚。然而，与大多数情况一样，这个规则并不完美。在威明顿法院出庭作证的日子里，我们法庭上的一些人（他们是证词的观察员）注意到，有关诉讼的消息似乎正在通过法院休息前渗透到金融市场，这让固珀轮胎的股价发生了微妙变化。休会的时候，所有的观察员都会设法把他们的手机拿回来，以便报告法庭最新的事态。

过了一天左右，很明显出席的人没有遵守规则。就在法庭开庭之前，离我不远的地方，我听到了骚乱声。随着对峙的持续，我发现一家持有固轮胎股票的对冲基金代表亲眼目睹了另一名观察员用手机向他的公司传递法庭进展。他的手机没有被没收，因为他是一名获得特拉华州执业许可的律师，并且同时也为另外一家对冲基金服务，负责报告庭审过程。最终，这位律师被告知如果他在诉讼过程中再碰一次手机，注意到这种行为的一方将立即起立，并通知副法官。当然，这样似乎就没有更多的违规行为了。现在，每个人都可以专注于副法官最终如何判定这个案件了。

一旦进入法庭，通常会有一场座位"选择"的争夺战。我通常尽量把自己安排在最后一排，以便在我想要向公司汇报重要的进展情况时可以轻松地离开。在乔治敦，我按照自己的正常习惯，在第二列找了个末位。如果需要的话，我会立刻离开法庭，从法庭警卫那里取回我的手机，离开大楼，然后打个电话。在威明顿听证会上，我多次这样做，由于威明顿的手机必须放在离法院大楼不远的一个停车场的迷你储物柜里，因此每次都是小小的锻炼。

然而，在乔治敦的最后一次听证会上，离开法庭去打电话变成了一个艰难的决定，因为害怕离开法庭期间会错过更加重要的信息。与往常一样，为了避免这种两难境地，我会与自己的商业伙伴合作。我们中的一个会离开去打电话，另一个会做详细的记录，当他再回到法庭时把空缺补齐。在乔治敦法院那天的证词和辩论中，我们多次使用这个办法来保持各自的报告速度。

在那天的会议上，副法官指出了双方需要解决一些问题，包括如何就融资承诺解释最终合并协议。此外，这位副法官还希望各方能够商讨一份保证函，以及固铂轮胎能够及时提交第三季度收益报告的可能性。在副审法官决定固铂轮胎是否有资格执行强制阿波罗完成合并的"特别行动"之前，他必须决定关键问题，即阿波罗需要付出多大努力来解决与美国钢铁工人联合会（United Steel Workers）的合同问题。

在整个听证会上，我的主要关注点都在试图确定副法官格拉斯科克将如何判决上。我利用所有的事实，以及我对法庭文件的解释和案件中的证词来帮助自己判断副法官将会如何裁决。与我职业生涯中跟过的许多案件相比，这个案件的不同之处在于，我的工作包括管理投资组合。在此过程中，主要职能是决定哪些情况包括在投资组合中。我实际上是在做所有的买卖决定。然而，在固铂轮胎和阿波罗事件发生前不久，我在公司的职责改变了。我已经转向了所谓的"卖方"，我的工作是为对冲基金和机构提供建议，而不是实际投入资金操盘。我分析了固铂轮胎和阿波罗听证会，向我的客户建议我认为会发生什么，以及他们应该如何建立自己的仓位。法庭上所有其他的套利交易者、律师和观察员都试图对他们的公司或客户进行同样的分析。

经过几个小时的证词陈述后，大约下午3点30分，这位副法官提议短暂休息，并表示他将对此案做出初步裁决。每个人都离开了法庭，拿回了自己的手机，并打电话到各自的公司汇报情况和他对案件的看法。在休息期间，几个客户问我对结果的预测。由于我在当天的诉讼中没有听到任何导致我改变先前观点的消息，我建议他们相信法官会做出不利于固铂轮胎的裁决，不会强迫阿波罗完成合并。

几乎每个人都认为法院不会在下午4点之前重新开始裁决程序。在以往的案件中，法院通常会等到市场收盘后才做出可能对证券价格产生重大影响的决定。然而，固铂轮胎案件在很多方面都不同寻常，法官于下午3点45分重新召开会议，宣读他的口头决定，并表示很快将做出全部书面的决定。

几分钟后，他驳回了固铂轮胎的要求，没有强迫阿波罗完成合并。许多法庭观察员冲出法庭，要求拿回他们的电话，并把结果通知他们各自的公司。如图1.3所示，固铂轮胎的股价大幅下跌，因担心固铂轮胎的股价可能进一步下跌，固铂轮胎的股票持有者纷纷抛售。固铂轮胎股价盘中一度跌至22.34美元，当日最终收于23.82美元，下跌0.95美元。

当兴奋的情绪平息下来后，一个有趣的现象发生在乔治敦法院外，许多法庭观察员继续用手机与他们的公司交谈。许多人看上去很高兴，因为他们很好地预料到了这个决定。然而，其他有些人显然不是那么愉快。据推测，他们原以为阿波罗将被迫完成35美元的交易，这让他们学到了为何这个过程被称为风险套利。

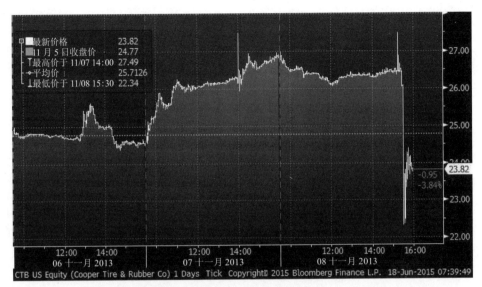

图1.3 固铂轮胎的股价在法院判决前两天和之后的波动

数据来源：经彭博财经有限合伙公司许可使用。

此时此刻，我的工作是打电话给我的客户，讨论这个决定，以及这个事件可能会如何发展。这时，套利交易者的问题变成了固铂轮胎事件接下来会如何发展。这可能有多种结果。固铂轮胎可以对法官的决定提起上诉，并退出交易，或者可能重新谈判条款，以补偿阿波罗改变了固铂轮胎业务的基本面。

由于固铂轮胎与中国合资企业，以及美国钢铁工人联合会的问题持续发酵，拥有固铂轮胎股票股份的人都看到其股价已从最初宣布合并时的水平大幅下跌。

像固铂轮胎和阿波罗轮胎交易这样的套利情况，创造了复杂且潜在丰厚利润的投资机会。本书描述了风险套利投资的过程，帮助读者了解分析过程中的关键要素，并在风险套利机会的决策中提供帮助。本书描述了风险套利的必要条件，并探讨了它是如何实现的。

本书第1～3章详细描述了风险套利过程；第4～6章深入探讨了风险套利过程的关键要素；第7章将这些要素整合在一起，演示如何对风险套利机会进行决策；第8章和第9章讨论了恶意收购和交易策略；第10章深入讨论了项目组合管理；第11章讲的是最近的一宗并购交易，这是风险套利业务既令人兴奋又有利可图的最佳例证。在本书中，我们对许多真实的案例进行了研究。本书的最后一部分提供了关于交易执行、套期保值和投资组合管理等领域的信息和见解，这些对套利交易者的成功至关重要。

像生活和投资中的大多数事情一样，条件和策略是随着时间而改变的。自17年前本书的第1版出版以来，风险套利在很多方面都发生了巨大变化，包括由于利率已降至创纪录低位，导致息差和预期收益大幅下降。此外，由于监管改革，多数大型机构和银行无法再将资金投入风险头寸中，只留下了对冲基金和其他投资者。

在这个版本中，我们尝试修正了风险套利中的一些变化，更新了成功套利交易者所必要的技巧。

第2章
什么是风险套利?

《韦氏新世界词典》对"套利"给出了以下定义:

> 利用在两个不同市场的价格差,以低买高卖的形式获利。

这个定义准确地阐述了所谓的"经典"套利,即投资者在不同市场买卖相同证券的行为。

举个例子:力拓(Rio Tinto)有限责任公司是一家在伦敦证券交易所(伦敦证交所)和纽约证券交易所(纽交所)均有交易的国际矿业公司。

- 近期某一交易日,力拓在伦敦证交所的交易价格为2 750便士,而在纽交所的交易价格为43.66美元。
- 如果一个套利者在伦敦证交所买入力拓并在纽交所将其卖出,同时假定英镑和美元之间的货币汇率风险可以得到合理对冲,便可确保获利。
- 相关计算如下:2 750 / 100 = 27.50(英镑)。
- 27.50英镑 × 1.58美元(英镑到美元比率)= 43.45美元(美元等值购入价)。
- 毛利润 = 43.66美元(美元卖出价)– 43.45美元(美元等值购入价)= 0.21美元(每股获利)。
- 尽管每股利润看起来很小,但终究是一笔无风险、有保障的交易。

然而,在风险套利中,利润绝不会是有保障的。《韦氏新世界词典》进而对"风险套利"做出了如下定义:

> 大量购买一个公司的股票,并希望从公司兼并或收购行为中获利。

真的需要买入大量的股票来实现风险套利吗？套利交易者对于兼并收购信息公布的预期是风险套利的必要条件吗？《韦氏新世界词典》的定义很有帮助，但是为了理解风险套利的投资过程，我们需进一步深入探讨。

在翻阅金融刊物的时候，看到关于风险套利过程的种种误解往往令人感到有趣。《华尔街日报》或者《纽约时报》上的文章在描述两家公司兼并交易时，可能会误导性地提及风险套利。例如：

> 风险套利交易者因为A公司和T公司的公告兼并而实现了巨大盈利。公告称A公司将以35美元/股的价格收购T公司，从而T公司的股价从8美元/股上涨至32美元/股。

这是一则非常典型的评论，会使读者认为套利交易者在兼并公告之前就已经买入了T公司的股票从而收益颇丰。报纸中的这则评论对纯粹的投机给出了很好的描述，但无疑没有达到解释风险套利的目的。机构或者个人投资者通常在最初的兼并公告中获益。然而，这则公告却往往标志着风险套利过程的开始。

下面给出的或许是风险套利最佳的定义：

> 风险套利投资过程是指对参与或者受兼并、要约收购、清算、分拆和公司重组影响的证券所进行的投资。风险套利过程中所涉及的证券可以是普通股、优先股、债券或者期权。一旦宣布交易，套利交易者便会收集尽可能多的信息去估计每项交易的风险、收益及其发生的可能性。他们会第一时间对年报、10-K报告、季报和华尔街的分析报告进行全面的分析和评估。可想而知，大部分的此类工作依赖于计算机或者线上服务来完成。

套利交易者开始全方位分析交易的各个方面。当需要对一笔交易进行投资时，套利交易者会全力进行判断，以帮助评估。总的来说，对于有望达成的交易，套利交易者有三个关键因素需要特别关注：收益、风险和交易达成的概率。基于这些预估，套利交易者会去决定将要买入或者卖出的目标证券，以及对该笔交易需要使用的对冲策略。

　　风险套利的过程令人激动而且充满挑战性。交易所涉及的股票可能会剧烈波动。若交易最终达成，重仓博弈的套利交易者可能会获取巨额收益；然而，如果交易被取消，目标证券可能会大跌，从而使套利交易者蒙受惨重损失。由于各种情况都可能快速发生，因此工作强度会被进一步提高。套利交易者可能都不清楚每天上班将会面对哪些行业，或者哪些公司会成为分析的重点。他们可能花一个上午的时间分析国内原油交易，到一天快结束的时候，却会对一起计算机硬件制造商相关的交易出具一份翔实的分析报告。

　　除了需要成为一个能手外（和精通某一方面相对应），套利交易者还必须会使用多种分析工具。套利交易者最常使用的一项技能是财务分析，也同样需要具备计算机知识和掌握法律知识。许多交易需要以反垄断法或者证券法作为特定法律分析的重心。通常来说，套利交易者对于特定交易的一些重要事项会寻求外部顾问咨询。这些顾问包括律师、会计师或者财务分析师。所有的分析都有一个侧重点：去预测一项宣布的交易是否会发生，如果发生，则决定构建什么证券头寸来从交易中获取收益。风险套利是事件驱动性的投资过程。

　　套利投资可能会涉及不同种类的证券。通常，套利交易者投资于涉及兼并收购的公司普通股。如果被收购公司的股东收到了收购方的股份，套利交易者将会做空等量的收购方股票对交易的市场风险进行对冲。

　　例如，2014 年 12 月，飞索半导体（Spansion Incorporated，CODE）同意和赛普拉斯半导体（Cypress Semiconductor，CY）合并。

- CODE 是一家闪存存储器产品的制造商，这起并购交易的目的是建立一家先进的微控制器和专用存储器全球供应商。
- 在并购结束时，每个 CODE 公司的股东将会以 1∶2.457 的比例交换获得 CY 公司的股票。
- 在这种情况下，套利交易者为了锁定价差，会在买入 CODE 公司股票的同时，按照 1∶2.457 的比例卖空 CY 公司的股票。

- 只要这项并购按计划进行,在 2015 年 3 月 13 日,套利交易者将能锁定价差并在并购结束时获利(基于交换条款,假设 CODE 以其隐含价值折价交易)。

对冲的过程将在第 10 章详细说明。

普通股不是套利交易者分析和投资的唯一证券类型。套利交易者为了找到最佳投资方式,也会对可转换证券、债券和期权进行评估。一旦开始考虑如何建立头寸,套利交易者也常常会考虑看涨和看跌期权。单独使用或者在买卖普通股的过程中综合考虑期权可以使交易的风险收益结构得以改善。

在整个投资组合中设定套利头寸时,套利交易者通常试图从收购价格和证券交易价格之间的价差中获利。价差的存在通常有两种原因:

(1)货币的时间价值;

(2)风险溢价。

很多交易方案会被公告,但不是所有的交易都会被最终达成。交易方案的终止往往伴随着目标股票下跌,这会导致套利交易者的整体投资组合遭受损失。因此,套利交易者的整体投资组合管理策略必须包含各种风险参数并且需要具备足够的纪律性来抵御不同投资周期下市场变动导致的个别或整体市场变动所带来的损失。

除了一些少数的例外情况,风险套利带来的收益往往和整体市场的收益无关。在股票市场下跌或者收益微不足道的时候,这种交易方式对投资者来说是一个优势。然而,在我们过去 30 年所经历的大牛市期间,套利交易者很难与股票收益相竞争。事实上,套利交易者通常喜欢在很高确定的条件下赚取小额收益。他们通常在一笔交易中持有至最终事件达成,然后寻求重新部署资本。通过滚动投资并且在预计期间内实现累计盈利,套利交易者希望获取与总体股票波动无关的收益。同股票市场的低相关性一样,之所以存在,是因为单个交易的发生和股票市场的方向是无关的。交易的收益更多取决于公司的并购计划以及时间的推移。

然而,在过去的 30 年里,有一些阶段风险套利的收益却是与整体证券市场的运行状况有较强的相关性。例如,在 1987 年市场闪崩、1989 年股票崩盘以及2008年信贷危机期间，许多已宣布的并购交易被收购方董事会重新评估。当交易随后被终止时，风险套利方便遭受巨大损失。由于股价大跌，通常会进行重新评估。这些交易在较早的时期进入，当时的高股价也被看成所需要支付对价的基准。当股价剧烈下跌，很多董事会成员会觉得他们支付了过高的收购价。

此外，在交易的早期阶段，大量的交易是由收购方企业驱动的，作为短期内出售自身资产的一部分计划。大部分买方会使用比较高的杠杆，而且他们的策略寄希望于股票市场保持健康运行状态。当市场下跌，他们策略的缺陷便会显现，而且他们融资的来源也会开始收回对他们的投资承诺。

除去这些市场错位的时期，风险套利能够给投资者带来不受市场影响的稳健收益。

交易类型

兼并

兼并是套利交易者进行分析时最常见的交易类型。兼并并非总是开始于双方一致性同意的交易，但合并各自业务的交易结构需要相关方的交易协议。

兼并往往通过联合公告来公布。初步公告可能有两种形式，两家公司可以公布一个原则性协议，或者它们可能达成一个最终协议。多年前，公司普遍会先签订原则性协议，然后开始对各自业务的尽职调查。当尽职调查完成之后，交易双方会委托律师起草最终协议。最后，公司的董事会将批准并执行最终协议。

当今，公司很少宣布原则性协议。大多数协议只有在已有最终协议后才会公布。双方的尽职调查会在保密中进行，直到他们达成最终协议之后才会对公众公布。事实上，如果你看到宣布的交易只有一份原则性协议，那么就要对此保持警惕。

文件说明[①]

原则性协议也许表明公司过早公布对未决的兼并事项感到有压力。私下的谈判细节可能已经泄露，而且在股价上也已经有了反应。目标公司股价的上涨可以看作公众也许已经知道了双方正开始就兼并进行谈判。

例如，2015年4月28日，铁山公司（Iron Mountain，IRM）和回忆控股（Recall Holdings，REC）宣布了兼并的原则性协议。

- 原则性协议约定，在兼并达成时，每股REC公司股票可以交换0.1722股IRM的股票。
- 但是，原则性协议会受公司尽职调查和双方谈判的影响，才能形成最终协议。
- 在原则性协议公布之后，IRM的股价大幅下跌。
- 由于IRM股价的下跌，0.1722股IRM的股票价值已经不符合REC董事会的初步设想。
- REC公司董事会寻求在协议条款上做些文章，以达到弥补IRM股价下跌的目的。
- 在双方的尽职调查完成之后，两家公司于2015年6月8日达成最终协议。协议约定每个REC公司的股东除了可以收到原先约定的0.1722股IRM股票外，同时可以额外获得每股0.5美元，作为对IRM股价下跌的补偿。
- REC董事会可以为他们的股东获取额外的补偿，同时，此次兼并交易结果原本可能会非常糟糕。IRM也许会拒绝修改条款，从而导致原则性协议可能被解除。
- REC公司的股价可能会跌至6.5澳元每股，导致已因最初公告而买入的交易员承受巨额损失。
- 和REC/IRM这样的谈判不同，大多数时候，在尽职调查过程中往往会产生不利于被收购公司股东的问题。交易达成的可能性也许不会被影响，但是如果双方公司没能完成尽职调查，将对最终协

[①] "文件说明"是作者从其多年风险套利实践中获得的经验。

> 议的达成带来显著的额外风险。因此，相对于最终协议，仅仅参照公告原则性协议的交易具有非常高的风险。

在达成最终协议后，需要向美国证券交易委员会（Securities and Exchange Commission，SEC）提交注册声明。若为现金交易，注册过程比较简单。但是如果被收购公司报酬是以证券形式来支付的，则该证券业需要在 SEC 进行注册。这个过程会涉及以下步骤：

（1）所有涉及的交易和股票信息的注册声明需要递交给 SEC。

（2）SEC 会对文件进行审阅，对发行股票的公司做出非公开意见。

（3）发行公司在分析意见并咨询律师之后，在必要时会根据意见对注册声明进行修正。

（4）在发行方回答了 SEC 期初和接下来所有的问题，以及对注册声明修订完成之后，注册声明才会被判定为"有效"。这并不意味着 SEC 批准了证券，仅仅意味着 SEC 认为所需披露的信息已经没有问题。

当注册声明被宣布有效时，相关文件需寄送至股东手上供其审阅批准。如果该项兼并为现金交易或者只涉及少量股权（小于 17.5%），只需要被收购方的股东同意即可；反之，若交易中涉及超过 17.5% 的股权，则需要双方股东都批准后，交易才能被认定为有效。纽约证券交易所不允许公司在未经主要股东的同意下发行大量股份并且仍然在交易所上市。

经营主体所处美国哪个州的具体情况还会决定批准交易的股东投票过程。例如，如果被收购公司处于特拉华州，需要获得超过半数股东的同意，兼并才能被批准。当达到所需票数时，要提供交易所在州所需的各类文件，兼并才可能完成。套利交易者必须对各个交易主体进行审慎的研究，从而才能更好地预测兼并交易的结果。

在兼并完成之前，除了股东的批准以外，还必须有所需监管机构的批复文件。对于美国境内的兼并，交易双方必须向美国司法部和联邦贸易委员会提交材料，以获得哈特-斯科特-罗迪诺（Hart-Scott-Rodino，HSR）法案程序的审批。美国反垄断机构会在 30 天内审核材料，期间可能会要求提供额外材料。一旦补充材料提交完毕，HSR 等待期将再持续 20 天。在那之后，如果机构想要阻止兼并，则需要联邦法院出具禁令。

除了需要 HSR 批准之外，涉及美国境外公司的交易还需要美国外资投资委员会（Committee of Foreign Investments in the United States，CFIUS）的审核。一般来说，如果交易会存在国家安全问题，则需要进行 CFIUS 审核。关于这部分内容将在本书的后续章节中讨论。

一些受监管的行业必须受到一些监管机构的审核。例如，涉及广播公司的兼并需要获得联邦通信委员会的审批，保险公司之间的兼并需要得到各州保险部门的批准。套利交易者必须对所有的这类审批事项进行深入研究。

随着全球化的推进，一些合并可能需要额外的审批流程。例如，如果某家公司在中国拥有大量资产，在兼并之前，必须首先获得中华人民共和国商务部（Ministry of Commerce of the People's Republic of China，MOFCOM）的批准。鉴于 MOFCOM 和 HSR 的运作规则不同，有时预测 MOFCOM 的审核结果和时间会更加困难。套利交易者在评估交易达成时间的同时，还需要把能否获得中国的审核纳入考虑。

要约收购

套利交易者会考虑的第二种交易类型是要约收购。要约收购被分成善意要约收购和恶意要约收购两种方式。收购方采取不同的方式发起对其他公司的收购，过程有两步。

发起要约收购时，《华尔街日报》或者地方报纸上会以刊登广告的方式告知目标公司的股东，用一份正式的要约来收购他们的股票。要约直接向公司的股东提出，不需要股东进行投票。要约收购的对价可以是现金、股票或者两者相结合。理论上，现金要约收购可以在相对较短的时间内执行（大约 20 个工作日）。然而，涉及发行股票去收购目标公司的要约收购则需要走和兼并类似的登记程序。这些涉及证券的要约也被称为"交换要约"，本章的下一部分将对此进行介绍。

选择采取要约收购而不是兼并的主要原因是时效性。现金要约收购可以使得收购方在短时间内获得目标公司的大部分股权。这里也假设了完全

遵守哈特 - 斯科特 - 罗迪诺（HSR）法案规定的等待期规定。1976年通过的HSR法案要求参与兼并收购的公司向美国司法部和联邦贸易委员会提交关于收购计划及各自主营业务的文件。HSR法案要求公司在交易完成之前遵守一些最短等待期条款。HSR法规和等待期相关的说明将在第4章进行讨论。

鉴于有效的收购防御策略的发展，快速完成要约收购变得越来越困难。各种防御措施以及公司治理上的变化使得目标公司延缓可能的控制权转移。除此之外，需要外国审批也给快速达成要约收购造成了障碍。

当收购方通过要约收购获得目标公司大部分股权时，双方会根据要约收购向SEC提交文件，以完成两家公司的合并，这个过程称为"第二步交易"。在这个交易阶段，在要约收购过程中还没有被收购的股权将在合并过程中最终完成。在第二步合并交易中，目标公司的股东大部分情况下都能收到在要约收购中相同的对价。

当谈判处于争议情形时，要约收购能发挥重要的作用。不是所有的兼并收购都是善意的，很多时候，当收购方同目标公司试图进行谈判时，谈判可能遭到拒绝或者没有办法成功推进。为了给目标公司施加压力，收购方可能会开始进行恶意要约收购。和善意要约收购一样，《华尔街日报》或者地方报纸上将刊登广告，要约从此正式开始。目标公司必须在短时间内对要约进行回复并且告诉股东董事会正在采取什么行动（目标公司必须给SEC提交的实际文件称为"14-d-9"，这份文件必须在要约开始后的10天内提交）。

董事会可以建议公司的股东接受或者拒绝或者等待进一步的建议。通常，董事会期初会建议股东不采取行动，等待进一步指示。在恶意收购的情形下，目标公司通常会寻求各种防御措施来防止被完全接管，或者它会寻找"白衣骑士"作为目标公司的倾向合并方一同参与竞标。"白衣骑士"可能是一家试图帮助目标公司防止被恶意收购的公司，也可能是目标公司或者目标公司的承销商找来的盟友公司。

文件说明

一旦有恶意收购的公告，套利交易者会放下手头的一切其他事物，一心关注该事件。恶意收购的进展可能非常快,往往会给套利交易者提供一个非常有吸引力的投资机会。虽然在过去的20年中,目标公司在抵御和推迟恶意收购方面取得了很大的成功,但是恶意收购所产生的利润还是相当大的(尤其是当有"白衣骑士"介入的情况时),而且事件能够飞快地发展。套利交易者通常需要花很长时间去分析兼并交易,然而,恶意要约收购需要立即关注。

"白衣骑士"参与竞标可能触发一场竞标大战。如果套利交易者在"白衣骑士"加入之前已经在进行交易,那么竞标大战很有可能给套利交易者自动交易机器投资者带来可观的利润。而且,这些利润可以在短时间内实现。

恶意要约收购一直在公司并购史中占有一席之地,且预计在未来仍将如此。然而,经历了过去25年左右时间的发展,恶意要约收购的过程变得越来越困难。虽然我们将在书中后续部分介绍这段发展历史及其对恶意要约的影响,但由于"单纯地拒绝"这类抵御策略的发展,目标公司的董事会经常拒绝同要约方谈判或者使用如毒丸计划之类的防御机制来避免收购达成,恶意要约收购的完成已经变得越来越困难。因此,恶意要约的发出数量及恶意收购的完成数量都显著减少(见图2.1)。

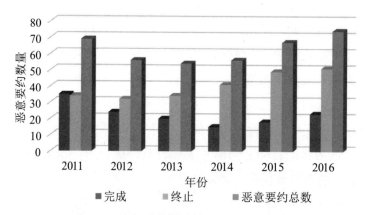

图2.1 恶意要约数量(2011—2016年)

数据来源:彭博财经有限合伙公司。

从图 2.2 中的数据我们可以看出，在过去 5 年里，被终止的恶意要约收购的市值远远超过了成功案例。

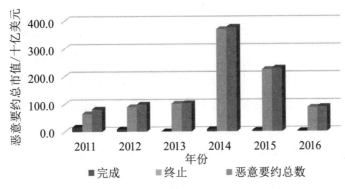

图 2.2 恶意要约市值（2011—2016 年）

数据来源：彭博财经有限合伙公司。

从恶意收购数据的趋势中可以看出，除了 2011 年，被终止的恶意收购数量在所有的年份中都占据上风。进而，在过去的 5 年中，成功防御策略的发展似乎使得目标公司在防御的角度上更占优势。

恶意要约也可能变为善意交易。通过高于"白衣骑士"的报价，或者通过同目标公司和解从而在交易上达成一致，恶意的情形可能被转变成善意交易。一旦转变成善意要约，交易可能在要约的基础上或者改变一些结构而继续下去，通常情况下会转变成一起典型的兼并交易。

恶意收购往往是媒体最乐于报道的收购形式，也是套利交易者认为最有利可图的事件。

交换要约

交换要约是指交易对价中包含如股票或债券等非现金因素的要约收购。由于这些证券需要经历注册程序，因此交换要约相对于纯现金形式的要约收购需要花更长的时间。所有交换要约中涉及的证券必须要走同兼并一样的注册流程。然而，因为不需要目标公司股东的投票，所以交换要约理论上相对于法定兼并交易能够更快速地完成。在收购方进行注册流程的过程中，发行方要能够满足诸如 HSR 法案或任何法律监管方面的其他要求。

交换要约也有善意和恶意两种情形。同要约收购一样，交换要约也是直接通知到目标公司的股东。

与法定兼并相比，使用交换要约的主要优点在于不需要目标公司股东的投票。同要约收购一样，收购方在没有目标公司股东投票的情况下也能获取目标公司多数股权。法定兼并往往是交换要约之后的第二步。由于此时股票发行方可能已经手握目标公司大量的投票权，因此投票往往已成定局。

如同在要约收购中一样，套利交易者一般是购买互换要约中所涉及的证券。这些证券通常是目标公司的普通股，但也可能包括目标公司的债券。

分拆

越来越多的风险套利交易者开始研究分拆交易并把这看成一个潜在的机会。在分拆交易中，公司决定将其业务拆分成不同的独立单位。每一个新的独立单位会被分配给发行方的当前股东。作为所有权的凭证，发行方的持有人会获得新公司的额外股票份额。只要在分拆登记日前持有母公司的股票，套利交易者将获得这些新发行的股票份额。

然而，有时候发行方直接向股东分配股份或者通过公开发售股票来维护新设立主体的市值。晚些时候，发行人可以将分拆单位剩余的股份分配给股东，以完成剥离业务。包含很多知名公司在内的美国公司，最近决定将使用拆分策略来实现业务分离。

多年来，人们认为无论公司如何分拆业务，股东的总价值总保持一致。这个假设是基于金融领域的现有投资理论。然而，分拆的实际案例使得这些理论被质疑。在分拆的大多数情况下，分拆后所有股份的价值会超过分拆前。分析师和学者对这种现象提出了一些理由。

通过简化公司结构，和整体分析不同，华尔街分析师能更加深入地分析分拆之后的公司。许多集团公司通过分拆形成一些不同的公司并将这些公司的股份分配给他们的股东，为股东创造了价值。

通过简化公司结构,华尔街分析师对这些分拆公司进行分析也变得更加容易。分析师可能对分析集团整体不是很有信心,但是对于独立的公司能够给予其更全面的研究覆盖。

当一项业务被拆分成一些更加易于理解的因素,从母公司分离出去,这些业务的增长和盈利特征就能够被更清晰地发觉。这些显著的增长和盈利特征会使华尔街给予这些业务更高的估值,投资者也更愿意为此支付溢价。因此,为了提高股东价值,拆分这些业务可能符合母公司的最佳利益。

风险套利交易者发现他们的财务分析技能会在拆分交易中能得到很好的应用。因为套利交易者经常需要对那些没有市场公允价的套利交易中的证券进行研究和估值,因此,他们通常能够很好地对拆分交易中涉及的证券进行估值。

拆分交易会涉及兼并和要约收购交易所不具备的一些额外风险。拆分会使得市场上有新的证券进行交易。然而,发行新的头寸会使套利交易者承担股票市场风险。因为这个证券是新发行的,套利交易者对于这个新建的头寸无法进行对冲。例如,套利交易者考虑到购买发行方证券的当前市场情况,可能会给这只证券一个 10 美元的估值。然而,拆分也需要经历注册的过程。由于此过程通常需要 60~90 天,对此的整体定价框架会有所改变。在这期间内,没有可以代表这个拆分交易的证券正在被交易,股票市场的变动会导致套利交易者最初的 10 美元估值不准确。套利交易者可以接受这种市场风险,也可以通过期货或者其他相匹配的金融工具来进行有效对冲。一旦注册过程完成,新发行的证券开始交易,套利交易者可以平仓对冲头寸,并且抛售分拆出去的证券。不管何种情况,分拆交易都是套利交易者获利的机会。

随着交易所交易基金(exchange-trade funds,ETFs)的发展,套利交易者可以利用 ETF 来对冲市场风险。通过寻找一个持有与被分拆证券密切相关证券的 ETF,就可以做空这个 ETF 与分拆证券的多头仓位形成合成对冲。若 ETF 和分拆之间的相关性成立,而且使用适当的套保比率,就可以消除大部分市场风险。

资本重组

资本重组和分拆的情况类似，套利交易者真正在市场上交易之前都需要对证券进行估值。对于资本重组交易来说，发行方的股东通常会收到证券或者是现金和证券的组合。典型的交易可能是结构化的，当前的股东可以获得 15 美元的现金股利和重组公司的新股份。套利交易者需要：①给新发股票进行估值；②估算交易真正落地的可能性。估值过程和经纪商的金融分析师为客户提供投资建议相似，分析会涉及现金流、盈利情况、PE、发行方的资产负债表以及信用评级。在套利交易者估算出资本重组的价值之后，下一步是确定有哪些问题可能会影响交易的最终达成。

许多资本重组交易给套利交易者以及普通投资者提供了有吸引力的机会。

活动家情形

在过去 5 年左右的时间里，董事会和公司管理层到底是谁为股东创造价值的争议问题有了巨大的发展。通常，活动家是一个研究过公司战略、公司资产及公司业务的新股东。这些活动家通常会识别未充分利用的资产或者认为目标公司没有采取能为股东增加价值的最佳策略。他们通常会持有一个可能很大的头寸，并宣布他们认为目标公司的董事会应该改变公司的战略。虽然活动家最初可能私下里和公司进行沟通，但大多数情况下，他们会在公开宣布后变得活跃。

活动家策略通常包括威胁提名新的董事会，从而能执行其增长公司价值的具体计划，进而导致目标公司的股价上涨。如果目标公司的章程允许召开特别会议，那么在目标股东的特别会议上，潜在的代理权争夺可以打败定期召开的股东大会。

当一名活动家把他对于某目标公司目前战略的不满及改变计划公之于众时，通常会发生公关战。双方会聘请投行和专门从事代理权争夺和控制权纠纷的律师，以及在很多情况下会聘请代理招标公司。目标公司通常会以当前战略为由，并批评持有不同意见的股东所提出的计划。一般来说，目标公司会宣称活动家只关注管理层的计划是否带来了短期利益，而这些计划实则是为长期收益设计的。

多年前，由于大多数机构股东倾向于支持当前的董事会而不支持活动家，因此管理层的胜算较高。然而，在过去的几年里，情况已经发生了变化。例如，机构股东服务公司（Institutional Shareholder Services，ISS）、格拉斯·路易斯公司、伊根琼斯等许多公司已经和他们的机构客户达成默契，这些机构客户能够对活动家质疑事件的结果带来关键影响；同时代理咨询公司会出具报告分析双方的优势并且以此为股东提供建议，为其投票提供指导。在过去的10年里，机构对他们如何投票变得更加敏感，原因在于传统机构大多对当前管理层持支持态度，而针对这种支持态度的诉讼越来越普遍。他们的敏感性给代理咨询公司的发展提供了肥沃的土壤，许多机构持有人在投票时更加依赖于代理咨询公司的建议。一些机构持有人甚至已经建立了自己的代理咨询部门，在投票时可以提供支持。越来越多的机构持有人倾向于对活动家提出的改进建议持开放态度或者是提高活动家胜算的积极面。所以，活动家的成功率在过去几年中有了显著的改善。

投机情形

最近几年，企业计划的披露有加速的趋势。之前，如果两家公司考虑合并，或者一家公司考虑出售，谈判都是非公开进行的，交易达成之后才会发布公告，套利交易者的投资活动才会开始。然而，可能由于对市场信息泄露的敏感性逐渐增强，一些公司实际上披露的是他们正在就可能发生的公司交易进行的会谈或讨论，而这些可能会影响他们的股票及证券的价格。在早期披露兼并会谈情况会显著影响所涉及证券的价格，并且可能会为套利交易者提供另一种交易模式的思路。然而，投资者必须意识到这些情况并不是真正意义上的套利，这仅仅是投机交易，并且这种交易比真正的套利机会更加难以预测。投机交易的情景十分刺激并且可能盈利，但是这种交易为时过早，包含了太多的不确定性，大多数套利交易者不会考虑。

文件说明

投机情况不能说是真正的套利，它们更像是在赌场赌博，而不像其他的套利方式可以认为是投资。套利交易者应该避免这些类型的交易。当目标公司公告称他们正打算出售或者正在考虑战略决策时，包括套利交易者在内的各类投资者会试图去预测目标公司是否会收到报价以及可以为个别公司提供什么样的考虑。由于在这些情况下没有固定的交易结构，因此存在更高的风险。套利交易者应该谨慎对待这类交易，并且应该将这类投机头寸控制在整体投资组合的很小一部分内。

对于投资者和套利交易者来说，一些投机情形令人激动并且具有诱惑性，从而很容易对这些情形做出过于乐观的估计。套利交易者在对这些交易进行分析的过程中有太多的不确定性，以至于很难把握，准确地预测价值和可能的结果几乎是不可能的。如果参与这些投机情形，应当把参与比例限制在整体组合很低的范围内（5%～10%）。

到目前为止，我们了解了很多种交易情形都可以被考虑进套利组合。表2.1总结了一些风险套利机会的基本特征。每一种交易都需要进行不同的分析。第3章将深入探讨如何对这些不同的交易类型进行分析。

表2.1 套利交易类型

交易种类	交易的性质	SEC备案文件	股东投票	时间节点
兼并	两相情愿	代理和/或注册声明	目标公司，或者目标公司及收购方都需要	90～120天（除非涉及监管行业）
要约收购	两相情愿/恶意收购	14-d-9	不需要	善意（30～45天），非善意（60～365天）
交换要约	两相情愿/恶意收购	注册声明	可能需要	善意（60～90天），非善意（90～365天）
分拆	善意（两相情愿）	代理和注册声明	通常需要	90～180天
资本重组	善意	代理和注册声明	通常需要	90～180天
活动家情形	对当前目标公司的董事会有恶意	大多数涉及代理文件的注册	可能需要投票，但有时目标公司会改变方案或者放弃	90～720天，取决于规章制度以及董事会是否轮选
投机情形	善意/恶意	可能需要注册	可能需要	90～180天

第3章

风险套利行业

我第一次涉足风险套利是在20世纪70年代,当时竞争对手非常少。这项业务的特点是少数公司低调地运作。一般来说,业务参与者在经纪公司的支持下为套利部门工作。在我刚接触的时候,只有10～15家公司参与风险套利。

然而,套利业务随着时间的推移慢慢发展起来了,更多的人开始以各种方式参与进来。这些增加的参与者来自两个方面。从历史上看,经纪公司开始通过聘请在其他公司工作经验丰富的套利人员来建立套利部门,新成立的部门一般集中在公司的资本市场领域。图3.1显示了经纪公司内部的结构和传统的层级。然而,沃尔克法则被采纳后,只有少量公司在2008年信贷危机后被允许将资金投入自营账户中。

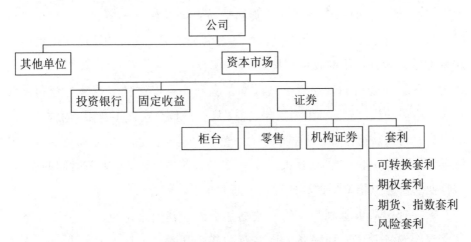

图 3.1 公司典型套利结构

第二个参与形式是在20世纪70年代发展起来的,自从采用沃尔克法则以来，这一趋势得到了加速。通过有限合伙制，一些套利交易者成立了自己的公司，并从投资者那里募集资金。这些投资者成为有限合伙人，并且他们的资金注入到企业中，用于风险套利。合伙关系的补偿是基于有限合伙人产生的投资收益。在传统的费用结构中，激励提成是根据有限合伙企业的投资组合收益收取的。这种有限合伙形式如图 3.2 所示。

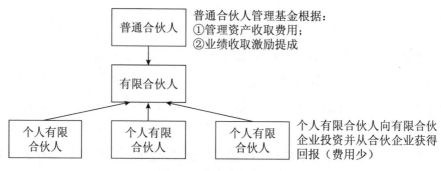

图 3.2　有限合伙人结构

在某些情况下，费用是根据有限合伙协议规定的最低预期收益率而递增的。在有限合伙企业中，一种传统的费用结构是由经理收取：①以管理的资产为基础的管理费；②以有限合伙人的投资收益为基础的激励提成。这些费用基于不同套利形式而变化。实际上，这种激励提成比例从 20% 到大于 50% 不等。而另一些情况，套利交易者可以获得一半以上的收益，有限合伙人获得了另一半。如今，典型的套利公司采用 1% 的资产管理费用加 20% 的绩效激励费用的收费结构。

专业套利公司的发展永远地改变了套利业务，这种专业性为套利领域加入了更多的投资资本。因为在此之前，只有少数公司使用有限的资本参与，所以会有可能获得很高的利差和收益。然而一旦从外部投资者那里筹得更多资金，交易竞争便不断加剧，最终会给交易价差带来压力。随着时间的推移，该行业的资金急剧增加，导致利差不断缩小。

除了专门从事套利交易的合伙制基金外，其他采用更广泛投资策略的基金也在过去几年有所增长。许多对冲基金开始参与风险套利业务，这些基金的形式类似于风险套利，但将投资者的资金运用于各种股票市场策略。这些对冲基金被称为多策略基金，其结构如图 3.3 所示。

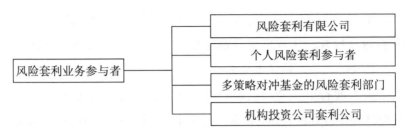

图 3.3　风险套利

这些公司采用各种投资策略的参与方式，由投资经理决定对各个策略的分配。风险套利策略的分配通常取决于风险套利业务对多策略经理的吸引力，当风险套利策略的收益看起来很有吸引力时，投资经理就会开始或增加这种策略的资本；相反，如果经理认为风险套利投资策略的潜在收益与公司的其他投资策略相比不再具有吸引力，那么资本就会从风险套利投资组合中转移出来，重新配置到其他策略中。

在过去十年里，多策略公司参与风险套利的数量急剧增加。当这些公司增加了用于套利的资本量时，这种承诺往往会给风险套利价差和收益带来压力。

养老基金也在过去十年左右的时间中成为这个行业的参与者。养老基金过去是目标公司的卖家，因为它们受到收购和合并的影响。养老基金经理会一直将这些证券作为长期投资工具持有。一旦有套利交易宣布，基金经理往往就会套现。套利交易者通常就是这些受益者，因为他们能够以较低的价格购买目标证券。现在，许多养老基金已聘请套利人员接管有关收购证券的投资决定，交易宣布后的股票供应量已经减少，从而会导致价差和收益进一步受压。

尽管价差和收益面临压力，但风险套利业务的收益对许多投资者仍具有吸引力。虽然价差有所下降，但仍能实现有吸引力的收益率，而这些收益率通常与股市整体收益率的相关性很低。

风险套利投资策略的价差和收益也具有周期性。在过去10年左右的时间里，风险套利价差的总体水平已经压缩。除了资本流入这里之外，一般利率水平的下降也是套利利差降低的一个主要因素。随着借贷成本的降低，缩小套利价差也是自然经济效应。

如图 3.3 所示，随着公众认知度的提高和交易量的增加，个人投资者也成为套利的参与者。这些投资者对交易价差没有太大影响，但他们促进了竞争。在套利中，个人投资者所面临的艰巨任务是与专业套利交易者竞争，专业人士通常拥有更多的财力和经验。然而，如果个人能够遵守纪律，并对这些交易进行认真的分析，那么从历史上看，他们也能够获得可观的收益。因此，风险套利业务为个人投资者提供了一个有吸引力的选择，以完善他们对传统股票和债券市场的投资。本书旨在帮助这些投资者使用风险套利作为一种投资技巧。

风险套利具有与一般投资不同的一个重要特征是套利交易者之间的互动程度。尽管他们每天都在分析信息流和组合投资组合方面相互竞争，但套利交易者之间的合作程度很高。

对于一名套利交易者来说，每天和参与市场的许多套利交易者进行互动是很常见的。套利交易者之间的合作通常取决于每位套利交易者的关系，他们相互了解和尊重的程度越高，关系就会越密切，从而信息和观点的分享也就越紧密。

由于潜在的套利交易范围通常相当大，每个套利交易者往往会意识到，在任何给定时间，他们只能了解和分析一定的交易。此外，还有额外的内容需要分析。因此，套利交易者通常会与其他人就他们对单个交易或一组交易的感受以及潜在结果进行估计协商。通过这种方式，许多套利交易者实际上是合作进行研究工作的，而股票或债券投资却很少这样做。

套利交易者之间发展的关系取决于他们建立的信任程度。一些套利交易者喜欢独自工作。

例如，在一次与一位从事套利业务超过 40 年的套利交易者共进午餐时，他向我提到，尽管他知道其他套利交易者会相互商量，但他觉得自己做得最好。他对与其他套利交易者合作不感兴趣的原因是，如果一位套利交易者把一笔交易的全部真相告诉他，他会感到惊讶。因为他会认为相互竞争的套利交易者可能会隐瞒重要信息，而不是去分享。

所以可能会得出这样的结论：经验丰富的套利交易者会保密，以便从中获利。但我一直觉得这种观点过于损人利己，随着时间的推移，我与一些我非常信任的套利交易者建立了关系。这些关系是逐渐建立起来的，经受住了时间的考验。

> **文件说明**
>
> 我最珍贵的一些友谊就是通过与其他套利交易者接触而建立起来的。我通过各种各样的旅行和活动认识了这些人，同时为我所工作的公司提供各种交易。我在法庭上花了一个多星期的时间与这些专业人士进行辩论。后来，我们一起吃饭，一起社交。这些经历使我在职业生涯中建立了密切的关系，这种友谊是风险套利之外附加的，很幸运我有这样的经历。

发展这些良好的关系增加了我的决策过程中的信息流和分析能力。经验丰富的套利交易者选择他们认为值得的交易，避免他们认为风险太大的。同样，他们会和值得信任的人发展关系，同时会减少和那些让他们感觉不舒服的人的联系。

这种每天持续与其他套利交易者进行讨论的过程，将套利业务与其他投资业务区分开来。第4~7章研究了风险套利业务的关键要素，以及这些要素如何在风险套利决策过程中联系起来。

第4章
估算风险套利头寸的收益

投资者总是对他们的潜在收益非常感兴趣,套利交易者也不例外。事实上,对套利交易的分析通常会带来比传统股票或债券头寸分析更多的收益定量估算。证券分析师通常会为一个给定的股票证券提供一个价值范围,这些估算通常是他们建议买入、持有或卖出的依据。根据套利交易者对"交易价值"的估算,即估算风险套利头寸收益的第一步,风险套利分析可以给一个证券提供更准确的价值。这种收益成为套利交易者分析框架中最初的关键要素。

基础交易

有些交易是很基础的,容易计算收益。例如,假设公司 A 以现金要约善意收购公司 T,收购要约报价是 20 美元。这意味着收购公司 A 将为目标公司 T 的每股股票支付 20 美元,交易价格为 20 美元,并且我们假设交易将在大约一个月(30 天)内完成。

如果公司 T 的股价为每股 19.85 美元,我们可以按照以下方式计算这笔交易的收益:

$$ER_{UL} = GS / I \ ; \ GS = DP - SP_t$$

式中:ER_{UL} 为预期年化收益率(无杠杆);

GS 为总价差;

DP 为交易价格;

SP_t 为目标公司股价;

I 为套利交易者交易投资额(在这个例子中,套利交易者交易投资额等于目标公司股价)。

由于该交易是现金交易,套利交易者必须进行的唯一交易是以19.85美元的价格购买公司T的股票(不涉及卖空),因此套利交易者的投资为每股19.85美元。假设套利交易者以现金购买股票,并且在交易中没有利用任何债务融资,则把美元金额套入公式是(单位:美元):

$$GS = 20 - 19.85 = 0.15（公司T每股）$$

$$ER_{UL} = 0.15 / 19.85 = 0.76\%$$

只要我们期望交易能按照公布的条款完成,我们就必须将预期非年化收益转换为预期年化收益。套利交易者通常会用这个年化预期收益来分析套利头寸,从而比较各种套利机会:

$$ER_{UL} = (GS / I) \times (365 / P)$$

式中:ER_{UL}为预期年化收益率;

GS为总价差;

I为投资额;

P为预期投资期。

$$P = 预期完成日期 - 初始投资日期,$$

在这个例子里,预期年化收益率计算如下:

$$ER_{UL} = (0.15 / 19.85) \times (365 / 30) = 9.19\%$$

如果交易依据预期条款发生在预期时间范围内,则套利交易者预计将获得9.19%的年化收益率。同时,套利交易者假设在交易完成时,所获利润将会用于投资另一个风险套利机会。

在上面的例子中,我们假设20美元的交易价格是交易中获得的唯一收益方式。如果公司在套利交易者持有股票期间支付股息,则股息将提高套利交易者的收益。同样地,如果套利交易者持有的证券为债券,那么在价差计算中就必须考虑债券的利息。

例如,在前一个例子中,如果公司T在套利交易者持有股票的30天内支付了每股0.05美元的股息,则价差将从0.15美元增加到0.2美元,年化收益率将从9.2%增加到12.3%,公式还是:

$$ER_{UL} = (NS / I) \times (365 / P)$$

式中:NS为净价差(总价差加上投资期P内的所有其他投资现金流)。

在这个例子中,用净价差计算预期年化收益率方法如下:

$$NS = GS + D_t = 0.15 + 0.05 = 0.20（美元）$$

式中：D_t 为目标公司支付的股息。

$$ER_{UL} = (NS/I) \times (365/P) = (0.20/19.85) \times (365/30)$$
$$= 12.3\%$$

如果在套利交易中购买的证券是债券，则所得的利息将被加到净价差中。

再次需要强调的是，套利群体会使用预期年化收益率来比较交易价差和套利行情中的其他机会以及套利交易者的资金成本。这样看来，套利交易者的决策与一个公司的经理所做的典型资本预算决策并没有什么区别，因为都将他们的资金成本与各种投资项目的预期收益进行比较。从逻辑上讲，我们可以假设套利交易者不会投资于预期收益率低于规定收益率的交易。事实上，套利交易者很可能需要一笔高于最低预期收益的溢价，以弥补交易中所涉及的风险。

换股交易

在今天的并购市场中，市场上公布的许多交易都被称为"换股交易"：两家公司宣布合并计划，交换媒介是收购公司的股票。股票换股合并最简单的形式是，收购公司同意以其自身股票的形式向目标公司支付固定美元价值的股票。

例如，假设目标公司 M 的股东将以自己持有的每股公司 M 的股份换取价值 21 美元的收购公司 N 的股票。收购公司 N 将以其股票的 10 日均价来发行股票。目标公司 M 目前不向股东支付现金股息。该交易预计将在 90 天内的股东投票后完成。由于合并对价（交易价格）固定在 21 美元，因此其价差计算类似于现金交易的价差计算：

目标公司 M 普通股价格 = 20.75（美元）

收购公司 N 普通股价格 = 50.00（美元）

$$GS = (21 - 20.75) = 0.25（美元）$$

$$NS = GS + D_t = 0.25 + 0.00（美元）$$

$$ER_{UL} = (NS/I) \times (365/P) = (0.25/20.75) \times (365/90) = 4.9\%$$

采用固定比率的换股交易

应该注意的是,大多数股票换股合并不是按固定美元价值进行的。大多数情况下,这些交易采用的都是固定换股比率。

与上面所述的固定美元价值交易(换股价值为一笔固定金额的美元)不同,在2014年7月28日,图利亚股份有限公司(TRLA)和杰露股份有限公司(Z)宣布计划以换股交易进行合并。TRLA的每个股东将以其持有的每股TRLA股份换取0.444股公司Z的股份。

这项交易需要用一种不同的计算方式来确定投资收益。交易价格不是固定的,它取决于股票交易比率和收购公司的股价。在换股比率固定的情况下,如果目标股票价格上涨,交易价格就会上涨;反之,如果目标股票价格下跌,每股对价就会下跌。

在宣布合并后的第一个交易日,TRLA和Z的股价分别为60.53美元和145.53美元。鉴于该交易可能会受到美国反垄断机构的密切监督,预计合并将用时大约5个月或150天。

在TRLA/Z交易中,我们可以这样计算交易价格(deal price,DP):

$$DP = R \times SP_a = 0.444 \times 145.53 = 64.62(美元)$$

式中:R 为每股目标公司股份可换取收购公司股份的比率;

SP_a 为收购公司股价。

在TRLA/Z合并中,如果公司Z普通股价格从145.53美元跌至100美元,该交易价值就会从64.62美元(0.444×145.53)下降至44.40美元(0.444×100)。如果套利交易者没有对冲其预期会在交易中获得的公司Z的股票,那么交易价差就会随着公司Z的普通股价格下跌而减小;反之,如果公司Z股价上涨,交易价值也会受到影响。交易价值和价差会随着目标股票价格的上涨而增加,而真实情况是,在TRLA/Z交易的整个过程中,Z的股价大幅下跌。

利用卖空来锁定交易价差

此时,应该注意的是,在换股交易中,套利交易者通常使用对冲来锁定交易价值和价差,从而使这些重要的价值不再受收购公司股价的影响。在对冲过程中,一旦交易条款被公布并且套利交易者决定发起头寸,他们就会通过卖空预期将在交易中获得的收购公司股份的目标股票来对冲对目标公司普通股的购入。当套利交易者有经纪人或清算公司借入卖空股票的股份时,卖空过程开始,接着下单做空这些股票。

如果订单被执行,套利交易者就在"做空"这些股票。如果股价上涨,套利交易者就会按市值计价亏损;相反,如果目标股票价值下跌,套利交易者就会按市值计价赚钱。最终,套利交易者将通过在公开市场购买股票或交付合并完成后获得的收购公司的股票来平空仓。

在 TRLA/Z 案例中,通过数学计算可以展现出无论收购公司的股价如何变化,如果套利交易者使用卖空过程,其价差是如何锁定的。之前我们计算过,如果 Z 的股价从 145.53 美元跌至 100 美元,那么交易价格就会从 64.62 美元跌至 44.40 美元。如果套利交易者以每股 60.53 美元的价格买入 TRLA,同时以每股 145.53 美元的价格卖空 0.444 股 Z,就会产生以下价差:

$$DP = R \times SP_a = 0.444 \times 145.53 = 64.62（美元）$$
$$GS = DP - SP_t = 64.62 - 60.53 = 4.09（美元）$$

如果 Z 的股价跌至 100 美元,即使交易价格每股 TRLA 股份下跌 20.22 美元,套利交易者的总价差仍为每股 4.08 美元。

以每股 60.53 美元的价格做多 TRLA:

在交易结束时,一股价格是 0.444×100（美元）

多头亏损（44.40 - 60.53）   -16.13（美元）

以每股 145.53 美元的价格卖空 0.444 股 Z:

在交易结束时,Z 的每股交易价格为 100 美元

空头收益（145.53 - 100）×0.444   +20.22（美元）

                   +4.09（美元）

另外,如果 Z 的股价涨到 160 美元,套利交易者的价差仍然是 4.09 美元。

以每股 60.53 美元的价格做多 TRLA:

在交易结束时,一股价格是 0.444×160（美元）

多头收益（71.04 - 60.53）   +10.51（美元）

以每股 145.53 美元的价格卖空 0.444 股 Z:

在交易结束时，Z 的每股交易价格为 160 美元

空头亏损（145.53 - 160）×0.444   -6.42（美元）

                                                            +4.09（美元）

只要套利交易者通过做空交易完成时将获得的明确数量的目标股票来对冲多头头寸，那么不管收购公司的股票如何变动，总价差都是固定的。

当套利交易者利用卖空方法锁定价差时，就会产生一些额外的现金流，在计算净价差和净收益时必须考虑这些现金流。如果收购公司的股票支付股息，且股息是在套利交易者卖空期间支付的，套利交易者必须向借入股票的人支付此股息。卖空股票的股息成为套利交易者的一项支出，因此，这笔现金流减少了套利交易者获得的净收益。

此外，卖空证券为套利交易者创造了现金流收入。例如，如果套利交易者以每股 145.53 美元卖空 44.4 股杰露公司（Zillow，Z）股票，套利交易者的空头账户将获利 6 461.53 美元（145.53×44.4）。专业套利交易者（以及许多个人投资者）能够利用这些融券本金获得利息。由于在借入股票的过程中要支付额外的费用，因此收到的利率低于个人经纪公司收取的借款费用。

我们将这些做空收益的产生称之为融券利息收入，它将作为我们计算收益时必须考虑到的额外现金流量。

TRLA/Z 交易的收益如下：

$$GS = DP - SP_t = (145.53 \times 0.444) - 60.53 = 4.09（美元）$$

$$NS = GS + D_t - (D_a \times R) + SI$$

式中：D_t 为目标公司股息（我们假设 TRLA 会支付每股 0.02 美元的股息）；

       D_a 为收购公司股息（我们假设 Z 会支付每股 0.04 美元的股息）；

       R 为收购公司收到和卖空股票比率；

       SI 为融券利息收入。

$$SI = SIP \times IS ; SIP = R \times SP_a$$

$$SIP = 0.444 \times 145.53 = 64.62（美元）$$

$$SI = 64.62 \times 0.01^{①} (150/365) = 0.266（美元）$$

式中：SIP 为融券本金；

       IS 为融券本金利息；

---

① 1% 是套利者获得的融券本金利息。

$$IS = 融券利率 \times 融券时间。$$

所以 TRLA/Z 交易的净价差计算如下：

$$NS = GS + D_t - (D_a \times R) + SI$$
$$= 4.09 + 0.02 - (0.04 \times 0.444) + 0.266$$
$$= 4.09 + 0.02 - 0.018 + 0.266$$
$$= 4.36（美元）$$

我们假设交易在 150 天内完成，套利交易者将利用融券本金获得 1% 的收益。下一步是计算套利交易者的年化投资收益：

$$ER_{UL} = (NS/I) \times (365/P) = (4.35/60.53) \times (365/150) = 17.5\%$$

该计算假设套利交易者有足够的保证金，以进行卖空交易。如果套利交易者的账户目前没有足够的保证金，则必须存入额外的资金，且这会改变投资收益率的计算。

在本章的后面，我们将看到套利交易者通常会使用杠杆来交易。到目前为止，我们在示例中没有假设使用任何杠杆。当引入杠杆时，收益现金流和收益计算都会受到影响。

复杂的股份合并交易

我们在查看更复杂的交易之前，最好先研究一笔涵盖价差计算中每个方面的实际交易。

2014 年 10 月 13 日，阿特拉斯能源（ATLS）和德佳能源合伙企业（TRGP）同意合并。在合并中，每股 ATLS 公司股票将获得 9.12 美元的现金、0.180 9 股 TRGP 公司股票，以及在合并完成时 ATLS 将按比例分配的非中游资产。根据计划，剥离的资产将分拆给 ATLS 的所有股东。ATLS 的股价为每股 37.25 美元，TRGP 的股价为每股 109.01 美元。

为了计算交易中的价差，套利交易者需要估算非中游资产的价值。这些资产包括如下几点。

（1）阿特拉斯合伙企业（一家勘探和生产公司）的 100% 普通合伙人权益和激励分销权。

（2）阿特拉斯能源（ATLS）的 E&P 子公司的 80% 普通合伙权益和激

励分销权，以及8%的有限合伙人权益。

（3）莱特富资本合伙企业的16%普通合伙人权益和12%有限合伙人权益。

（4）阿卡马盆地（Arkoma Basin）的每天约1 150万立方英尺[①]的天然气净产量。

在宣布合并后不久，套利交易者和金融分析师就可以对被分拆的资产进行建模。一般来说，分拆的价值约为每股ATLS股份10美元。该估值受整体股市走势以及石油和天然气投资趋势的影响。

在宣布合并消息时，多数套利交易者预计合并将在4个月内完成。合并必须得到ATLS公司有限合伙权益的多数股东以及TRGP公司股东的多数投票同意，另外合并还取决于相关合并的完成以及哈特-斯科特的批准，以及非中游资产的分配。

年化收益计算公式如下：

$ER_{UL} = (NS/I) \times (365/P)$；$NS = [C + (R \times SP_a) + \text{NewCo} + D_t] - SP_t$

式中：C为交易价值的现金部分（9.12美元）；

$SP_a = 109.01$（美元）；

$R = 0.180\ 9$（美元）；

$SV = R \times SP_a = 0.180\ 9 \times 109.01 = 19.72$（美元）；

SV为交易价值的股票价值；

NewCo为剥离资产价值估算（10.00美元）；

D_t为ATLS公司股票在投资期间（P）应支付的股息；

$D_4 = 0.52$（日期11/6/2014）$+ 0.52$（日期2/6/2015）$= 1.04$（美元）；

D_a为TRGP公司股票在投资期间（P）应支付的股息；

$D_a = [\ 0.797\ 5$ 美元（日期10/30/2014）$+ 0.797\ 5$ 美元（日期1/29/2015）$] \times 0.180\ 9$

$= 0.29$（美元）；

P为投资时间（假设分析日期为10/13/2014，预计完成日期为2/28/2015）；

$P = 92$（天）；

$SP_t = 37.25$（美元）。

---

① 1立方英尺约为0.028立方米。

年化收益计算结果如下。

计算 ALTS/TRGP 持仓收益：

ALTS 股价 / 美元	37.25
TRGP 股价 / 美元	109.01
预计交易完成时间 / 天	92
现金条款 / 美元	9.12
股票条款 / 美元	0.180 9
预计认股权证价值 / 美元	10.00
ATLS 做多股息 / 美元	0.52
TRGP 做空股息 / 美元	0.80
做多股息次数 / 次	2
做空股息次数 / 次	2
信贷利率 /%	1.00

计算交易价值和收益：

现金条款 / 美元	9.12
股票条款 / 美元	0.180 9
预计认股权证价值 / 美元	10.00
总交易价格 / 美元	38.84
减去目标价 / 美元	37.25
总价差 / 美元	1.59
加上目标公司股息 / 美元	1.04
减去收购公司股息 / 美元	0.29
做空信贷利息 / 美元	0.05
净价差 / 美元	2.39
投资收益率 /%	6.42
年化投资收益率 /%	25.47

假设套利交易者对认股权证价值、股息和交割日期的估计是正确的，那么套利交易者预期可在 ATLS 交易中获得的年化收益率为 25.5%。除了现金（ATLS 认股权证）外，我们还引入了一种对价形式。许多交易需要额外的估计来确定预期的收益率。

换股交易的领口

许多换股交易都有内置的保护措施,或称"领口",旨在保护收购方或目标公司。领口通常有以下两种不同的形式。

如果股票竞价是固定价格(例如,价值 20 美元的收购公司股票),收购公司可以设定最低和最高的换股比例,以保护其股东免受收购公司股价大幅波动的影响。收购公司可能担心他们的普通股价格在经过谈判并宣布协议后可能大幅下跌。

如果交易价格是按照收购公司股票的固定美元对价来定的,那么实际换股比例通常会由一个公式决定。一种代表性的方法是需要计算收购公司在交易完成前特定天数内的收盘价(其所在交易所)的平均值。如果收购公司的股票大幅下跌,即除数变小,则必须发行更多的股票为目标公司的股东提供固定美元金额的股票。

案例 1

情景:

交易价格定为收购公司以自身股票 20 美元的价格进行换股。

当交易宣布时,收购公司的股票交易价格为 40 美元。

随着交易接近尾声,收购公司的股价已跌至每股 20 美元。

收购公司本考虑向目标公司发行约 0.5 股的股票,但由于价格下跌,收购公司必须在收盘时发行 1 股,以确保交易价值在 20 美元。[①] 而发行两倍数量的股票很可能改变收购公司及其股东交易的经济情况。

对于这种类型的领口,套利交易者必须注意收购公司规定的实际最低和最高换股比例。原因有两点:首先,对于绝大多数的领口交易,如果收购公司的股价超过领口的参数,双方有权终止交易。如果收购公司的股票

---

① 发行股票数量等于交易价格除以收购公司股价(20 美元 ÷ 40 = 0.5 美元)。

价格跌至低于协议规定的最低价格水平，目标公司通常有权退出交易。其次，在固定换股比例下，收购公司股价下跌，会导致目标公司股东获得的交易价格低于商定的交易价格。

在案例 1 中，我们可以通过以下假设来说明这一点：除了将交易价格设定为 20 美元的股票之外，两家公司还同意，收购方没有义务发行超过 0.75 股的股票，或者不少于 0.25 股的股票。在该特定的领口下，如果收购公司的股价跌到 20 美元，新交易价格只会是 15 美元（20 美元 × 0.75），而不是原来的 20 美元。

案例 1 还说明了套利交易者必须密切关注领口的第二个原因。如果收购公司的股票价格超过规定的领口范围，用于确定收益的交易价格可能会发生变化。

当合并双方在初步最终协议中规定了特定的换股比例，通常会出现第二种类型的领口。为了保护自己，双方还可以设定一个换股比例的有效范围。交易双方通常规定一个最低和最高的股票价格范围，在此范围内，换股比例将保持不变。如果两家公司为收购公司的股份设定了 0.75 股的固定换股比例，则两家公司通常会声明，如果收购公司的股价超过最高价格水平或低于最低价格水平，交易就可以终止。

案例 2

情景：
固定换股比例为 0.75 股。
当交易宣布时，收购公司的股票交易价格为 40 美元。
收购公司的最高股价为 55 美元。
收购公司的最低股价为 35 美元。
如果收购公司的股价超过 55 美元，他们可能会觉得为目标公司的股票支付了过高的价格（总体而言），这可能导致收购公司退出交易；相反，如果收购公司的股价跌至 35 美元以下，目标公司及其股东可能会觉得他们的股票没有得到足够的对价。

例如，如果收购公司的股价跌至每股 30 美元，目标公司的股东将只能得到 22.50 美元（0.75×30 美元）的价值，而不是最初预期的每股 30 美元（0.75×40 美元）。在这种情况下，套利交易者必须替换成最低美元交易价值，而不是用固定的（0.75 股）换股比例去计算价差。

在所有涉及领口的交易中，套利交易者必须仔细研究和分析最终协议，以确定目标股票价格变动会如何影响价差，进而影响交易收益。第 10 章会讨论套利交易者实际上是如何对冲涉及领口的交易的。

一个领口交易的真实案例

2014 年 7 月 26 日美元树（DLTR）公司同意收购家庭美元（FDO）公司。在最初的新闻发布稿中，两家公司透露，合并的目的是为 FDO 公司的每位股东提供每股 74.50 美元的现金和股票总对价。FDO 公司的每股股票将获得 59.60 美元的现金和在设定领口范围内总价值 14.90 美元的 DLTR 公司股票。只要 DLTR 公司的交易价格在 49.08～58.98 美元，FDO 公司股东就能获得数量在 0.248 4～0.363 6 的 DLTR 公司股份，相当于每股 FDO 股份 14.90 美元。如果 DLTR 公司在合并完成时的交易价格超过 58.98 美元，FDO 公司股东获得的股票份额将被限制在 0.248 4 股 DLTR 公司股票。另外，如果 DLTR 公司的股价低于 49.08 美元，FDO 股东可持有的最大股数为 0.363 6。

DLTR 公司股价的领口实际上意味着，如果 DLTR 公司股价上涨至 58.98 美元以上，那么每股 FDO 公司股票会收到超过 14.90 美元的原定价值。如果 DLTR 公司股价在收盘时跌至 49.08 美元以下，FDO 公司股东最多可获得 0.363 6 股，这将使 FDO 公司每股价值低于 14.90 美元。

按照计划，合并将持续一年左右，在 2015 年 7 月 7 日 DLTR 公司股价的收盘价为每股 80.08 美元。由于 DLTR 股价高于 58.98 美元的领口上限，FDO 公司股东实际上获得了 19.89 美元的 DLTR 公司股票，而不是并购协议最初设想的 14.90 美元的股票价值。FDO 公司股东实际获得的总价值为 79.49 美元，比合并原计划提供的价值高出 4.99 美元。

如果 DLTR 公司股价下跌，结果会大不相同。DLTR 公司股价低于 49.08 美元，FDO 股东的收益将低于 74.50 美元。从这个例子可以看出，领口是一把双刃剑。

比例分配交易

我们之前提到，许多交易比我们所描述的现金或换股交易更为复杂。在合并交易中包含现金和证券的组合是很常见的，这些交易需要额外的步骤来计算交易价值和由此产生的价差。每一部分都必须分别估价，在交易完成后，套利交易者必须考虑到每一部分将收益多少。通常情况下，收购公司会限制每个目标公司股东能够接受的每一部分的对价。这是非常必要的，因为当有两种不同形式的对价时，即便交易本意给每部分以同等的权重，一个部分还是可能比另一个部分更有价值。

这个问题可以用并购市场的一个例子来说明。2014 年 10 月 9 日，AUXL 和远藤制药（Endo Pharmaceutical，ENDP）宣布合并计划。合并会根据限制为每股 AUXL 公司的股票提供价值 33.25 美元的现金和股票。ENDP 公司只希望向 AUXL 公司股东支付 33.25 美元的交易价值中现金最多占 50%。为了实现这个目标，公司采用了所谓的选择程序。由于合并即将完成，每个 AUXL 公司股东都可以从以下三种选项中选其一。

（1）全部现金。在这种情况下，每股 AUXL 公司股票将获得 33.25 美元的现金。该选项仅限于 AUXL 公司 50% 的已发行股票。

（2）全部股票。在这种情况下，每位股东将获得 0.488 股 ENDP 公司股份。与现金选项一样，股票选项将被限制在 AUXL 公司已发行股票总数的 50% 以内。

（3）混合。混合选项意味着每个 AUXL 公司股东将获得 16.625 美元的现金加上 0.244 股 ENDP 公司股票。

由于合并预计需要 5 个月的时间才能完成，AUXL 公司股东，包括套利交易者，对于 5 个月后 ENDP 公司股票的交易价格面临着很多不确定性。在宣布消息时，ENDP 公司股票的交易价格为 66.78 美元，而 AUXL 公司股票交易价格为 32.44 美元。

该交易价格（DP）的总价差计算如下：

$$DP = (p_1 \times C_1) + (p_2 \times C_2)$$

式中：p_1 为收到的第一种类型对价百分比；

p_2 为收到的第二种类型对价百分比；

C_1 为第一种对价价值；

C_2 为第二种对价价值。

在 AUXL/ENDP 交易中，我们使用的公式如下：

$$DP = (0.50 \times 33.25) + [0.5 \times (0.488 \times 66.78)]$$
$$= 16.625 + 16.29$$
$$= 32.915 （美元）$$

AUXL 公司与 ENDP 公司均未向股东支付股息。

价差和收益计算如下：

$$GS = DP - SP_t = 32.915 - 32.44 = 0.475 （美元）$$
$$NS = GS + D_t - (D_a \times R \times p_2) + SI$$
$$= 0.475 + (0.00) - [(0.0) \times 0.488 \times 0.5] +$$
$$\{[(0.488 \times 66.78) \times 0.5] \times 0.01 \times 150 / 365\}$$
$$= 0.542 （美元）$$

如果我们把它分解成单独因子，计算会更清楚：

$$D_1 = 0$$
$$D_2 = 0$$
$$SI = SIP \times IS$$

式中：SIP = 融券本金

= $(0.488 \times 66.68) \times 0.5$（因为我们将在整个持仓的 50% 中的每一股卖空 0.488 股的 ENDP）

=16.29（美元）；

$IS = 0.01$；

$SI = 16.29 \times 0.01 \times (150 / 365)$（因为我们假设会利用净融券本金在 150 天的时间收到 1% 的融券利息收入。）这个 1% 的利率会随着市场利率变化而变化。

= 0.067（美元）

$$NS = GS + D_t - (D_a \times R \times p_2) + SI$$
$$= 0.475 + 0.0 - 0 + 0.067$$
$$= 0.542（美元）$$

且

$$ER_{UL} = (NS/I) \times (365/P)$$
$$= (0.542/32.44) \times (365/150)$$
$$= 4.1\%$$

应当注意的是，收到的对价的各个部分价值不同。在 ENDP 公司股票交易价为 66.78 美元时，股票部分每股 AUXL 股份价值 32.59 美元，即比 33.25 美元的现金对价低 0.66 美元。AUXL 公司的股东更愿意接受 33.25 美元的全部现金收购，但这种安排将迫使 ENDP 公司以现金收购几乎所有的 AUXL 公司股份。

正是因为这个原因，ENDP 公司设定了 50% 的上限作为可以获得现金的股票总数。ENDP 公司不想以现金购买超过 50% 的 AUXL 公司股份。如果 ENDP 公司的股价在交易完成之前大幅上涨，就会出现另一个问题。事实上，在交易宣布后的几个月里，ENDP 公司的股价升至 70 多美元的高点。

在 2014 年 12 月 30 日，即交易完成前一个月，证券的价格需要一个截然不同的价差计算：

AUXL 公司股价：34.00 美元；

ENDP 公司股价：72.82 美元。

$$DP = (0.5 \times 33.25) + [0.5 \times (0.488 \times 72.82)]$$
$$= 16.625 + 17.768$$
$$= 34.393（美元）$$

（由于 ENDP 公司股价从 66.78 美元涨至 72.82 美元，交易价格从 32.915 美元涨至 34.393 美元。）

$$GS = DP - SP_t = 34.393 - 34.00 = 0.393（美元）$$

$$NS = GS + D_t - (D_a \times R \times p_2) + SI$$

式中：D_t = 0.0 美元（AUXL 仍未支付股息）；

D_a = 0.0 美元（ENDP 预计不会支付任何股息）；

SI =（0.488 × 72.82 × 0.5）× 0.01 × 30 / 365（当前日期 2014 年 12 月 30 日，距预期交易完成日仅有 30 天）

= 0.015（美元）

NS = 0.393 + 0.0 − 0.0 + 0.015

= 0.393 + 0.0 − 0.0 + 0.015

= 0.408（美元）

ER_{UL} =（NS / I）×（365 / P）

=（0.408 / 34.00）×（365 / 30）

= 14.6%

当 ENDP 公司的股价从 66.78 美元上涨到 72.82 美元时，AUXL 公司的股东宁愿以其持有的全部 AUXL 公司股票换取 ENDP 公司的股票。交易价值届时将是 35.54 美元，而不是加权交易价格 32.915 美元。然而，这将导致 ENDP 公司发行比原计划更多的股票。通过设定 50% 的最大比例，ENDP 公司消除了发行过多股份的可能性。

在交易完成时，目标公司的股东必须填写一份表格，声明他们想收到的对价形式。在提交了所有这些表格后，收购公司及其顾问会分别统计要求的股份数量和现金数额。如果其中任何一项的总额超过最终协议中规定的限额，则将现金和证券按比例分配，从而不违反交易限额。

套利交易者必须非常小心地正确计算比例系数，因为这些系数最终决定了每项会得到多少对价。利差和预期收益将会受到这些比例系数的影响。

杠杆

到目前为止，我们都假设套利交易者仅使用资本进行投资。我们所有的预期收益计算均未假设使用杠杆。这种方法对一些投资者来说是可行的，

第4章 估算风险套利头寸的收益

但大多数套利交易者在操作中都使用杠杆。

杠杆的使用会影响套利交易者在任何交易中获得的收益。因为本书是针对个人投资者的,所以我们假设套利投资者使用典型的规则T杠杆:购买的融资方式是筹集50%的资金,从套利交易者的经纪人或清算公司借入剩余的50%。因为所有的证券经纪公司都会向投资者收取该权益的费用,因此借入剩余的50%的购买成本会产生额外的费用。

为了计算借款成本,也称为"持有成本"(cost of carrying,COC),我们将使用以下公式:

$$COC = [(N \times SP_t) \times MR \times i_d] \times (P/365)$$

式中:N 为购买的股票数;

MR 为当前规则T保证金率(目前为50%);

i_d 为经纪人对客户借方余额收取的利率。

套利交易者实际上还可能使用个人投资者无法获得的额外杠杆。如果一名套利交易者通过注册经纪人或交易商投资交易,他/她就能够使用经纪人或交易商的融资,这可能比典型的规则T杠杆要激进得多。通常情况下,经纪人或交易商可能借入至多85%的证券成本用于做多。然而,由于个人无法获得经纪人或交易商融资,因此我们将假设使用规则T杠杆。

案例1

为了说明套利中杠杆的使用及其对预期收益的影响,我们使用在本章开头的原始计算集。公司A正以每股20美元的现金收购公司T。20美元现金的要约收购预计将在30天内完成。公司T的股票交易价格为19.85美元,我们可以按如下方式计算杠杆收益率:

$$ER_L = [(NS - COC)/I_L] \times (365/P)$$

式中:ER_L 为预期杠杆收益率;

NS 为净价差;

COC 为持有成本;

I_L 为投资(杠杆);

P 为预计投资时间。

计算持有成本，我们可以用：

$$COC = [(N \times SP_t) \times MR \times i_d] \times (P/365)$$

式中：N 为购买的目标公司股票数；

SP_t 为目标公司股价；

MR 为保证金率；

i_d 为借方余额的利息成本（借入资金利息）。

我们假设借方余额的利息成本为 2%，代入计算公式，我们有

$$\begin{aligned}COC &= [(1.0 \times 19.85) \times 0.50 \times 0.02] \times (30/365) \\ &= (19.85 \times 0.50 \times 0.02) \times (30/365) \\ &= 0.1985 \times 0.0822 \\ &= 0.016 \text{（美元）}\end{aligned}$$

同时

$$I_L = SP_t \times MR = 19.85 \times 0.50 = 9.925 \text{（美元）}$$

$$\begin{aligned}ER_L &= [(NS - COC)/I_L] \times (365/P) \\ &= [(0.15 - 0.016)/9.925] \times (365/30) \\ &= (0.134/9.925) \times (365/30) \\ &= 16.4\%\end{aligned}$$

在这种情况下，通过允许套利交易者以 50% 的资本和 50% 的借款融资购买公司 T 的股票，把 9.19% 的非杠杆年化收益率变成了 16.4% 的杠杆年化收益率。可以预见，使用杠杆也会导致套利交易者的损失按百分比增长。

换股交易的杠杆收益率

在换股交易中，我们必须认识到，经纪人要求投资者或套利交易者拥有充足的资金，以备买入多头头寸和卖出空头头寸。投资者必须筹集的资本需相当于多头头寸乘以当前保证金率以及保证金率乘以账户中的融券本金。当套利交易者卖空收购公司适当比例的股票时，总投资会增加，并且必须计算在收益中。

案例 2

在这个案例中,我们假设公司 A 通过发行每 1.5 股公司 A 股票交换每 1 股公司 T 的股票来收购公司 T。

公司 T 股价:29.25 美元;

公司 A 股价:20.00 美元;

换股比例:1.5 股;

股息:都不支付股息;

预计投资时间:90 天;

借方余额利率:2%;

融券本金利率:1%。

该杠杆换股交易的收益计算方法如下:

$$ER_L = [(NS - COC) / I_L] \times (365 / P)$$
$$= [(0.823 - 0.072) / 29.625] \times (365 / 90)$$
$$= (0.751 / 29.625) \times (365 / 90)$$
$$= 10.3\%$$

各部分的价值如下:

$$GS = (20 \times 1.5) - 29.25 = 30 - 29.25 = 0.75(美元)$$

同时

$$SI = SIP \times IS = (20 \times 1.5) \times 0.01 \times (90 / 365) = 0.074(美元)$$
$$NS = GS + SI = 0.75 + 0.074 = 0.824(美元)$$

因为

$$COC = [(N \times SP_t) \times MR \times i_d] \times (P / 365)$$
$$= [(1 \times 29.25) \times 0.50 \times 0.02] \times (90 / 365)$$
$$= (0.2925) \times (0.2465)$$
$$= 0.072(美元)$$
$$I_L = (SP_t \times MR) + [(SP_a \times R) \times MR]$$
$$= (29.25 \times 0.50) + [(20 \times 1.5) \times 0.50]$$
$$= 14.625 + 15.00$$
$$= 29.625(美元)$$

收益率明显降低，因为需要筹集做空的50%外加做多的50%（10.2%和20.9%）。

投资者必须认识到，尽管这些换股交易代表着诱人的风险套利机会，但它们将影响到可用资本。

价差的时间特性

理论上，人们可能会认为由于金钱的时间价值和时间的流逝，交易的价差会稳步下降；也可以认为，时间的流逝会持续降低交易相关的风险。换句话说，随着时间的推移，完成交易的可能性越来越大。这个简化的预期关系如图4.1所示。

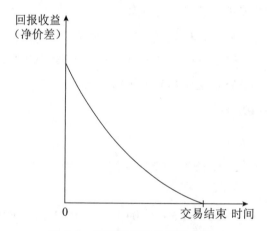

图4.1　无意外事件的简单交易

这种关系通常适用于一些没有问题的简单交易。但是，一些交易直到其结束都没有显示出直线关系，另外一些交易由于供求因素产生变化。总的来说，几乎所有的交易在实际价差利润和预期收益率方面都有差异。图4.2描述了一笔交易的预期净价差（以美元计算），该交易在公开宣布的几个月后发生了意料之外的反垄断问题。

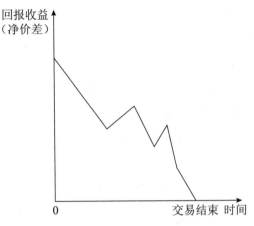

图 4.2　复杂交易——反垄断问题

第 5 章进一步探讨了洛克希德·马丁公司计划收购诺斯洛普·格鲁门公司的一个实际案例。

套利交易者必须不断地监控他们所跟踪的交易,而且随着时间的推移,他们必须更新他们对预期收益的估计。从这个角度看,套利交易者的投资过程是非常动态的。

交易的时机也必须不断地监测,以保持对预期收益的准确估计。

风险套利交易的时机

在确定任何给定风险套利交易的总价差和净价差后,套利交易者必须准确地确定每笔交易需要的完成时间。这种对时机的预估直接影响套利交易者的预期收益率。

例如,在简单的现金要约收购案例中,如果由于在交易结束前需要完成额外的监管步骤,套利交易者由最初的 30 天投资期限延长到 60 天,预期收益率将大幅下降。预期收益率计算方法如下:

$ER_{UL} = (GS/I) \times (365/P) = (0.15/19.85) \times (365/60) = 4.6\%$

该预期收益率正好是预计投资期限为 30 天时预期收益率的一半:

$ER_{UL} = (0.15/19.85) \times (365/30) = 9.12\%$

在一笔简单的非杠杆现金交易中,将预计的投资期限提高两倍,非杠杆预期收益就会减少一半。然而，如果我们考虑的是杠杆交易，不同的投资期限预估会影响交易的各个方面。

例如，在 AUXL/ENDP 现金和换股交易中，改变投资期限预估会改变各种影响预期收益的计算。如果我们将本例中预计的投资期限从 150 天更改为 180 天（监管延迟可引发这种情况），价差和收益计算将发生如下变化：

$$GS = DP - SP_t$$
$$= 32.919 - 32.44$$
$$= 0.479（美元）$$
$$NS = GS + D_t - (D_a \times R \times p_2) + SI$$
$$= 0.479 + 0 - (0 \times 0.0 \times 0.5) +$$
$$\{[(0.488 \times 66.68) \times 0.5] \times 0.01 \times 180/365\}$$
$$= 0.555（美元）$$

D_t = 每股 0.00 美元（我们目前假设无任何股息产生直到交易完成）

$$D_a = 0.00（美元）$$
$$SI = SIP \times IS$$

式中：SIP = 融券本金

= （0.488 × 66.68）× 0.5（我们将在整个持仓的 50% 中的每一股卖空 0.488 股的 ENDP）

= 16.29（美元）

SI = 16.29 × 0.01 ×（180 / 365）（我们假设会利用净融券本金在 180 天的时间收到 1% 的融券利息收入）

= 0.08（美元）

并且

$$ER_{UL} = (NS / I) \times (365 / P)$$
$$= (0.555 / 32.44) \times (365 / 180)$$
$$= 3.5\%$$

通过将预期时间从 150 天延长到 180 天，这两个股息现金流、融券利息收入和年化因子都会受到影响。最终结果是，无杠杆的预期收益率从 4.1% 降至 3.5%。由于这一交易涉及的计算比我们前面的简单示例更复杂，因此年化价差的减少与预期时间的延长并不成正比。我们将投资期限增加了20%（30天），但年化价差仅下降14.6%。

值得注意的是，合并并没有按照最初估计的5个月时间完成，而是在不到4个月的时间内完成。在风险套利决策过程中，能够准确地预测合并和要约收购的完成是一个非常重要的因素。

如果任意一家公司支付了股息，那些股息流可能也会受到影响，而且必须计入价差和收益。

时机对套利交易者的收益率计算有着非常重要的影响。

预估合并交易中的时间安排

第2章对合并交易过程中出现的步骤进行了概述。有时合并公司会达成原则性的初步协议，然后他们进入一个尽职调查的过程，包括审查彼此的账簿、记录和实物资产。这个过程可能需要几周到几个月的时间。

正如我们之前指出的，在今天的大多数并购中，这个过程是在任何公开声明之前完成的。一个合并的首次公开宣布通常发生在两家公司达成最终协议之后。

当最终协议签署后，当事公司各自的律师会处理法律要求的任何监管文件。如果合并涉及换股交易，则必须提交一份登记声明，并由美国证券交易委员会（Securities and Exchange Commission，SEC）宣布生效。然而，如果交易仅涉及现金，则必须向SEC提交申请，以允许目标公司的股东对交易进行表决。当事公司还必须根据哈特-斯科特-罗迪诺（HSR）法案向美国司法部和联邦贸易委员会（Federal Trade Commission，FTC）提交文件，以符合联邦政府对交易文件和信息纰漏的要求。

当这些公司被认为符合他们最初提交的文件时，联邦政府有30天的时间可以要求这些公司提供额外信息。在当事公司向美国司法部和FTC提供了所要求的信息后，还有另外20天的等候期。在联邦政府或批准通过，或因反垄断违规行为被揭露而决定要求联邦法院叫停该交易之前，当事公司不得完成交易。

根据HSR法案的要求提供更多信息，往往会延长交易完成的时间。在此等待期内，当事公司可以继续执行完成交易所需的任何额外步骤。例如，任意一家公司的股东都可以在等待HSR法案等候期到期期间对合并进行投票表决。

整个时间过程如图4.3所示。所有的合并都应该逐项进行分析。套利交易者在假定任何合并交易通常都会在90天内完成时应保持谨慎。

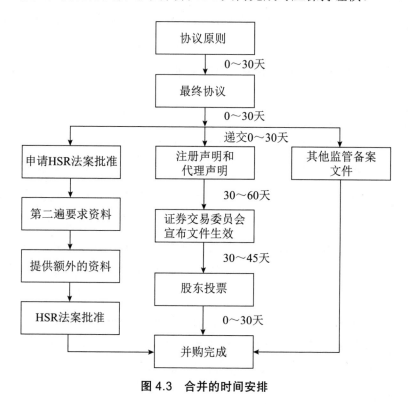

图4.3　合并的时间安排

预估要约收购交易中的时间安排

要约收购的时间安排在很大程度上取决于交易的善意与否。如果没有监管或反垄断问题，目标公司董事会批准的善意要约收购可以在一个月内完成。恶意收购可能需要长得多的时间才能完成。完成恶意要约收购所花费的时间是无法一概而论的，时长6个月的战斗并不罕见，并且长达一年以上的持久战也在最近发生过。

与合并一样，要约收购必须符合 HSR 法案。当收购公司向美国证券交易委员会提交要约收购文件时，通常也会向美国司法部和联邦贸易委员会同时递交。对于要约收购，政府的等候期与针对合并的并不相同。政府可要求提供额外信息的初步等候期只有 20 天。如政府要求提供更多信息，当事公司必须在向政府提供所需信息的 10 天后才可完成要约收购。

要约收购的反垄断问题，以及其他监管问题，也可能影响完成要约收购的时间。

图 4.4 展示了完成要约收购所需的各个步骤。

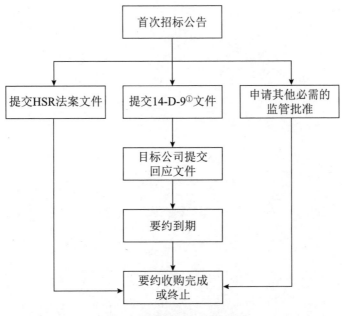

图 4.4　要约收购的时间安排

既然我们已经探讨了价差的计算和套利交易者对预期收益的估计，我们就可以将注意力转向第 5 章中将讨论的风险套利交易中涉及的风险。

---

① 附表 14-D-9 是当利益相关方，如发行人、证券受益所有人或其代表，向另一家公司的股东就要约收购作出征集或推荐声明时，向美国证券交易委员会（SEC）提交的文件。作为收购标的的公司必须在附表 14-D-9 中提交其对要约收购的回应。

第5章
预估套利交易的风险

在第 1 章中,我解释了为什么风险与套利相关。在第 1 章的固铂轮胎交易中,因为美国联邦法院允许阿波罗轮胎放弃此前谈判达成的善意合并,持有固铂轮胎的套利交易者遭受了巨大的损失。大法官格拉斯科克在法庭上宣布了自己的判决后,持有固铂轮胎股票的套利交易者纷纷冲出法庭,发出出售股票的指令。结果固铂轮胎股票价格大幅下跌,所有股东都蒙受了巨大的损失。在进行任何风险套利交易时,套利交易者必须预估并持续监控他们可能承担的风险。

评定目标公司的历史价格

预估风险的过程从交易最初宣布时就开始了。套利交易者会在他们最初预估收益的同时,也开始确定如果交易没有按计划完成,他们的损失可能是多少。

分析交易风险的初始步骤通常是检查目标公司证券的交易历史。套利交易者通常会提出以下问题:

- 在交易宣布前,目标公司的股票(或其他与该收购相关的证券)价位是多少?
- 在公告发布前是否有信息泄露导致内幕交易?在交易宣布前几天或前几周,股价有没有上涨?

如果在交易宣布之前,目标公司的股票大幅上涨,并且在一般股票市场活动中无法找到根本原因或解释,那么在宣布之前存在的价格水平并不能作为确定套利交易者风险的良好初始指引。股价的上涨可能意味着谈判中出现了信息泄露。套利交易者必须追溯至任何内幕消息泄露之前的股票交易价格，这个价格成为初始下行价格的估计值。如果谈判在短时间内中断，在没有任何其他信息的情况下，目标公司的股价可能会跌至该估计值水平。

图 5.1 和图 5.2 分别显示了无内幕信息泄露和有内幕信息泄露时的下行预测。

图 5.1　下行预测——无内幕信息泄露

数据来源：经彭博财经有限合伙公司许可使用。

图 5.2　下行预测——有内幕信息泄露

数据来源：经彭博财经有限合伙公司许可使用。

在图 5.1 中，由于没有内幕信息泄露到市场中，因此在合并交易宣布之前，目标公司的股票价格没有出现大幅上涨，对目标公司股票的下行预测是清晰的。在交易宣布前，该证券在窄幅价格区间内进行交易。

相比之下，图 5.2 追踪的是在谈判过程中出现信息泄露的情况下交易中目标公司的股价。在交易宣布前，目标公司的股价上涨，并且有很高的成交量。这种情况通常表明谈判过程中出现了信息泄露，信息渗透到市场中，导致价格上涨。

在预估一个公司的下行风险时，套利交易者通常会考虑内幕信息泄露的可能性。如果不考虑内幕信息泄露的影响，可能会造成对下行风险的低估，还可能会导致对交易的错误分析。

套利交易者对下行风险的预估可以与技术分析师对支撑线的预估进行比较。技术分析师通常会预测证券在下行时的支撑点。

虽然在合并公告前使用目标公司和收购公司两者的交易历史是有用的，但还有几种其他的方法可以得出更准确的风险预估，如下所述。

（1）调整我们使用交易宣布前的历史交易得出的风险预估，代入整体市场指数的变化以及敏感系数，如目标公司和收购公司的贝塔（β）系数（用于评估证券系统性风险的工具）。

（2）使用可比公司样本估算市场价值的变化。

（3）估算使用市盈率计算隐含价格的风险。

（4）使用可比公司样本的基本比率，包括市盈率、市现率或价格与 EBITDA 比率等衡量指标。

我们将在本章后文展示如何使用这些方法。然而，首先我们将从使用目标公司和收购公司的历史价格变动这一最简单的方法开始。

在试图确定任何给定交易的下行风险时，有些额外因素也必须考虑。如果交易在宣布后几周内终止，套利交易者通常不需要担心会影响目标公司股价的基本因素。

但是，如果在交易的初始公告和套利交易者投入精力预估风险之间经过了相当长的一段时间，或者目标公司或收购公司的行业出现了重大发展，那么套利交易者必须考虑目标公司发生的任何根本性变化，并判断它们是好是坏。如果公司的盈利前景有所改善，这将是潜在提高下行价格估计的一个原因；然而，如果目标公司的基本面出现恶化，套利交易者将不得不考虑调低对下行价格的估计。随着距离交易公布日期的时间越来越长，这些考虑变得越来越困难。

如果目标公司的基本面在最初交易宣布后已经恶化，套利交易者将面临最糟糕的情况：不仅交易失败，造成套利交易者多头头寸发生损失，而且最初的下行价格估计值一定被夸大了，导致套利交易者的损失超过之前的估计。特别是在当今的资本市场中，公司的普通股会受到不利基本面发展的严重影响。

其他因素也是必须要考虑的。当一笔交易实际上破裂时，供求因素就会起作用，因为套利群体通常在目标公司的基础证券中占有重要地位。根据具体的交易情况，套利群体可能会累积持有目标公司20%~40%的流通股。套利交易者通常是短期投资者，他们没有兴趣持有任何长期投资头寸，因此他们倾向于通过尽早地向市场抛售来解决掉手中头寸。一些套利交易者的操作策略要求他们卖出任何不涉及活跃交易的证券头寸，其结果可能是当交易最初终止时，目标公司的股票在市场上供过于求。供应过剩可能导致目标公司的股票在数天或数周内，或者直到套利交易者解除套利头寸为止，以低于其正常交易水平的价格出售。

这种情况如图5.3所示。最终，目标公司的证券交易价格将以一般投资群体认为的正确价值水平进行交易。典型的投资估值框架将控制目标公司的股票交易水平。

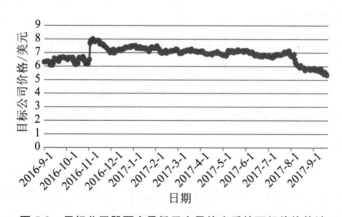

图5.3　目标公司股票交易低于交易终止后的下行价格估计

数据来源：经彭博财经有限合伙公司许可使用。

套利交易者必须考虑一笔交易到底为什么会破裂。如果政府干预或私人诉讼引发出乎意料的事情导致交易终止，那么可能不会指明在对下行风险的初步估计中所需的调整。

然而，如果交易因目标公司业务的基本面问题而终止，那么套利交易者可能大大地低估了初始下行风险。当投资界预期目标公司的特定结果时，

第 5 章 预估套利交易的风险

价格就会在市场上被确定。如果目标公司的基本面变差,很可能目标股票的价格也会低于预期。

有时当交易终止时,其影响可能并不像一些套利交易者预期的那么糟糕。如果一家公司终止了一项交易,且目标公司对其他潜在交易敞开大门,那么目标公司的基础股价会由于可能发生另一笔交易而获得溢价。当交易破裂,股票并非如套利交易者的下行估计进行交易,而是将以高于该初始预期的价格交易。

同样地,如果在终止一项交易后该公司宣布聘用投资银行家来寻求可以提高股东价值的额外机遇和潜在交易,这一声明也将为套利交易者的下行风险估值创造溢价。

下行风险的实际计算可由以下公式确定:

$$DR = SP_t - TD$$

式中:DR 为下行风险;

SP_t 为目标公司当前股价;

TD 为套利交易者对目标公司下行价格的估计。

在换股交易,或涉及套利交易者为了对冲交易而卖空证券的交易中,我们还必须预估如果交易终止,做空的损失可能会是什么。换句话说,与单向交易不同的是,这种对冲交易产生了双向交易,套利交易者在多头和空头都有潜在风险。

做空的风险可以通过下列公式确定:

$$UR = (AU - SP_a) \times R$$

式中:UR 为上行风险;

AU 为套利交易者对收购公司上行价格的估计;

SP_a 为收购公司当前股价;

R 为换股比例。

该公式还假设套利交易者通过卖空在交易完成时将获得的确定数量的收购公司股票来完全对冲其头寸。如果套利交易者没有完全对冲,可以使用以下公式计算上行风险:

$$UR = (AU - SP_a) \times (AS / TT)$$

式中:AS 为卖空收购公司股份数量;

TT 为持有目标公司股份数量。

上述两个公式都就持有的目标公司股票数量计算了上行风险，这是很重要的，因为当套利交易者计算收益时，他们希望对风险进行适当的比较计算。如果一个套利交易者认为可以从目标公司获得的净利差为每股 2.5 美元的收益，那么他（或她）也想知道每股目标公司股票可能会损失多少。

案例

这时分析一笔实际并购可能会有助于说明如何计算出预估风险。2014 年 8 月 6 日，美国独立银行公司（Independent Bank Corp.，INDB）同意使用现金和股票组合收购人民联邦储蓄银行（Peoples Federal Savings Bank，PFSB）。PFSB 股东可以将其持有的至多 40% 的股份每股换取 21 美元的现金，将其至多 60% 的股份每股换取 0.552 3 股 INDB 公司的股票。PFSB 和 INDB 的股价分别如图 5.4 和图 5.5 所示。

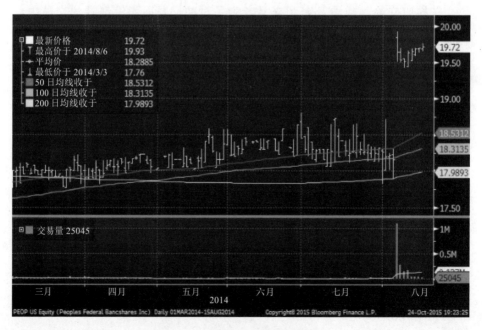

图 5.4　PFSB 的每日价格走势

数据来源：经彭博财经有限合伙公司许可使用。

图 5.5　INDB 综合交易记录每日价格走势

数据来源：经彭博财经有限合伙公司许可使用。

正如图 5.4 所示，PFSB 股票在交易宣布之前以每股 18～18.25 美元的价格区间交易。根据此信息，套利交易者可以如下预测下行风险：

$$DR = SP_t - TD$$
$$= 19.65 - 18.25$$
$$= 1.40（美元）$$

在查看 INDB 的价格动态表（见图 5.5）后，套利交易者将如下计算上行风险：

$$UR = (AU - SP_a) \times R$$
$$= (36.31 - 35.56) \times 0.331\,38$$
$$= 0.25（美元）（每股 INDB 股票）$$

这种上行风险的估计在某些方面被认为是不常见的。这意味着，如果交易破裂，套利交易者实际上会通过扭转其空头头寸获得收益。套利交易者在转换头寸时，通常也会在收购公司的空头头寸上遭受损失。记住，如果一笔交易实质上破裂，套利交易者既需要平仓其在目标公司的多头头寸，也需要平仓其在收购公司的空头仓位。

多年来，在换股交易中，收购公司的股价在拟议合并宣布后下跌是很常见的。假设交易终止，收购公司的股票最有可能会升至其先前的水平，除非还有任何关于该证券的其他信息。

然而，近年来，我们已经看到了收购公司股票截然不同的价格反应。如今的并购市场中，有很多的例子是收购公司股票的价值在公布交易后上升，有时上升幅度非常大。这一结果可能是因为投资群体认为合并公司能够改善他们的收益前景或者增长率，或是因为投资群体可能期望从公司合并中获得额外收益。

不管是什么原因，这种情况可以改变一笔双向交易的动态机制。以前，如果交易终止并且套利交易者试图弥补其卖空，则会出现上行风险；现在，如果交易被取消，收购公司的股价可能会下跌，因为投资群体可能会回滚其对收购公司股票的看法。套利交易者是基于一些正面影响来购买股票从而推高收购公司股价的。如果交易被终止，他们只会按照先前的价格水平，即未期望发生正面变化时的价格购买收购公司股票。

如果收购公司的股价在消息宣布后上涨，那么套利交易者实际上可以预计如果交易破裂会获得做空交易的收益。该预计收益可以部分或完全抵消套利交易者在做多交易上可能承受的损失。图 5.6 和图 5.7 显示了在包括交易宣布前后的一段时间内，收购公司股票价格动态变化。在图 5.6 中，收购公司的股票价格在宣布合并后下跌，但图 5.7 又显示收购公司股票价格在宣布交易终止后上涨。投资群体的乐观态度导致收购公司股价在宣布后上涨。

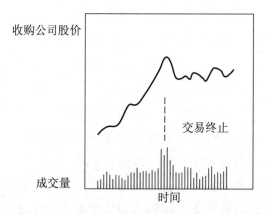

图 5.6　交易终止后收购公司的股票表现（收购公司股价下跌）

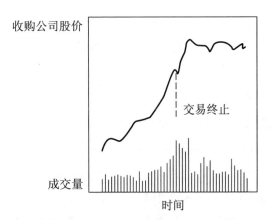

图 5.7　交易终止后收购公司的股票表现（收购公司股价上涨）

我们必须记住，在换股交易中，计算空头头寸的预估风险时（有时是收益），我们还必须考虑用于设定对冲头寸的换股比例。例如，如果我们预测交易终止，我们卖空的股票可能会上涨 2 个点，那么我们预估的空头风险是实际做空的股票数量乘以 2 个点。换句话说，如果交易要求以目标公司每股股票做空收购公司 0.5 股股票，我们的空头风险估计值将为上行风险 2 个点乘以 0.5 的换股比例，或者是价值仅 1.00 美元的上行风险。

预估交易总风险

当我们对交易的多头和空头风险有预估时，会用到总风险的概念。简单地说，总风险是交易中做多风险加上做空风险。总风险的公式如下：

$$TR = DR + UR$$

式中：TR 为总风险；

　　　DR 为下行风险；

　　　UR 为上行风险。

在决策过程中，套利交易者将会使用总风险以及其他变量因素来决定其是否应该在任何给定的套利交易中持有头寸。但是，在讨论交易风险时必须考虑其他因素。

首先，风险套利是一个动态过程。我们最初可能会基于交易公布的日期计算我们的风险预估值，这些评估值可能会保留一段时间。然而，如果交易需要一段时间才能完成，套利交易者最好持续地重新评估风险。

正如本章前面提到的，在这些情况下，套利交易者可以利用一系列的方法来获得更精确的风险估计值。

最简单的随时更新风险预估值的方法是调整股票市场一般变动的初始风险估计（交易宣布时）。这通常通过技术和专门设计的内部程序来完成。当交易宣布时，套利交易者会考虑其对风险的估计，以及交易发起日的日期和一个指数（如标准普尔 500 指数）。随着时间的推移，套利交易者将使用标准普尔 500 指数（或一些其他的市场指数）的变化来衡量整体股市的变化，并将其应用于对目标公司和收购公司的初始风险估算。这个过程可以用以下公式表示：

$$DR = SP_t - \left\{ TD \times \left[1 + \left(\frac{SNP_c}{SNP_o} - 1 \right) \right] \right\}$$

以及

$$UR = \left\{ AU \times \left[1 + \left(\frac{SNP_c}{SNP_o} - 1 \right) - SP_a \right] \right\} \times R$$

式中：DR 为调整后的下行风险；

　　　UR 为调整后的上行风险；

　　　SNP_c 为当前标准普尔 500 指数；

　　　SNP_o 为交易宣布时标准普尔 500 指数。

这些公式还可以包含针对每个单独证券的 β 系数或敏感度衡量，以从基本上提高套利交易者风险预估的准确性。如果套利交易者能够衡量每个证券对整体市场变动的敏感程度，那么就可以通过利用这种敏感性度量来提高准确性。包含敏感度的公式如下：

$$DR = SP_t - \left(TD \times \left\{ 1 + \left[\left(\frac{SNP_c}{SNP_o} - 1 \right) \times \beta_t \right] \right\} \right)$$

以及

$$UR = \left(AU \times \left\{ \left[1 + \left(\frac{SNP_c}{SNP_o} - 1 \right) \times \beta_a \right] - SP_a \right\} \right) \times R$$

式中：β_t 为调整后的下行风险；

β_a 为调整后的上行风险。

为了说明使用标准普尔500指数变化的计算方法及其对套利交易者上行和下行风险估计的影响，我们假设如下。

因　　素	目标公司	收购公司
当前股价	20（美元）	35（美元）
下行价格	15（美元）	—
上行价格	—	37（美元）
β 系数	1.1	0.9

我们还将假设，由于交易被宣布，标准普尔500指数从2 300上升至2 413，并且收购公司为每一股目标公司股份发行1.2股股票。

$$DR = 20 - \left\{ 15 \times \left[1 + \left(\frac{2\,413}{2\,300} - 1 \right) \times 1.1 \right] \right\}$$

$$= (20 - 15.81)$$

$$= 4.19 (美元)(原始下行风险是5美元)$$

$$UR = \left(37 \times \left\{ 1 + \left[\left(\frac{2\,413}{2\,300} - 1 \right) \times 0.9 \right] \right\} - 35 \right) \times 1.2$$

$$= \left[(37 \times 1.044\,2) - 35 \right] \times 1.2$$

$$= (38.63 - 35) \times 1.2$$

$$= 3.63 \times 1.2$$

$$= 4.36 (美元)(原始上行风险是2.40美元)$$

在许多情况下，套利交易者最好重新审核交易中涉及的目标证券。如果自交易宣布已过去较长时间，通常建议审查目标公司和收购公司各自的行业状况，并能够预测它们的基础股价将会发生什么变化。

套利交易者首先在目标公司的所处行业中汇总可比公司的股票清单，这些可比公司看似与目标公司非常具有可比性。套利交易者也会汇总一组在收购公司行业中与其极具可比性的公司。

下一步是观察这些可比公司的股价在交易期间进行分析的时间段内的表现。套利交易者通常会构建一个表，然后回溯到他们最初估计交易的上行和下行风险的日期。他们汇集这些可比较证券的价格，并将这些价格（以及价格变化）与相同证券的当前价格进行比较。通过这种方式，套利交易者能够构建自己的可比拟证券指数，并对下行和上行风险有更精确的预估。

案例 2

一个利用各种方法来预估下行风险的例子是迈蓝（MYL）对百利高（PRGO）的主动投标收购。经过几个月尝试与 PRGO 进行善意合并的协商，MYL 在 2015 年 4 月 29 日提出以 75 美元现金和 2.3 股 MYL 公司股票来收购每股 PRGO 公司股票。PRGO 拒绝了 MYL 的首次报价并拒绝协商，而此次报价在首次报价基础上有所提高。

未能成功说服 PRGO 公司董事会进行协商后，MYL 于 2015 年 9 月 14 日启动要约收购，收购条款与之前一致。PRGO 为了保持独立性，继续拒绝 MYL 的报价。该收购要约以最少收购 PRGO 50% 的已发行股份为条件。因此，关键问题变成了尝试确定该要约是否能吸引到 50% 的最低认购限额，且要约还需要通过 HSR 法案的批准。

该交易吸引套利交易者的原因之一是 PRGO 公司股价与 MYL 公司交易价值之间的巨大价差。MYL 的要约收购有许多可能的结果。当存在多种可能的结果时，套利交易者通常使用决策矩阵或决策树来帮助分析交易（决策矩阵的使用详见第 7 章）。

在评估了可能的结果后，我们假设 PRGO/MYL 交易中的分析日期是 2015 年 10 月 26 日，基于加权概率结果，价差约为 10.90 美元。

那么问题来了：套利交易者面临的风险价值是多少？

首先，套利交易者需要确定 PRGO 公司未受影响的股价。我们认为未受影响的股票价格处于目标公司在收购要约产生任何增量收益之前交易的水平。如果市场上有任何泄露或报告显示可能存在合并或公司在寻求合作伙伴，那么目标公司的股票可能会因为对更高价格的猜测而上涨。在 PRGO 案例中，我们需要研究历史价格来帮助确定未受影响的股价，这将成为我们最初的下行估计（见图 5.8）。

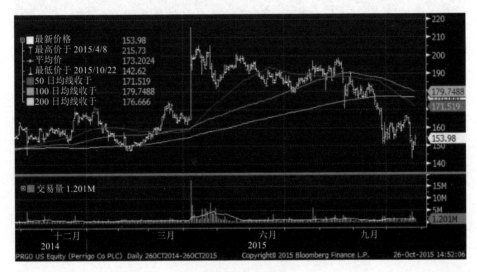

图 5.8　PRGO 股价

数据来源：经彭博财经有限合伙公司许可使用。

对于 PRGO 的情况，我们需要回到 MYL 提出首次收购报价之前。2015 年 4 月 7 日，未受影响的 PRGO 股价约为 164.71 美元。在 4 月 7 日之后，有媒体报道称 PRGO 和 MYL 可能会进行合并，且两家公司股价均大幅走高。这个价格水平将是我们开始计算估计风险的水平。

对于 MYL 的情况，我们也要回顾历史股价如图 5.9 所示。我们也将使用 2014 年 4 月 7 日起的价格，因为 MYL 公司股价由于对可能交易的报道大幅上涨。MYL 的股票当天收盘价为 58.48 美元，因此我们将把它用于 MYL 未受影响的股价。

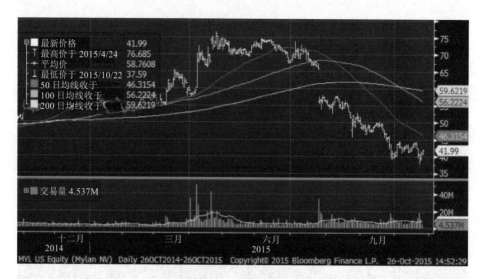

图 5.9　MYL 股价

数据来源：经彭博财经有限合伙公司许可使用。

$$DR = SP_t - TD$$
$$= 164.71 - 154.27$$
$$= 10.44（美元）$$
$$UR = (AU - SP_a) \times R$$
$$= (58.48 - 41.85) \times 2.3$$
$$= 38.25（美元）$$
$$TR = DR + UR$$
$$= -10.44 + 38.25$$
$$= 27.81（美元）$$

虽然负的下行风险是不常见的，但在交易宣布后如果出现大幅上行的市场波动，这种情况仍有可能发生。当完成合并需要的时间变长时，这种情况会更频繁地发生。"负"下行意味着如果交易被终止，目标公司的股价实际上可能上涨。

使用其他方法评估套利交易的风险

很多时候，利用过去的历史交易来发现未受影响的股票价格能够得出一个对下行和上行风险的颇为精确的预估。然而，如果过去了较长时间，套利交易者必须随着市场和行业特定情况的变化而不断更新自己的预估。

在 PRGO/MYL 交易中，自交易初次揭露以来已经过去了好几个月的时间，因此为了更准确地衡量下行、上行和总风险，套利交易者必须使用我们在这一章前面所提到的其他风险度量方法。

（1）调整我们使用交易宣布前的历史交易得出的风险预估，代入整体市场指数的变化以及敏感系数，如目标公司和收购公司的 β 系数。

（2）使用可比公司样本估算市场价值的变化。

（3）估算使用市盈率计算隐含价格的风险。

（4）使用可比公司样本的基本比率，包括市盈率、市现率或价格与 EBITDA 比率等衡量指标。

下面将分别详细描述除使用市盈率计算隐含价格以外的这些方法。

使用市场调整收益法评估风险

我们首先将使用市场调整收益方法。为了进行该分析，我们将使用 2015 年 4 月 7 日（此日期的 PRGO 和 MYL 股票价格均未受到交易影响），以及我们确定风险的日期（我们假设是 2015 年 10 月 26 日）的标准普尔 500 指数的变动。

使用这种方法，我们需要计算标准普尔指数从 4 月 7 日到 10 月 26 日之间的变动。我们还需要调整标准普尔 500 指数的变动以得到 PRGO 和 MYL 对指数变动的敏感度。我们通常使用每个股票的 β 系数。使用在交易宣布之前的 β 系数也是非常重要的。交易宣布后，在现金交易的情况中，目标公司的股票往往相当稳定，因为股票交易价格通常接近现金交易价格，其影响是压低了 β 系数。在股票交易的情况中，目标公司的 β 系数开始与收购公司的 β 系数相关联，因此趋向于接近收购公司的 β 系数。

为使用市场调整方法，我们假设以下值：

因　　素	PRGO	MYL
2015 年 10 月 26 日股价	154.27（美元）	41.85（美元）
β 系数	1.1	0.9

我们还使用了以下标准普尔 500 指数的值：

2015 年 4 月 7 日标准普尔 500 指数：2 076；

2015 年 10 月 26 日标准普尔 500 指数：2 066。

4—10 月间，标准普尔 500 指数下跌 10 个点，跌幅为 0.5%。我们将在市场调整的风险计算中使用这一点。

必要的计算如表 5.1 所示。

表 5.1　使用市场调整模型计算的 PRGO 市场调整下行价格

PRGO 市场调整下行价格	
使用市场调整模型：	
未受影响的价格日期	2015-10-26
标准普尔 500 指数	2 066.00
4 月 7 日标准普尔 500 指数	2 076.00
变动	−10.00
标准普尔 500 变动百分比	−0.48%
初始	
PRGO 的 β	0.89
市场调整	
PRGO 变动	−0.43%
PRGO 2015 年 4 月 7 日	164.71 美元
市场调整后	
PRGO 价值	
（市场调整下行价格）	164.00 美元

因此，下行风险可以计算如下：

$$DR = SP_t - TD$$
$$= 154.27 - 164$$
$$= -9.73（美元）$$

我们现在需要检查对 MYL 空头上行风险的预估。MYL 公司的市场调整价格如表 5.2 所示。

表 5.2 使用市场调整模型计算的 MYL 市场调整上行价格

MYL 市场调整上行价格	
使用市场调整模型:	
未受影响的价格日期	2015-10-26
标准普尔 500 指数	2 066.00
4 月 7 日标准普尔 500 指数	2 076.00
变动	−10.00
标准普尔 500 变动百分比	−0.48%
初始	
MYL 的 β	0.89
市场调整	
MYL 变动	−0.43%
MYL 2015 年 4 月 7 日	58.48（美元）
市场调整后	
MYL 价值	
（市场调整上行价格）	58.23（美元）

MYL 公司的上行风险可以计算如下：

$$UR = (AU - SP_a) \times R$$
$$= (58.23 - 41.85) \times 2.3$$
$$= 16.38 \times 2.3$$
$$= 37.67（美元）$$

PRGO/MYL 的总风险可以计算如下：

$$TR = DR + UR$$
$$= -9.73 + 37.67$$
$$= 27.94（美元）$$

此案例的问题是使用标准普尔 500 指数的变动并不是一个准确的方法。从 2015 年 4 月 7 日到 2015 年 10 月 26 日，几乎所有医药股都表现得比标准普尔 500 指数差得多。政界人士对药物价格提出了许多疑问，这导致了几乎所有医药股的重新评估。

由于重新评估，我们需要使用其他方法来更好地估计 PRGO/MYL 交易中的下行、上行和总风险。

使用可比公司样本估算市场价值变化

我们的可选方法之一是使用可比公司样本和在适用期间内它们各自的市场动向。该方法的第一步是收集与 PRGO 和 MYL 相近的公司样本。

在这个案例中，PRGO 公司在争取保持独立于 MYL 的斗争中发布了一份代理声明，并汇集编写了其认可的一组可比公司。我们决定使用类似的样本。然而，由于 PRGO 公司原始样本中的许多公司都参与了并购活动，我们删去了这些证券，以最小化并购活动中股票变动的偏差。

根据表 5.3，我们计算了为 PRGO 收集的可比公司样本的市盈率、企业价值对销售额倍数，以及企业价值倍数的平均值和中位数。我们将根据这些计算来使用各种方法估算 PRGO 的估计下行价格。

表 5.3 PRGO 可比公司分析

可比公司	最新价/美元	到期收益率变化/%	市值/百万美元	股息率/%	市盈率		企业价值/销售额		企业价值/税息折旧及摊销前利润	
					2015年	2016年	2015年	2016年	2015年	2016年
ABBV	51.87	−4.1	103 902	3.22	12.1×	10.4×	5.6×	4.8×	12.6×	10.7×
BMY	64.55	−11.0	109 356	2.27	34.2×	28.5×	6.5×	6.2×	26.9×	22.6×
CELG	123.65	7.7	95 228	—	25.7×	20.9×	10.3×	8.5×	21.9×	16.2×
MJN	79.71	−17.1	16 425	1.93	23.6×	22.4×	4.2×	4.2×	16.0×	15.8×
MNK	66.96	−32.8	7 804	—	9.2×	8.5×	3.9×	3.5×	9.2×	8.2×
REGN	545.87	37.5	58 709	—	43.6×	36.3×	14.0×	11.7×	35.4×	27.4×
UTHR	79.71	17.4	6 938	—	10.3×	9.2×	4.1×	3.5×	7.9×	6.4×
中位数		2.80	56 909	1.24	22.66	19.46	6.93	6.07	18.56	15.31
平均数		7.69	58 709	0.97	23.55	20.87	5.55	4.85	16.00	15.79
PRGO	154.27	−4.0	22 585	0.32	19.9×	16.6×	5.3×	4.6×	17.8×	15.1×

注：×指倍数。

数据来源：彭博财经有限合伙公司。

使用市盈率的方法计算 PRGO 的隐含价格

在表 5.4 中,我们使用可比公司的数据,并将其应用于估计 PRGO 的每股盈余。

表 5.4　使用市盈率方法计算 PRGO 的隐含价格

计算 PRGO 的隐含价格——市盈率方法		
年份	2015	2016
预估 PRGO 每股盈余 / 美元	7.76	9.36
假定倍数	20	18
PRGO 的隐含价格 / 美元	155.20	168.48

使用市盈率倍数法,我们估计 PRGO 每股隐含价格为 155.20 美元和 168.48 美元。大多数套利交易者对该倍数使用一年期远期估计,因此如果交易失败,这种方法会导致对 PRGO 的预估为 155.20 美元。

我们现在使用企业价值对销售额倍数的方法估计 PRGO 的下行价格。

使用企业价值对销售额倍数的方法计算 PRGO 的隐含价格

从我们对可比公司的计算中,得出 2015 年样本的企业价值对销售额倍数的平均值和中位数估计值分别是 6.93× 和 5.55×。为了计算这些倍数对 PRGO 的意义,我们现在需要从企业价值逆向计算 PRGO 公司的隐含市值(见表 5.5)。

表 5.5　使用企业价值对销售额倍数方法计算 PRGO 的隐含价格

计算 PRGO 的隐含价格——企业价值对销售额倍数方法		
预估 PRGO 销售额 / 百万美元	5 397	6 207
假设倍数	5.3	4.5
隐含 PRGO 企业价值 / 美元	28 604	27 931.50
加上:现金 / 美元	507	507
减去:债务 / 美元	5 375	5 375
预估 PRGO 市值 / 美元	23 736	23 064
PRGO 已发行股票	146.4	146.4
PRGO 的隐含价格 / 美元	162.13	157.54

你会注意到我们使用的是 PRGO 销售额倍数中的 5.3× 和 4.5×，这低于可比样本中的平均值和中位数。对上行风险和下行风险的预估是一门艺术，而不是科学。如果我们可以使用公式和电子表格就自动计算出预估，这自然是好的。然而，有时必须做出调整。在这个案例中，我们知道历史上 PRGO 交易的企业价值对销售额倍数较低。因此，我们使用调低了的倍数。

使用我们对 PRGO 的假定倍数，会得出一年期远期销售额的隐含价格为 162.13 美元。正如前面提到的，我们选择使用一年期而不是两年期的远期销售预期。

现在我们使用企业总价值倍数的方法计算 PRGO 的隐含价格。

使用企业价值倍数的方法计算 PRGO 的隐含价格

在可比分析表中，我们计算了 2015 年选取的样本的企业价值倍数的平均值和中位数分别是 18.56 和 16.0。

在表 5.6 中，我们需要使用我们的假设倍数计算出企业价值，再从企业价值回推，得到 PRGO 隐含价格估计值。根据调查，PRGO 历史上曾以较低倍数交易，因此我们再次使用较样本平均值和中位数更低的倍数（见表 5.7）。

表 5.6 使用税息折旧及摊销前利润方法计算 PRGO 的企业价值

计算 PRGO 的企业价值——税息折旧及摊销前利润方法		
	2015 年	2016 年
PRGO/ 百万美元 税息折旧及摊销前利润	1 595	1 874
假定税息折旧及摊销前利润倍数	17	15.5
企业价值 / 美元	27 115	29 047

表 5.7 使用税息折旧及摊销前利润方法计算 PRGO 的隐含价格

计算 PRGO 的隐含价格——税息折旧及摊销前利润方法		
	2015 年	2016 年
企业价值 / 美元	27 115	29 047
加上：现金 / 美元	507	507

续表

计算 PRGO 的隐含价格——税息折旧及摊销前利润方法		
	2015 年	2016 年
减去：债务 / 美元	5 375	5 375
市值 / 美元	22 247	24 179
已发行股票 / 股美元	146.4	146.4
每股隐含价格 / 美元	151.96	165.16

将我们的估值倍数用于对 2015 年 PRGO 公司税息折旧及摊销前利润的预估，可以得出如果要约失败，隐含价格为 151.96 美元。

总结

从前面的所有内容中可以看出，有几种方法可以帮助套利交易者预估目标公司的下行风险。这些方法也可以被用于估计交易失败时收购方的隐含价格。我们将使用相同的方法来计算 MYL 的隐含价格，以确定上行风险，从而确定交易中的总风险。

接下来的问题是：应该基于哪一种估计来做出投资决策？

表 5.8 总结了所有方法的结果。

表 5.8 PRGO 估计下行值的摘要　　　　　　　　单位：美元

PRGO 估计下行值的摘要	
每股价格	
市场调整	164.00
基于指数价值	142.79
基于同类 / 比较价值	131.00
乘数估值	
市盈率估值	155.20
企业价值对销售额倍数估值	162.13
企业价值倍数	151.96
平均值	156.43

表 5.8 显示了 PRGO 股票的隐含价格区间为 131～164 美元。如果这个区间很窄并且所有的估计值都彼此接近，那当然很好。然而，实际情况很少如此。

确定下行估计值的一种方法是使用所有值的平均值，即表 5.8 中的 157.98 美元。同样，应该注意的是，这些估值方法的艺术特性使套利交易者能够灵活确定某估值方法相较其他估值方法的重要性。这其中并没有硬性规定。我们希望为读者提供在行业中普遍使用的所有方法。

既然我们已经确定了如果交易不能如期完成，我们认为的交易预期收益和风险分别是什么，那么我们必须转向风险套利的另一个关键因素——交易完成的概率。

第6章

估算交易发生的概率

对于套利交易者来说,收益和风险的预估是十分有用的,但套利交易者仅有这两个要素还不够。风险套利决策过程的第三个也是最难的要素涉及估算交易发生的概率。

通过几个例子的分析,套利交易者可以估算出单独拟议交易的收益和风险。如表6.1所示,每笔交易都有各自的收益和风险,交易金额因交易而异。如果看一下显示收益和风险估算的两列,我们就会发现套利交易者很难确定哪笔交易(如果有)值得投资。投资交易ABC并且每股赚1美元明智吗?还是为了每股仅0.188美元的价差投资交易GHI更合理?这些交易中的风险金额几乎相同。那么为什么要为赚取每股仅0.750美元而投入资本?

表6.1 选定交易的风险和收益(以美元计)

交 易	收益/美元	风险/美元
ABC	1.000	4.000
DEF	1.500	7.000
GHI	0.750	2.950
JKL	2.650	12.500

在表6.2中,我们以百分比表示收益和风险。收益包含所需的投资资本。由于百分比计算包含时间因素,因此它们通常比以绝对美元表示收益和风险来说更有效。我们可以看到交易GHI的预期收益率(9%)高于交易ABC(6%),尽管交易GHI的绝对美元收益远低于交易ABC。

表 6.2 选定交易的风险和收益（以百分比计）

交　易	收益 /%	风险 /%
ABC	6	24
DEF	7	32
GHI	9	35
JKL	11	51

对比表 6.1 和表 6.2，可以为套利交易者提供一个更好的交易评估方法，但仍可做进一步改进。使用其中任何一个表，我们都可以看出在交易中进行选择的难度，然而似乎仍然少了一些东西。

套利交易者做的就是预估结果的工作。他们的成功不仅部分取决于他们通过投资交易而产生的收益，还与他们估算任何特定交易发生概率的能力直接相关。交易完成，套利交易者的收益提高；但是如果套利交易者持有的交易破裂，则遭受损失。本章寻求让套利交易者收益最大化、损失最小化的方法。

收集信息

在当今的并购市场上，套利交易者拥有大量可得的信息，他们的工作是收集相关信息并进行分析。表 6.3 列出了套利交易者在分析任何特定交易时使用的信息来源的部分清单。此列表并非包含所有信息来源，套利交易者可能不时需要和特定拟议交易相关的特殊信息。

表 6.3 套利信息来源

信息类型	来　　源
报纸	《华尔街日报》 《纽约时报》 《金融时报》 《环球邮报》 《纽约邮报》 《投资者日报》 《美国银行家》 《今日美国》 地方报纸

续表

信 息 类 型	来　　源
出版物	《商业周刊》 《巴伦周刊》 《福布斯》 《财富》 各种时事通讯
特殊套利服务	Arb Journal Deal Reporter CTFC PARR
综合新闻服务	彭博新闻社 道琼斯通讯社 路透社 公司新闻稿 公司电话会议
数据库	彭博 SEC 的 EDGAR 数据库 Fact Set Nexis Lexis 各种图表服务
估值服务	彭博 路透社
财务信息	年报 季报 10-K 报告 华尔街调查报告 有价证券上市注册登记表
法务信息	反垄断数据 诉讼文件 最终合并协议 有价证券上市注册声明 收购要约文件
税务和会计信息	交易细节（来自 SEC 文件） 会计处理细节

今天，与几乎所有的业务一样，互联网技术对风险套利调查研究的方式产生了深远的影响。多年前，大部分研究必须由套利交易者亲自去某一个

信息来源中获取，而今天套利交易者通过互联网就能获取其绝大多数信息。此外，因为包含大量用于套利研究和分析的信息，彭博金融已成为套利交易者的主要信息来源。

如表6.3所示，套利交易者研究的信息类型分为财务、法务、税务和会计信息。财务信息通常包括年报、季报和10-K报告，以及经纪公司分析师对参与交易的各个公司分别做出的报告。套利交易者还可以使用由研究过这些公司所处行业分析师编写的报告，这些报告或直接来自分析师的公司，或来自互联网上的各种数据服务。

多年来，套利信息来源列表在技术的影响下已发生了巨大变化。

文件说明

套利交易者多年来一直通过一些专人从SEC资料室代取文件的服务来获取SEC文件。互联网一旦发展起来，就启动了使人们能够即时下载文件的服务。这些服务的发展也为套利交易者和投资者提供了公平的竞争环境。在此前的实物递送时代，由于派送方法不同，一些套利交易者会先于其他人收到文件。公平的竞争环境使每个人机会均等，并且还会使套利行业更加有效率和具有竞争力。

第二类信息通常是法务信息。根据交易和涉及的公司的不同，法务信息可能与两家公司合并的反垄断方面有关，也可能与监管问题相关。套利交易者还可能必须收集税务和会计信息，如该交易是如何构成的以及相关政府部门将如何对待处理。一个重要的问题可能是当事方是否需要美国国家税务局（Internal Revenue Service，IRS）的税务裁定，或者他们是否仅需要其律师在该交易可征税性方面的意见。

图6.1中的流程图显示了套利交易者收集和分析信息的过程。该过程中的步骤顺序为套利交易者提供了做出明智决策所需的信息，即在不同投资组合中应该购买或出售哪些证券。

第 6 章 估算交易发生的概率

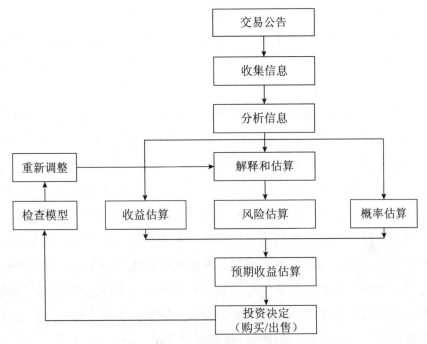

图 6.1　收集和分析信息

进行初步研究

　　为了确定一笔交易发生的概率，套利交易者在规划估算时必须利用所有可用信息。预估过程通常在交易首次公布时开始。新交易的公告通常首先出现在由多家通讯社发布的新闻稿中，合并的新闻稿通常在交易日开始前的一小时或半小时内发布。通常情况下，交易将在第二天的《华尔街日报》等报纸上报道。

　　最初，套利交易者最感兴趣的是获得官方的两家公司宣布他们拟议交易的新闻稿副本。这份新闻稿非常重要，因为它是展示公司计划未经编辑的版本。通常，该新闻稿会详细说明交易的特定条款，以及套利交易者可能会觉得有用的一些背景信息。

　　新闻稿可以从多种服务中获得，但也会在彭博社上发布。新闻稿通常会被接收它们的通讯社加以编辑，这些通讯社选择他们想要报道的内容，并且常常省略原始新闻稿的某些内容。《华尔街日报》或其他报纸对于一笔拟议套利交易的记述可能没有原始新闻稿中提供的详细信息;其他报纸如《金融时报》和《环球邮报》,也会刊登有关近期公开的合并相关文章,并可能会更深入地报道特定交易。

在交易宣布后,套利者迅速试图确定这两家公司是否正在计划召开电话会议、在该电话会议中宣布他们的计划及进行通常会向华尔街圈发表的讲话。宣布交易后就应尽快分别致电相应公司的高管。分析师和股东通常会被允许提出交易相关的问题,然而在许多电话中,致电者都会被筛选,只有行业分析师允许提问,套利交易者通常会被合并方的投资银行家剔除出去。

与分析师进行电话会议或会面可以带来有关参与方背景以及交易背后逻辑的有用见解。套利交易者通常会专注地听取电话会议,获取在他们决策过程中有帮助的信息。典型的问题涉及交易的时间和法律方面,因此电话会议成为套利交易者的一个重要信息来源。套利交易者密切关注电话会议及其问答。套利交易者关注的一些重要问题如下:

- 目标公司执行了哪些出售流程?
- 最终合并协议中是否存在任何特殊或异常条款?
- 哪些监管审批是必需的(特别是涉及反垄断和境外审批)?
- 交易是否需要获得中华人民共和国商务部(MOFCOM)或美国外资投资委员会(CFIUS)批准?
- 需要哪些股东批准?
- 要求的股东投票数是多少(流通股的大多数还是投票的大多数)?
- 预计交易时间是什么时候?
- 融资细节。

在交易尚未完成期间,套利交易者可以致电任意公司,并直接与能够提供特定信息的高级职员通话。套利交易者通常与投资者关系经理或公司的财务主管交谈,或者在极少数情况下,与总裁、董事会主席或董事会成员交谈。在过去的几年中,套利交易者通常也会分别联系公司各自的顾问,包括投资银行家和公司的法律顾问。

自 SEC 采用 FD(Full Disclosure,全面披露)规则以来,套利交易者获取他们许多问题答案的能力发生了很大变化。根据这条规则,所有相关信息必须向公众广泛披露。任何重要的披露都必须公开发布,而不能仅在电话或私人谈话中告知少数几个人。因此,在听取公司高管的回应时,套利交易者往往不得不在字里行间仔细推敲。

收集拟议交易的财务信息

交易宣布后,套利交易者试图尽快收集交易信息。如前所述,第一步可能是获取描述公司财务状况的公司年报、季报和 10-K 的副本。

套利交易者还将尝试收集经纪公司对两家公司及其竞争行业所做的任何相关研究。近年来,在线数据库和服务的使用加快了这一过程。这些服务将各经纪公司的股票分析师撰写的研究报告进行编目,订阅此类服务的套利交易者可以访问由华尔街分析师近期生成的报告。这些服务简化了多年前需要花费数小时来查询那些为各公司撰写报告的分析师的过程。

除了了解各个公司之外,套利交易者还希望深入洞悉每家公司所在的行业,并了解交易背后的逻辑。一笔非常具有商业意识的交易不但是投资组合的理想选择,而且该交易也会更有希望完成。

在最近的合并浪潮中,公布的交易中很大一部分都是基于坚实的商业逻辑。通常,一家公司收购同行业的另一家公司,旨在获得市场份额或丰富地域的多样性。

2008 年信贷危机后开始的最新商业和合并周期中,大部分并购活动都受到收入和收益外部增长需求的刺激。经济衰退后,很多公司采取了全面的成本削减计划,显著提高了利润率。这些计划一经运作,公司发现鉴于经济复苏期经济增长缓慢,外部增长是增加收益的唯一出路。因此,并购活动激增。

持续极端的低利率水平也为加速收购提供了资金支持。收购可创造利润的资产使得公司能够立即为收购方公司的账面带来盈利,这笔盈利在很多情况下导致收购方公司的股价上涨,这也成为进一步收购的动力。

通常当合并是围绕良好的商业意识推进时,这些交易的完成概率更高。完成概率对于套利交易者来说非常重要,它有助于决定其最终的盈利能力。

对于套利交易者，分析交易中涉及的各方因素和特性是很重要的。参与交易的公司可能有过往交易或发起各种类型交易的历史。如果其中一方或双方公司都有完成类似交易的历史，那么历史成功率将有助于套利交易者预测当前交易是否能成功。

例如，如果收购方公司有过宣布交易但仅完成其中较低百分比的历史，那么套利交易者就会得到事先预警为当前公布的交易分配较低的概率。另外，如果收购方公司已经完成了许多类似的交易，那么当前交易会有较高概率达成。

除了研究各方之外，套利交易者还应检查已公布交易的结构。例如：
- 这是什么类型的交易？交易的精确结构是什么？
- 这是一家公司对另一家公司的接管还是合并？
- 这是具有稀释作用的收购还是具有增值作用的收购？
- 合并后收购方公司的杠杆率如何？

这类问题在套利交易者必须确定交易的可能结果时是相关的。

如果套利交易者准确理解了为完成交易必须做什么，这也是有帮助的。了解需要完成的实际步骤可以让套利交易者依次预测并完成每个步骤。

如果交易仅基于原则性协议（现在极为少见），那么在公司达成最终协议之前还需要进行进一步的尽职调查。对于额外尽职调查的需要可能会导致套利交易者为正在进行的交易分配较低的概率。

作为一般规则，公司执行的法律工作和尽职调查越多，交易完成的可能性就越高。但是，如果这些公司仍有许多工作未做，如检查彼此的账簿、记录和设施，那么更有可能的是出现扰乱拟议交易的事情。因此，交易中仍需要的尽职调查的数量对套利交易者的概率估算有重大影响。

一旦公司达成最终协议，该协议将附在 8-K 报告中提交给 SEC。对于套利交易者来说，阅读最终合并协议是一个至关重要的分析步骤。一些关键权益内容如下：
- 需要的监管审批；
- 分手费；
- 关键条款；
- 需要的股东批准；

第 6 章 估算交易发生的概率

- 投票协议的存在；
- 承诺可能的剥离以解决反垄断问题。

关于财务信息，除了审查公司发布的年报、季报和 10-K 之外，套利交易者阅读和分析与该公布交易相关的所有注册声明和要约收购文件也是非常重要的，它们包含的信息对套利交易者估算结果概率的过程非常有帮助。

附录 A 展示了套利交易者如何实际评估这些注册和要约收购文件。附录 A 中散布的"要点"引起了对套利交易者试图确定一笔交易是否发生时所需极为重要的信息和响应的关注。

当他们分析上述所有报告中包含的财务信息时，套利交易者特别感兴趣的是：

- 为目标公司支付的价格是多少？
- 这是善意合并还是要约收购（恶意交易在第 8 章进行讨论）？
- 价格如何与公司的每股收益、现金流量及投资银行界通常在交易中提到的其他要素挂钩？

估值是对收购方公司和套利交易者同样重要的关键要素。在华尔街看来，如果收购方公司的出价相比其他历史类似交易过高，那么该交易有更大概率将无法发生。套利交易者总是希望在可接受的价值范围内确定一笔交易的价格，从而为华尔街提供支持这笔交易的理由。通常，套利交易者把收购方公司将支付的各种估值指标与相同或类似行业的近期完成的交易进行比较。

一般来说，关键估值指标如下：
- 市盈率；
- 市现率；
- 市净率；
- 企业总价值倍数（利息、所得税、折旧、摊销前利润）；
- 企业价值收益比。

套利交易者也有兴趣确定收购方公司是否会有任何摊薄效应。在今天的股票市场上，摊薄效应成为套利交易的一个非常重要的方面。没有几个股东想看到他们的公司收购另一家公司后收益摊薄的结果。如果发生摊薄，收购方公司的股票将在市场上面临巨大的抛售压力。如果因合并交易导致的摊薄效应造成了收购方公司股价急剧下跌，那么该因素将导致套利交易者降低其对该特定交易发生概率的估计。

套利交易者必须分析的另一个方面是特定交易是如何融资的。如果交易是现金交易，套利交易者将非常有兴趣确定收购方公司所需资金的来源。是从银行借来的吗？是库存现金吗？还是有一笔不明来源的融资？也许更重要的是，任何所需融资处于一种什么样的状态。

如果已经就借入所需金额达成了不可撤销的协议，则套利交易者有信心交易的发生可能性更高；或者，如果收购方公司仍在就借入完成交易所需的金额进行协商谈判，则交易不会发生的风险程度更高。

注册声明和要约收购文件通常包含融资部分，套利交易者在收到这些文件后会立即参考该部分。融资和融资的保密程度对套利交易者及其概率估算极为重要。

分析各公司财务状况的最后一步是确定参与交易的公司的股份持有情况。套利交易者试图确定管理层团队和整个董事会持有的股票份额。如果管理层或董事会持有大量股票，这将会是决定交易是否发生的重要因素。如果这是一笔善意交易，大多数股票将明确投赞成票。

机构投资者持股也很重要。套利交易者总是希望确定目标公司或收购方公司有多少股票为华尔街的机构所持有。这些机构可在交易是否发生的层面上有重要的话语权。众所周知，大多数这些机构之间都会相互沟通。此外还有一些组织，它们会分析交易并就这些机构将如何投票做出建议。套利交易者一直试图预测这些组织和机构将如何投票。

套利交易者必须弄清楚批准特定交易需要多少赞成票，重要的是要知道简单多数流通股的赞成是否足以批准交易，还是需要大部分有表决权股份的赞成。

二者之间的区别可能非常重要。某些协议中，需要一个大于多数的赞成票百分比，具体投票要求可以在公司的章程和法规中找到。一般来说，所需的百分比越高，公司获得足够的票数就越难。正如我们之前所讨论的，如果是现金交易并且构成合并，通常只有目标公司的股东需要批准交易。目标公司的所有权状态继而将有助于套利交易者确定交易发生的可能性。

但是，如果这是一笔因收购方公司发行太多股票，以至于自己公司的股东和目标公司的股东都必须参与投票的换股并购，那么套利交易者还必须预估收购方公司股东通过该交易的可能性。套利交易者分析收购方公司股票的持有形式，以估算收购方公司股东通过该交易的概率。

如果有一个特定的控股股东，那么该股东也是套利交易者分析的关键点。控股股东可能会，也可能不会提前表明他们是否支持某项交易。如果他们还没有公布支持这项交易的意图，那么套利交易者的工作就是自行确定这些股东是否会投赞成票，或者就收购要约而言，他们是否会根据该收购要约出售其股份。

套利交易者必须不断考虑很多额外的财务因素，但对于任何指定交易来说，这里讨论的都是最常见的因素。套利交易者分析所有财务信息以便估算交易发生概率。财务特征常常会对任何给定交易的可能结果产生重大影响。信息和分析越完善，套利交易者决策过程中的概率估算就越精确。

收集拟议交易的法务信息

接下来，套利交易者必须收集和分析交易的法务方面的信息。如果公司卷入任何类型的诉讼，或者如果财务报表的附注中披露了某些法律责任，套利交易者必须设法确定如果诉讼的判决或裁定对任何一方公司不利，交易是否可能存在失败的风险。

通常，套利交易者需要参考最终合并协议、要约收购文件或注册声明中的附加文件和披露，以确定诉讼的有利裁决是否是公司为了达成交易而要求的条件。

法务分析的另一方面通常涉及反垄断理论。当交易宣布时，套利交易者，正如我们之前所说，总是试图了解每家公司所在的行业，他们对这两家公司是否在市场上互为实际竞争者尤为感兴趣。如果这两家公司相互竞争，这在反垄断理论中被称为"横向合并"。联邦贸易委员会和司法部经常会依据以前讨论过的HSR法案仔细审查横向合并（我们将在本章稍后讨论"纵向合并"）。

在横向合并中，套利交易者通常会尝试确定每家公司占有的特定市场的比例，这是反垄断分析的关键要素。进行反垄断分析首先要确定相关的产品市场，即政府将使用哪种实际产品市场来确定两家公司的共同市场份额是否违反联邦反垄断法？

这种相关市场是很难确定的。有时，政府用广义的术语定义一个狭义的市场。反垄断分析还必须包括所研究的相关商品和服务的任何潜在替代品。如果没有（或有极少）替代品，狭义产品市场中的市场份额将成为任何法定反垄断裁定的基础。

套利交易者确定相关产品市场后还必须查明该产品市场的地域范围：

- 是区域性市场吗？
- 是美国境内的全国性市场吗？
- 是像我们在今天发达世界经济中更频繁看到的那样，是一个全球性市场？

根据这些问题的答案，套利交易者试图确定该特定产品市场在给定的地域市场中的销售额。套利交易者试图确定：

- 所有的竞争对手有哪些？
- 它们在市场上的相关规模是多大？

在最理想的情况下，套利交易者将确定以美元计的每个公司在相关产品市场中的销售额，然后确定每个公司各自的市场份额。

例如，如果套利交易者发现相关产品市场中只有五个竞争者，则市场份额将按表6.4所示计算。

表6.4 竞争者的市场份额

竞　争　者	销售额/百万美元	市场份额/%
公司 A	20	24.4
公司 B	40	48.8
公司 C	15	18.3
公司 D	5	6.1
公司 E	2	2.4
行业总销售额	82	100.0

市场份额的计算方法是用每家公司的销售额除以行业总销售额。

如果公司 A 和公司 C 计划合并，这两家公司的共同市场份额将达到 42.7%（24.4%+18.3%）。表 6.5 显示了合并前和合并后的市场份额。

表 6.5　竞争者合并前和合并后的市场份额

竞　争　者	合并前市场份额 /%	合并后市场份额 /%
公司 A（+C）	24.4	42.7
公司 B	48.8	48.8
公司 C	18.3	0.0
公司 D	6.1	6.1
公司 E	2.4	2.4
总计	100.0	100.0

合并后的市场份额，加上市场上只剩下其他三个竞争对手的事实，将提醒套利交易者可能会出现美国司法部或联邦贸易委员会对该建议合并密切关注的可能性。套利交易者很可能会雇用私人反垄断的律师服务，这些律师将研究交易并就政府是否可能对交易提出质疑给出意见。

反垄断分析过程通常非常困难。套利交易者普遍会雇用外部律师作为顾问来帮助他们进行这种分析。这些律师的经验知识通常来自以前的诉讼或者与行业内客户的关系，并且他们试图创建精确的图表以反映市场份额。

套利交易者可能需要支付高昂的费用才能获得此类建议。雇用外部律师的套利交易者也会征求他们关于政府是否会质疑某项交易的意见。如果是，在联邦或州法院的任何诉讼中政府是否能胜诉。在许多情况下，政府实际上会提出异议，要求法院发布所谓的"初期禁令"，旨在阻止两家公司的合并。当政府认为存在违反反垄断规定的行为时，就会提出此要求，随之而来的控诉包括寻求初期禁令的原因。套利交易者需要获得政府和各方提交的所有文件，这些文件将被进行严谨的分析，以便律师和套利交易者能够衡量政府获胜的可能性。

当法官审理案件时，套利交易者或雇用的律师——或有时两者——通常会出席政府要求发出初期禁令的法院或者相关委员会的听证会。如果套利交易者能够准确预测听证结果，从而预测交易安排，那么这些审理程序可以为套利交易提供巨大的机遇。

> **文件说明**
>
> 多年来，我发现当政府或私人团体正在寻求针对特定交易的禁令时，在这类诉讼案件中最成功的策略是亲自出席关于任何事项的所有听证会。我取得最大成功的时候就是我的外部顾问与我一同出席这些听证会的时候。我们两个既有独立的观点，又有彼此商量的空间，这是我采用过的最成功的方法。
>
> 因为我不是律师，所以我需要对影响诉讼的许多技术性问题进行解释和理解。我雇用的律师非常熟悉这些技术的细节，并能够向我解释清楚，他们也处在一个最佳的位置来判断哪一方可能有更好的论据。在法官或分庭裁定前，我尝试用我的经验和常识来推定我对案件结果的估计。我不断向我的律师们咨询并将他们的意见与我的相比较。从过去的经历看，当我们就案件结果的估计达成一致时，我们很少出错。这个过程大大增加了交易中获利的机会。
>
> 我还发现，在听证会上我作为一个套利交易者的观点是很宝贵的，我知道其他套利交易者会如何对这些诉讼中的各种信息和案情发展做出反应。通常，交易机会一显露我就可以抓住它们。例如，在联邦贸易委员会或司法部提起诉讼的案件中，如果法官似乎向政府代表律师提出富有洞察力和挑战性的问题时，套利交易者会认为禁令申请被拒绝的可能性有所提高，他们可能会寻求增加其看好交易的持仓，目标公司的股票可能会上涨。我发现这些机会的唯一途径就是参加听证会。
>
> 在所有这些案件中，我和我的律师们都专注于预测法官或分庭的裁决，然后我试图建仓以便从最终裁决中获利。

法院可以同意或驳回政府的禁令申请，但这通常并不是法院的最终裁决。参与交易的公司或政府可以要求上诉法院进行额外审查。对于套利交易者估算交易完成概率的艰难过程来说，上诉阶段的法院诉讼程序变得更为关键。套利交易者和外部律师依然会再次出席上诉法院的听证会，以提高他们正确预测最终结果的机会。

案例

此时，仔细研究上诉过程如何运作可能会有所帮助。我们将研究一个实际案例。多年前，帝国燃气（Empire Gas），一家大型液化石油（LP）和天然气公司，试图接管一家较小的液化天然气公司帕尔燃气（Pargas）。尽管合并计划是在多年前制订的，但该案例极为重要，因为它经常在最近的法院裁决中被提及。这是一次恶意收购，当时帕尔燃气竭尽所能阻止该收购。

帕尔燃气雇用的律师已经向马里兰州联邦地方法院申请并获得了针对帝国燃气要约收购的初期禁令，理由是建议的合并可能会在各种区域市场造成 LP/天然气业务的垄断。帝国燃气的律师随后提出上诉，要求美国地方第四巡回上诉法院撤销下级法院的判决，以便帝国燃气的收购要约可以继续进行。

许多套利交易者持有帕尔燃气的普通股，他们都认为由三名法官组成的分庭会站在帝国燃气这边。帝国燃气的要约收购价为每股 18.50 美元，而帕尔燃气的股票交易价格为每股 16 美元，所以套利交易者希望能够获得两个价格之间的利差作为利润。

所有一切都取决于上诉法院的诉讼结果。帕尔燃气的律师站在法庭一边，围坐在一张大型会议桌旁；帝国燃气的律师则坐在讲台另一侧的桌子旁。两组轮流派代表到讲台向三名法官组成的分庭陈述他们技术性和复杂的法律论据。当每个发言者开始发表讲话时，讲台上亮起绿灯。在每个陈述期间，每经过一个固定时间的间隔，绿灯就会变成琥珀色。这时候律师会说得更快，在灯变红、法官停止任何没有结论的辩论之前，他们尽可能地把每一个字都表达清楚。上诉法院的听证会通常严格计时给予双方同等的机会。

在双方都通过了这种类似交通灯交替的口头论据陈述之后，三名法官组成的分庭会让所有当事方退庭来进行商议。与此同时，纽约证券交易所场内，帕尔燃气普通股的交易价格明显低于帝国燃气的出价。套利交易者的任务是在法院正式宣布裁决之前预测上诉法院会如何裁定。

如果法院做出对帕尔燃气有利的判决维持初期禁令，帝国燃气将会受挫，帕尔燃气的股价也会下跌；如果法官决定推翻下级法院的裁决，帝国燃气的要约会被允许继续推进；如果投资者和套利交易者寄希望于帕尔燃气试图以更高的价格进行善意的交易谈判，帕尔燃气的股票价格会飙升至投标报价，甚至可能会以目前 18.50 美元的价格进行交易；如果帕尔燃气找到了一个"白衣骑士"，这种情况可能会引发竞购战。

不幸的是，对于持有帕尔燃气股票的套利交易者来说，上诉法院维持了下级法院的原判；随后，帕尔燃气的股票下跌至每股 12 美元，蒂国燃气撤回其收购要约。

纵向合并

到目前为止，我们仅讨论了横向类型的收购，其中的公司实际上是通过销售相同的产品或提供相同的服务相互竞争。另一种类型的合并称为"纵向合并"，涉及收购公司寻求原材料或服务供应商的情况，该供应商的原材料或服务为收购公司销售的特定产品或商品所需。

旨在纵向整合业务的交易很少受到政府的质疑，但是，套利交易者仍然必须对这种诉讼的可能性做出回应。有时候，联邦政府对此类交易更感兴趣——也许是为了应对当今的政治环境。从历史数据看，当民主党执政时，政府更热衷于反垄断执法。

一般来说，由美国司法部或联邦贸易委员会（FTC）代表的政府使用自己的工作人员来分析套利交易。当分析完成后，工作人员通常会向 FTC 或者司法部提出是否应当质疑该交易的建议。在分析中，政府的法务工作人员采用了某些法律技术，反映了套利交易者为确定市场份额做出的努力。

但是，政府的工作人员有获取大量非公开信息的优势。根据 HSR 法案，政府可以向这些公司和市场上的其他竞争者索取套利交易者无法获得的信息。基于这些信息，加上对市场份额的计算，政府工作人员可能经常计算所谓的"赫芬达尔指数"。近年来，赫芬达尔指数（Herfindahl Index，HI）已经发展起来，用于帮助政府确定哪些交易应该受到质疑。

通常，在赫芬达尔分析中，首先会针对行业内的每个竞争者分别确定市场份额，然后对这些市场份额数值进行数学平方。这个过程有两种方式：在合并前和合并后的基础上，将整个相关产品市场的赫芬达尔指数相加。

如果合并的总指数（合并前和合并后）的计算发生了一定量的变化，政府将遵循预设的指引来决定是否对交易提出质疑。赫芬达尔计算可以用一个例子解释清楚。表 6.6 和表 6.7 分别显示了冰箱和冰柜市场上所有个体竞争者的假定市场份额。

表 6.6 冰箱市场

公　司	当前市场份额 /%	合并前 HI	合并后市场份额 /%	合并后 HI
公司 A	30	900	30	900
公司 B	22	484	22	484
公司 C	14	196	14	196
公司 D	11	121	11	121
公司 E	7	49	7	49
公司 F	6	36	12（F+G）	144
公司 G	6	36	0	0
公司 H	2	4	2	4
公司 I	2	4	2	4
总计	100	1 830	100	1 902

表 6.7 冰柜市场

公　司	当前市场份额 /%	合并前 HI	合并后市场份额 /%	合并后 HI
公司 F	25	625	35（F+G）	1 225
公司 B	24	576	24	576
公司 E	17	289	17	289
公司 D	15	225	15	225
公司 G	10	100	0	0
公司 H	5	25	5	25
公司 I	4	16	4	16
总计	100	1 856	100	2 356

表 6.6 和表 6.7 显示了公司 F 和公司 G 的建议合并的计算。套利交易者和反垄断律师可以通过从行业报告或行业出版物中获取的信息来构建这些表格。在任一情况下，均显示合并前和合并后的市场份额和 HI 数值。

表 6.6 显示，两家公司的合并占据了冰箱市场份额的 12%，合并后的 HI 为 144，总 HI 从 1 830 增加到 1 902。政府认定任何赫芬达尔指数高于 1 800 的市场都为集中市场。政府发布的指引显示如果 HI 的增幅低于 50，

涉及的机构不太可能在集中市场上对合并提出质疑。我们已经看到，在合并后，冰箱市场的 HI 增加了 72（1 902 减去 1 830），这可能表明政府将对该建议合并提出质疑。然而，由于其他因素，政府机构可能认为该合并并未显著减少竞争。这种情况下，经验丰富的反垄断律师的建议尤为宝贵。这笔交易对套利交易者来说是一个艰难的抉择。

在冰柜市场（见表 6.7），套利交易者的计算表明情况更为危险。赫芬达尔指数从 1 856 点上涨到 2 356 点，上涨了 500 点。由于政府很可能会对该交易提出质疑，套利交易者会对参与此次合并持非常谨慎的态度。

套利交易者必须考虑其他方面的法律因素。如果参与交易的公司属于受监管的行业，那么套利交易者的工作是确定交易需要获得哪些批准以及获得这些批准的可能性。时间和过程中所需的各个步骤对于套利交易者来说可能很重要。

通常，需要监管审批的行业包括保险公司、银行、游戏类公司、公共事业公司以及电话或电信公司。在某些行业中，特定的政府机构必须在交易完成之前批准该交易。套利交易者会尝试确定相关的政府机构并跟踪交易以权衡交易成功的机会。通常，分析会集中在：

- 过去哪些案例在监管机构处获得通过？
- 什么交易会被批准，以及被批准的原因是什么？
- 什么交易会被驳回，以及被驳回的原因是什么？

监管审批通常会延长交易完成所需的时间，交易的个别情况可能会增加审批过程的时间。例如，银行交易通常需要 5～9 个月的时间才能完成。每笔交易必须在逐笔交易的基础上进行分析，以评估交易的时机和结果的可能性。

这种法律分析可能是套利交易者工作中非常困难的一部分。一些套利交易者也是律师，并且具有该领域的先前经验。随着时间的推移，没有法律背景的套利交易者会就任意特定交易具体的法律问题以及可能的结果进行自我学习。如前所述，聘请外部法律顾问为套利交易者提供建议并帮助其确定交易完成的可能性是很常见的做法。

最近，由于额外的监管审批落地，估算已宣布交易的完成概率变得更加复杂。套利交易者必须特别关注以下审批：

（1）美国外资投资委员会（Committee on Foreign Investment in the United States，CFIUS）；

（2）欧盟委员会；

（3）中华人民共和国商务部（MOFCOM）。

所有三种可能的批准都会对交易结束时间以及获得所有批准的可能性产生重大影响。

美国外资投资委员会（CFIUS）

CFIUS由许多美国机构组成，这些机构有权审查外国人收购美国企业的情况，审查的重点在于收购是否会引发国家安全问题。虽然有特定的时间框架控制CFIUS的审理流程，但是对于套利交易者和全体投资大众而言，问题的关键在于流程并不透明。在试图预测外国买家的拟议交易是否会获得CFIUS批准时，保密性会产生异常风险。

在CFIUS接受申请后，会有一个30天的初审期。在随后的调查中，CFIUS可以选择将审查期延长45天。此外，委员会可能会将该交易提交给美国总统，后者有额外15天的时间来决定批准或阻止计划中的交易。

自2007年CFIUS实施该审查以来，实际上只有少数交易被阻止了；然而，最近受到CFIUS封锁的风险似乎有所提高，因为许多交易都不得不多次重新提交申请。对CFIUS审查结果进行预测的难点在于从外部看来国家安全风险可能并不明显。委员会的问题可能只涉及美国公司业务的一个部门，或者是一个甚至没有在公共文件中披露或讨论过的产品，如目标公司的10-K。

当套利交易者分析涉及外国实体收购的合并时，其必须对产品进行更彻底的分析，以试图确定任何可能的国家安全问题。总的来说，增加一个"CFIUS护垫"是一个明智的商业惯例，这将会提高某拟议交易可能被委员会阻止的风险。这意味着套利交易者通常会从这类交易中寻求更高的收益率。

欧盟委员会

监管欧洲反垄断问题的实体是欧盟委员会。一般而言，委员会在收到正式的合并通知后，有一个月的时间进行初步调查。欧盟委员会会在 25~30 天内做出决定。如果其在初始阶段后不批准某项交易，则可以发起详细调查，即第二阶段调查。在第二阶段调查的过程中，由于欧盟委员会需要研究合并及其潜在的竞争影响，调查可持续长达 4 个月。

在做决定时，欧盟委员会采用与 CFIUS 相似的分析工具，主要的反垄断工具之一就是赫芬达尔 - 赫希曼指数（HHI）。一般来说，当 HHI 介于 1 000~2 000，且合并将导致 HHI 提高 250 或更多时，欧盟委员会就会启动调查；如果 HHI 超过 2 000 点，且该合并将导致 HHI 提高 150 点或更多时，委员会也可能会调查该交易。

套利交易者必须进行系统训练，以研究欧盟委员会分析的任何合并交易的反竞争效果。普遍而言，该分析与套利交易者在合并美国企业实体时启动的分析类型非常相似。欧盟委员会审查合并的时间可以延长，具体取决于欧盟委员会对该合并的看法以及各方可能提出的可行缓解方案。

中华人民共和国商务部（MOFCOM）

MOFCOM 一般负责监管中国的竞争性并购。根据中国的指导方针，对于具有最低收益水平目标公司的收购必须由 MOFCOM 审核。如果合并方的收入总和超过 15 亿美元，则很有必要进行审查。

审查过程包括审查的各个阶段。在第一阶段，MOFCOM 在初次通知交易后最多 30 天内审查该交易。根据 MOFCOM 就问题严重性的看法，可以在第二阶段（90 天）或第三阶段（另外 60 天）分析交易。因此，MOFCOM 一次完整的审查最多可能需要 180 天。此外，与美国 HSR 法案一样，交易方可以取消其 MOFCOM 申请并在日后重新申请。

如果某交易属于 MOFCOM 审查许可的范围，通常是由监管程序决定拟议交易的最终时间。因此，如果套利交易者在其初期交易分析后认为建议的合并需要 MOFCOM 批准，则预计时间必须反映交易完成前会耗时很长一段时间的可能性。

前面描述的这些额外监管审查的开展，为套利交易者估算预期完成时间以及可能阻止交易完成的监管问题的发生概率方面带来了更多的复杂性。

收集拟议交易的税务和会计信息

另一个需要套利交易者时常关注的方面是给定交易的税务和会计信息。确定一笔交易将由公司以"权益结合"还是"购买"来处理是非常重要的。如果公司计划使用权益结合的会计方法并且发生问题，该交易很可能会被取消。套利交易者将利用自己的知识以及会计师或律师的意见来帮助确定交易结构是否构成障碍，从而降低该交易完成的可能性。

交易的税务信息可能也很重要。如果交易被设置为免税，则必须遵循特定规则才能实现该目标。这些公司可能需要 4～7 个月的时间，接受美国国家税务局的官方税务裁定。

或者，在收到顾问认为该交易将被视为免税的意见后，公司可以选择继续进行交易。如果公司依赖于免税待遇并告知股东将进行免税的股票交换，日后接受所需税务裁定或者顾问的否定意见所带来的问题都可能导致交易被取消。套利交易者必须仔细检查每笔交易的结构及其各自的优点和问题。

结论

通过收集本章所述的所有类型信息，套利交易者试图衡量交易发生的最佳预估和真实概率。这个信息收集和分析过程是高度主观化的，并且很难确定任何给定交易的精确估算概率。

由于这些原因，概率估算是风险套利决策过程中最难确定的因素。这是一个无益于数学建模的因素，需要不断地主观预估，套利交易者只能尽最大努力来确定这些预估。概率的估算更像是一门艺术，而不是一门科学。目前还没有一个系统能够将所有这些信息放入数学模型或数学算法中，从而对发生概率进行客观估计。套利交易者只能分析所有可得信息并提交自己的最佳估算概率。

在套利交易者估算完任何给定交易的成功概率后，就可以将此信息以及对预期收益和风险的完整估计放入决策过程中。当套利交易者考虑这些要素时，会尝试决定为投资组合购买哪些证券。

在下一章中，我们将研究套利交易者如何在决策过程中将收益、风险和概率这三个要素结合起来，并且将展示套利交易者如何为套利组合选择证券。

第7章
风险套利决策过程

目前，我们已经在前面的章节了解到套利交易者对潜在收益和风险，以及一些特定交易发生概率的估算方法。我们将会运用这些方法为套利投资过程构建一个决策框架。

在第 6 章中，我们看到套利交易者对 4 个交易的收益和风险进行了估算（详见表 6.1 和表 6.2）。表 7.1 和表 7.2 以百分比的形式展示了这 4 个交易的发生概率。

表 7.1 风险套利：收益、风险及概率

交易	收益 / 美元	风险 / 美元	概率 /%
ABC	1.000	4.000	85
DEF	1.500	7.000	90
GHI	0.750	2.950	80
JKL	2.650	12.500	70

表 7.2 风险套利：收益，风险及概率

交易	收益 /%	风险 /%	概率 /%
ABC	6	24	85
DEF	7	32	90
GHI	9	35	80
JKL	11	51	70

现在我们可以通过使用每个交易中的 3 个估计量来计算风险调整后的期望收益，如下：

$$RAR = \frac{(P_1 \times EP) + (P_2 \times EL)}{I} \times \frac{365}{P}$$

式中：RAR 为风险调整后的收益；

P_1 为交易完成的概率；

EP 为预期利润（净价差）；

P_2 为交易取消的概率，$P_2 = 1 - P_1$；

EL 为预期损失（总风险）；

I 为总投资；

P 为预计投资时长。

以上公式中，计算的所有收益都是非杠杆收益。如果我们假设套利交易者使用杠杆进行交易，那么这些收益将会因此受到影响。

我们假设所有给定的交易只有两种可能的结果（见图7.1）：

（1）交易完成；

（2）交易取消。

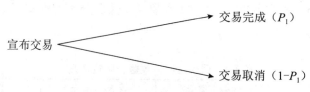

图7.1 交易可能发生的结果和概率

当我们已经估算出交易成交的概率后，便可以轻易地计算出交易失败的概率：

$$RAR_{\text{DEAL ABC}} = \frac{(0.85 \times 1.00) + [0.15 \times (-4.00)]}{16.66} \times \frac{365}{100}$$

$$= \frac{(0.85 - 0.60)}{16.66} \times \frac{365}{100}$$

$$= \frac{0.25}{16.66} \times \frac{365}{100}$$

$$= 5.5\%$$

在本章的后半部分，我们将会讨论其他类型的交易方式，在这些交易方式中，套利交易者会估算多种结果的概率。这些情况通常会包括恶意收购和类似套利交易者经常运用"决策树"来计算风险修正收益的挑战。

在简化的决策模型之下，我们必须在交易完成或是失败时，对套利交易者的预期收益、损失和交易发生的可能性做一个预测。如果套利交易者预测有 85% 的概率交易发生，那么交易取消的可能性只有 15%（详见图 7.1，交易 ABC）。我们可以用图 7.1 中的信息来计算每个风险调整后的收益，如下：

$$RAR_{\text{DEAL DEF}} = \frac{(0.9 \times 1.50) + [0.1 \times (-7.00)]}{21.42} \times \frac{365}{90}$$

$$= \frac{(1.35 - 0.70)}{21.42} \times \frac{365}{90}$$

$$= \frac{0.65}{21.42} \times \frac{365}{90} = 12.3\%$$

$$RAR_{\text{DEAL GHI}} = \frac{(0.8 \times 0.75) + [0.2 \times (-2.95)]}{8.33} \times \frac{365}{20}$$

$$= \frac{(0.60 - 0.59)}{8.33} \times \frac{365}{20}$$

$$= \frac{0.01}{8.33} \times \frac{365}{20} = 2.2\%$$

$$RAR_{\text{DEAL JKL}} = \frac{(0.7 \times 2.65) + [0.3 \times (-12.50)]}{24.09} \times \frac{365}{76}$$

$$= \frac{(1.855 - 3.75)}{24.09} \times \frac{365}{76}$$

$$= \frac{-1.895}{24.09} \times \frac{365}{76} = -37.8\%$$

如果套利交易者的预测是正确的，那么投资交易 DEF 比投资交易 ABC 更有利。如表 7.3 所示，交易 DEF 风险调整后的收益为 12.3%，比交易 ABC 的收益高出 6.9%。交易 GHI 的非杠杆风险调整后的正收益为 2.2%，但这个收益是不显著的。即便如此，交易 GHI 和交易 JKI 也有很大的差异，因为交易 JKI 的风险调整后的收益为负数。在套利交易者的计算之下，负收益意味着投资这项交易将会产生损失。

表 7.3 风险套利决策矩阵

交易	收益 / 美元	风险 / 美元	概率 /%	风险调整后收益 /%
ABC	1.000	4.000	85	5.5
DEF	1.500	7.000	90	12.3
GHI	0.750	2.950	80	2.2
JKL	2.650	12.500	70	-37.8

计算风险调整后收益的方法给套利交易者对不同投资方案一个直观的对比。但是,许多套利交易者不是通过完整的方法计算风险调整后的收益,而是依据部分信息(如表 7.1 所示)来做出他们的投资决策。投资者用这些信息和他们的经验来选择投资产品,并用这些产品构造投资组合。他们依靠"直觉",而不是运用概率去量化风险调整后的收益。

一些套利交易者选择不去计算完整的风险调整后的收益的原因是,这些收益会因为套利交易者的主观因素受到很大影响。我们可以对同一个例子用不同的概率预测来阐述这种影响。

在交易 ABC 中,如果我们将套利交易者预期的可能性从 85% 调整到 82%,或是从 85% 调整到 90%,并且计算在这 3 种情况下的风险调整后的收益。计算如下:

$$RAR_{\text{DEAL ABC 82\%}} = \frac{(0.82 \times 1.00) + [0.18 \times (-4.00)]}{16.66} \times \frac{365}{100}$$

$$= \frac{(0.82 - 0.72)}{16.66} \times \frac{365}{100}$$

$$= \frac{0.10}{16.66} \times \frac{365}{100} = 2.2\%$$

$$RAR = 2.2\%$$

$$RAR_{\text{DEAL ABC 90\%}} = \frac{(0.90 \times 1.00) + [0.1 \times (-4.00)]}{16.66} \times \frac{365}{100}$$

$$= \frac{(0.90 - 0.40)}{16.66} \times \frac{365}{100}$$

$$= \frac{0.50}{16.66} \times \frac{365}{100} = 11.0\%$$

$$RAR = 11.0\%$$

由此可以发现,在不同的概率预测之下,风险调整后的收益变化很大。当我们把概率预测从 85% 降到 82% 之后,风险调整后的收益从 5.4% 降到 2.2%;然而,当我们把概率预测从 85% 升到 90% 之后,风险调整后的收益从 5.4% 升到 10.9%。如果非杠杆风险调整后的收益为 10.9%,套利交易者可能非常愿意投资部分可用的资本到这项交易中去。但是,如果对概率的预测为 82%,套利交易者一定会发现这项交易缺少了吸引力。所以,我们可以看到概率的预测对风险调整后的收益和套利交易者的决策过程有着深刻的影响。

量化这些预测变量是不容易的，但是一个套利交易者如果运用这个风险调整后收益的计算方法，他们会发现对比不同的投资选择将会更加容易。此项风险调整后收益的计算方法囊括了所有在做风险套利决策时需要考虑的因素，并且把这些因素浓缩到一个公式中。

风险套利的动态分析

风险套利的决策过程是动态的。套利交易者可能会在每个交易披露时去预测风险、收益和概率，但是套利交易者的工作绝不仅限于此。随着时间的流逝，信息和情况也都会发生改变。

套利交易者必须不断根据市场的变化情况来重新评估他（或她）自己对风险、收益和概率的预测。当其中任何一个因素被影响时，对于套利交易者来说整个蓝图都可能发生变化。当套利交易者因为一些不利的法规和政策的发展而必须将自己的预期做出调整之后，一个刚开始看起来非常有前景的交易可能会变得不再具有吸引力或是就此失败；相反，一个刚开始并不怎么拥有吸引力的交易也可能会发展为一项非常具有吸引力的投资。与此同时，套利交易者可能会对交易完成的可能性越来越放心。

案例

2014年6月15日，柯惠医疗（Covidien and Medtronic，COV）和美国美敦力公司（MDT）同意通过现金和股票的交易进行合并。COV每份股权将会收到MDT的35.19美元以及0.956份股票。在合并宣布后，COV和MDT采取了所有必要的步骤来促成合并。2015年年初，两公司的股东见面并通过了合并这一决策。

在2014年11月24日，COV将自己10-K年报提交给SEC。在10-K年报中的法律程序部分有以下批文：

2014年9月2日，美国卫生与人类服务部、监察办公室发出传票要求提供有关我们某些外周血管产品的文件，我们正在按照要求遵守传票的条款。

这项披露被几个有相关交易的套利交易者发现。那么问题来了：传票是否会对合并有所影响？MDT是否会重新考虑收购COV的计划？

在套利交易者经历过几次因为政府调查而最终影响合并进程的案件后，在大部分情况下，只有很少一部分关于案件的信息会被公开披露。COV/MDT的情况就是其中的一个例子。

由于传票似乎只是检查COV很小的一部分业务，大部分套利交易者得出结论，调查并不会影响合并的进程，同时在图7.2中我们可以看到COV的股价也没有受到影响。

图7.2　柯惠医疗股价

数据来源：经彭博财经有限合伙公司许可使用。

虽然这种情况并未导致套利交易者重新评估他们对COV/MDT合并的预测，但是每个案件都必须根据自身的情况进行评估。套利交易者必须始终愿意用客观的眼光来看待事态发展中的变化和每一个可能导致合并失败的可能性，同时准备改变自己对先前可能性、风险和收益的预测。

盈亏平衡概率——一个帮助套利交易者做决策的工具

如第 6 章所述，许多套利交易者发现很难估计交易结果的准确概率，他们依靠自身的经验而不是量化来获得风险调整后收益的概率。

一种利用风险调整后收益的框架来协助套利交易者的方式是，套利交易者重新回到对市场因素的评估中去，从而做出对可能性的预测。套利交易者可以根据他（或她）对收益和风险的预测，以及证券的市场价值，来估算将此交易达到盈亏平衡的概率。

利用市场价格，我们可以倒推，找到一个使预期收益率为零的概率。如果此交易发生的概率大于盈亏平衡概率，那么会得到一个正预期收益；相反，如果套利交易者评估交易结束的可能性小于盈亏平衡概率，那么预期风险调整后的收益将会是负值。

一些套利交易者可能会发现计算交易发生的概率，并将此概率作为在市场中对比他们自己和别人预测的一个标准是非常有用的。换句话说，对于一些觉得很难去量化评估概率的套利交易者，通过市场来直接推断交易概率会是一个非常好的方法。如果市场价格推断出保本概率为 90%，那么套利交易者就必须思考："这个交易成功的可能性是大于还是小于 90%？"这个过程可能会刺激套利交易者去改善他（或她）的决策过程。

盈亏平衡概率公式

均衡货币概率可以通过以下公式计算：

$$(P_E \times EP) + (P_2 \times EL) = 0$$

那么

$$P_E = \frac{-EL}{EP - EL}$$

式中：P_E 为盈亏平衡概率，也即交易发生的概率；

EP 为交易完成时的预期收益（不考虑溢价）；

P_2 为交易失败的概率，$P_2 = 1-P_E$；

EL 为交易失败时的预期损失。

用表 7.1 中交易 ABC 作为例子，预期收益（EP）= 1.00（美元），预期损失（EL）= -4.00（美元），那么

$$(P_E \times 1.00) + [P_2 \times (-4.00)] = 0$$

其中：

$$P_E = \frac{-EL}{EP - EL}$$

$$P_E = \left[\frac{-1 \times (-4.00)}{1.00 - (-4.00)}\right]$$

$$= \frac{4.00}{1.00 + 4.00}$$

$$= \frac{4.00}{5.00}$$

$$= 0.80 = 80\%$$

$$P_2 = 1 - P_E$$

$$= 1 - 0.80$$

$$= 0.20 = 20\%$$

计算复杂的风险调整后收益

迄今为止，在计算风险调整后收益时，我们一直使用同一个模型，该模型假定每个交易只有两种结果：交易完成或是交易失败。许多交易不能通过这个简单模型充分进行分析。具体来说，一组特定的交易可能拥有两种以上的可能性。恶意收购是套利交易中的一个经典例子，通常会有两种以上的交易结果。我们会在第 8 章深入探讨恶意收购。现在，我们将研究拥有两种以上潜在结果的概率。

假定 B 公司以当前每股交易价格为 30 美元，A 公司以每股 45 美元的价格向 B 公司发出恶意现金收购要约，我们可以预见以下 4 种可能的结果：

(1) A 公司最终会以每股 45 美元收购 B 公司。

(2) B 公司可以拒绝 A 公司的提案。如果 B 公司最终成功抵御 A 公司的收购,那么 B 公司的股价会回到交易前每股 30 美元的水平。

(3) Z 公司作为一名 "白衣骑士" 从 A 公司的手中以每股 50 美元的价格拯救 B 公司。

(4) B 公司可以进行资本重组来抵御 A 公司的恶意收购。假定 B 公司的股东会在资本重组中获得每股 42 美元的总收益。

我们可以展开之前简单风险调整后收益的公式来计算现在的情况,存在 "多种潜在结果" 的通用公式如下:

$$RAR = \frac{[(P_1 \times R_1) + (P_2 \times R_2) + \cdots + (P_i \times R_i)]}{I} \times \frac{365}{P}$$

$$= \sum \frac{(P_i \times R_i)}{I} \times \frac{365}{P}$$

如表 7.4 所示,套利交易者必须对每个可能发生结果的概率做出预测。

表 7.4 预计可能性

可能的结果	B 公司的相对股价 / 美元*	预期收益率 R_i/%	预计可能性 P_i/%	$R_i \times P_i$/%
(1) 被 A 公司收购成功	45	18.40	25	4.60
(2) B 公司成功抵御收购	30	−21.1	10	−2.1
(3) "白衣骑士" 的拯救成功	50	31.5	40	12.6
(4) B 公司资本重组	42	10.5	25	2.6
			100	17.70

*B公司的普通股以每股30美元的股价在市场上交易。

利用套利交易者对概率的估计,通过对每个可能结果的加权,我们得出在这个交易上的预期收益率为 17.7%。

为了使过程更加精确,我们可以用每个可能结果的年化预期收益代替非年化的百分比收益。这个方法考虑了每个潜在结果的不同时间因素。

表 7.5 显示概率加权预估收益为 49.8%,这是一个对任何套利交易者都非常有吸引力的交易。49.8% 的收益率是根据每种潜在结果的年化收益率进行加权得出的。

表 7.5　概率加权预计收益

可能的结果	预期收购时限/天	未年化的预期收益率 R_i/%	年化的预期收益率 P_i/%	预计可能性/%	$P_i \times R_i$/%
（1）被 A 公司收购成功	120	18.4	55.9	25	13.98
（2）B 公司成功抵御收购	150	−21.1	−51.3	10	−5.1
（3）"白衣骑士"的拯救成功	130	31.5	88.4	40	35.4
（4）B 公司资本重组	170	10.5	22.5	25	5.6
				100	49.80

在表 7.4 和表 7.5 中，我们可以发现这两个表在风险套利的决策过程中是非常有用的。通过这种方法，套利交易者会拥有灵活性去适应在任何可能交易形式下的决策模型。通过利用套利交易者预计的收益、风险和概率，我们可以计算出风险调整后的收益，套利交易者就可以借此结果在变化多端的市场中做出明智的决策。

第8章

恶意收购

恶意（或有争议的）收购是最令人兴奋的套利交易，同时也是最具挑战的、潜在利润最大的交易。但是当套利交易者在一个有争议的收购中做出错误的决定后，也可能遭受极大的损失。有争议的收购项目会为风险套利项目带来极强的宣传和媒体的关注。专业出版物通常会选择一些具有争议的收购案件，并撰写大量涉及交易的故事。在本章中，虽然"恶意"这个词在收购中被用到得更多，但我还是会用"有争议"这个词来描述收购情况，以此来和"没有争议"的收购区分开来。

在套利交易者看来，有争议的收购还有一个关键的时间因素。当合并被宣布后，套利交易者不需要不顾一切，开始分析一个全新的兼并交易。合并一般需要3～5个月才能完成，套利交易者没有必要在第一天就完成所有的分析。但是对于有争议的收购，那会是一个完全不同的情况，它的事态发展往往比普通兼并更快。当宣布一项新的有争议的收购时，套利交易者必须放弃其他的一切，并且必须尝试分析出有关这笔交易的一切可能情况。

虽然有争议的收购可能会迅速发展，但这并不意味着有争议的收购很快就会完成。事实上，根据法院、州政府和联邦政府在多年来发布的规定，给了目标公司董事会更多有效的措施去抵御恶意收购，成功地完成一项恶意收购也变得十分困难。如果竞标成功，假设竞标者成功收购，那么恶意竞标也需要8个月到一年才能完成，这并不罕见。

有争议的收购和没有争议收购的区别

是什么使有争议的收购和其他的交易不同呢？有争议的收购是没有经

过商议的，收购公司定下收购价格后，并没有和目标公司达成收购份额的共识。在普通兼并过程中，双方公司要么在原则上达成一致，要么签订最终协议，并且在所提供的内容中达成共识。在有争议的收购过程中，最初的收购价格可能是合理的，但很可能不是。初始价格通常都是收购公司的投标价。在大多数恶意收购的过程中，竞标者都不会最初就给出它的最高价。为什么呢？它希望有机会提高竞价，以此作为获得目标公司董事会批准交易的一种方式。事实上，大多数套利交易者认为，收购公司会预留最初竞价的5%～10%作为优惠条件，从而获得一笔善意的交易。

恶意收购可以从现金收购要约，或者是不太正式的"熊抱"收购要约开始。收购要约会在新闻稿件中发布，同时也会在《华尔街日报》《纽约时报》或是当地报纸中刊登广告，以向目标公司的股东介绍即将给出的要约。

一些恶意收购过程中，收购公司会给出交换要约，用收购公司的证券或是现金和证券的组合，而不是纯现金来完成收购。其中证券必须通过SEC的注册程序，并且在要约生效之前可以保留几个月的时间。与此同时，收购公司通常会根据所需要解决的法律问题，与目标公司董事会和法律论坛进行提前竞价。

"熊抱"要约不像招标那么正式。在"熊抱"要约中，收购公司通常会给目标公司董事会私下发出要约。如果目标公司董事会拒绝或是无视这个私下要约，收购公司可能会公开要约。这意味着，收购公司会向新闻机构发布新闻稿，详细说明私下提供的收购要约。收购公司也会在新闻稿中表明收购意向，希望目标公司董事会重新考虑要约并进入兼并的谈判中来。公开要约的细节通常旨在给目标公司施加压力，同时告知目标公司的股东，他们也可能给董事会施加压力以启动合并谈判。

收购公司会从以上这些类型的要约中公开给出一个要约，但是却不会正式发起一个要约或者交换要约，它会通过新闻稿直接向公司发出要约。至于是否直接向股东提出要约取决于要约的处理方式。最近，由于各种各样的收购防御措施，在收购公司提出收购要约之前，一些要约就已经以非正式的形式存在了数月。

收购公司总是希望目标公司以最初的价格同意收购，但是在这个交易中可能会发生很多其他的事。目标公司可以找到一个"白衣骑士"——通过出价高于收购方的初始报价来提供帮助的公司。"白衣骑士"往往是目标公司追求的首选，迎来一个受欢迎的保护者以抵御不受欢迎的群体接管。

目标公司也可以进行某种类型的资本重组或重建，这可能会涉及从股东手中以高价回购股票。目标公司也可以和收购公司讨价并达成一些解决方案——往往目标公司希望得到更高的收购价格；又或者目标公司会选择和恶意收购对抗，同时这也是套利交易者所担心的。因为一旦目标公司选择对抗，套利交易者必须做出以下判断：

- 对抗的目的只是拖延时间以等到"白衣骑士"的出现，还是谈判以达成更好的交易？
- 目标公司是否真诚地想找收购公司？
- 目标公司是否只是想保持独立，不被任何公司收购？

收购防御

在恶意收购中，目标公司的防御措施是套利分析中非常重要的一个方面。当竞标被公开时，套利交易者必须分析一组单独的潜在防御措施。

分级分期董事会

套利交易者需要研究的第一件事就是目标公司的董事会结构。现在许多公司都有所谓的"分级分期董事会"，许多公司在董事任期时间内将董事安排在董事会。公司可能会错开董事会成员的任期，而不是在同一年选举所有的董事，这样每年只有一部分的董事会成员可以得以连任。对于由12名成员组成的董事会，每年通常只有3名成员当选，整个董事会的选举将会分为4年去完成。

分级分期董事会可以被用来抵制局外人或是抵御一些相信他们可以在短时间内控制董事会的恶意收购者。例如，每年选举3名董事会成员，那么至少需要两年的时间才能控制12人的董事会。

如果目标公司没有分级分期董事会，那么它将被视为容易受到恶意收购的攻击。如果套利交易者发现目标公司没有分级分期董事会，那么这家公司在初期将会被认为相对不容易成功抵御恶意收购。因此，套利交易者更倾向参与目标公司没有分级分期董事会的恶意收购中去。

　　近日，机构股东大力推动公司改善管理程序。这种趋势的分支之一是，许多公司已经改变了采用交错董事会的做法，并开始重新在公司的年度会议上公布全部董事名单。这一趋势改变削弱了一种非常重要的收购防御，因为对于收购方或是激进的投资者来说，威胁要控制董事会或是实际控制董事会，都将变得更加容易和迅速。

通过毒丸稀释股份

　　另一种广泛使用的收购防御方法称为"毒丸"。许多年前，毒丸是由公司的律师设立、公司的董事会设计的，以防止恶意收购和其他威胁。

　　以下是毒丸运行的方法。一些人或是一些群体购买一定比例目标公司的发行证券（购买百分比因公司而异，但可低至目标公司已发行股份的10%）。毒丸计划赋予股东以大幅低于市场交易价格的价格购买额外股票的权利。通常，触发实体不能参与购买额外股份的过程。

　　通过威胁要发行股票，目标公司董事会会尽量打消一些人在没有事先获得董事会的批准便实际接管公司的设想。如果董事会不批准这笔交易，并且收购公司取得了触发毒丸计划的股份比例，股权将会显著地被稀释。几乎所有这样的计划中，触发毒丸计划的大股东随后没有购买折扣股票的权力。

　　毒丸在这些年中一直被法律所质疑。在一段时间内，一些毒丸的使用被发现是不符合法规的。公司的律师便会重新起草要约，阅读法院判决，并重新提出他们的补救措施，以便法院不会阻止公司使用新的毒丸，他们从根本上纠正了法院在先前版本中发现的缺陷。

　　近期，目标公司董事会所制订的毒丸计划很少有成功的，最后通常由目标公司董事会决定是否要在收购要约之前发动毒丸。董事会通常也有权力撤销毒丸，这样对股权的稀释就不会发生。

然而，毒丸一直被认为是收购公司发起恶意收购要约的重要诱因。在收购公司购买公司份额之前，必须以这种或那种方式来解决毒丸的问题。

收购公司提起了许多法律诉讼，迫使目标公司撤回毒丸计划。几乎在每一个最近的案件中，法院一直不愿意强行撤销，而是依靠目标董事会做出明智的判断，判断毒丸是否会对股东有利。在本章后面的一个例子中，我们将会讨论一个涉及毒丸诉讼的著名案例。

到目前为止，我们讨论的毒丸一直是美国注册公司所发行的毒丸。加拿大公司发行的毒丸管理法则与美国大不相同。

一般而言，加拿大的目标公司可以通过使用毒丸来保护自己免受恶意收购。然而，在加拿大，毒丸的护盾只能在有限的时间内使用。通常在180天内，目标公司必须解除毒丸的限制并允许股东对潜在的收购意向做出自己的决定。毒丸到期后，目标公司将有一段有限的时间来制定有效的防御措施或是为股东寻求替代方案。

一个好的案例发生在2015年12月，当时森科公司对加拿大油砂公司发起了恶意收购要约。加拿大油砂公司几个月以来一直反对这个要约，但一旦毒丸临近到期，加拿大油砂公司在确定没有其他对股东更具吸引力机会的情况下，向Imperial公司提出了更高的报价。

使用公司章程进行防御

在恶意收购中，公司章程对套利交易者是十分重要的，套利交易者应该仔细分析规章制度。例如，股东是否有权利召开股东特别会议来选举全体董事？这一权利将为收购公司在恶意收购的过程中带来巨大的优势。那么目标公司董事会会面临一个明显的劣势，当面临整个董事会被推翻的威胁时，大多数董事会被迫去评估公司出售的价值，以便为股东带去更高的利益。

需要注意有关提名竞选董事会候选人的具体规则。通常有一个月的时间来提名董事，该期限通常在下一个年度会议之前的3~4个月开始。为了能够成功抵御外部对公司董事会的控制，这些规则是必须严格遵守的。

套利交易者也必须审查其他类型的规章，因为它们适用于公司管理的各个方面。对套利交易者来说，获取公司章程的复印本并仔细阅读，分析其重要信息是非常重要的。

通过私人诉讼来防御

诉讼是大多数目标公司为避免恶意收购而建立起来的主要防御措施，反垄断问题是套利交易者和目标公司的主要关注点。如果存在反垄断问题，目标公司将尽一切力量利用诉讼来抵御恶意收购要约。

套利交易者必须分析交易，以确定两家公司之间的业务是否有重叠。如果两家公司销售或制造相同的产品，或在同一业务部门经营，则使用该防御措施是有风险的。套利交易者必须预估目标公司通过该防御成功的概率。

当涉及反垄断问题时，与友好收购相比，恶意收购的区别在于诉讼的性质是不同的。当一项商定的交易涉及反垄断问题时，美国司法部或联邦贸易委员会通常会试图阻止这些公司的交易。然而，在恶意收购中，目标公司会花重金聘请最好的法律顾问来为其辩护。私人律师经常与收购公司的私人律师进行对抗，几乎没有节省成本。

在其他反垄断案件中，政府会派出政府雇员申辩。根据我的经验，他们要么不熟悉实际诉讼，要么出于个人原因，他们可能会选择继续受雇于联邦贸易委员会或美国司法部。通常，新律师会供职于这些机构以获得工作经验，在经过充分的培训和练习后，他们通常会被私人律师事务所一抢而空。在许多情况下，双方似乎都受到了不公平的待遇。代表公司的私人律师有无穷无尽的可支配资产；相比之下，政府律师的资源有限。恶意收购案件传唤的双方律师将在公平竞争的环境中相遇。

套利交易者主要关注的是两家公司在市场上相互竞争的横向交易。

- 法官是否会以反垄断为理由对该交易提出初步的禁令？
- 该竞争问题是否会有一个潜在的解决方案？

收购公司可能愿意牺牲自身一定数量的竞争业务以完成交易。一些法官对附议的解决方法持开放态度，这些方法将避免对该交易实施初步禁令。反垄断执法中也注意到了这一趋势。美国司法部和联邦贸易委员会已采取行动，试图在此案进入听证阶段之前与双方举行会议，解决可能存在的反垄断问题。

套利交易者也必须分析其他违规行为，包括垂直交易类型和潜在的竞争论点。这两种方法在法庭上都不太可能成功。因此，必须深入检查所有反垄断问题，以确定交易受阻的可能性。套利交易者必须预测交易的任何麻烦的方面，以作为估算最终发生收购可能性的一部分。

通过州收购法案来防御

从历史上看，收购法是由各个州制定的，作为吸引目标公司在其境内成立注册公司（或保持公司注册实体）的一种手段。通常，收购法的起草是为了赋予目标公司董事会抵御恶意收购企图的能力，每个州的法律通常包括一些共同的问题，但也有关于目标公司如何为自己辩护的特有内容。

当最初制定这些法律的时候，收购公司试图宣布这些法律违宪，从而带来了很多挑战。一些州法院认为，州政府收购法的多个部分都是违宪的。正如律师重新起草毒丸以逃避法律争议一样，法律从业者就各州如何重新起草收购法提供咨询建议，使法院系统能够接受。而当初被认为合宪的收购法部分则沿用至今。

由于许多公司的注册地址在特拉华州，特拉华州的法律在收购战中经常发挥作用。特拉华州衡平法院（Delaware Chancery Court）在处理并购案件中的法律问题方面非常有经验并受到尊重。由于许多公司受特拉华州法律的管辖，套利交易者发现自己经常在特拉华州衡平法院追踪案件。

有一些州，如俄亥俄州和宾夕法尼亚州，有着更严格的收购法，这使得受州法律管辖的公司更难完成恶意收购。套利交易者必须检查目标公司所在州的相关法律（通常，在任何收购要约中都会涉及州收购法）。套利交易者必须确定是否有任何特定的条款可能导致收购完成概率的降低。换句话说，法律是否会让目标公司有能力抵御收购？通常，收购的成功与否并非完全由州法律决定，其他有效的防御措施也可以导致收购公司无法成功地完成收购要约。

其他类型的防御策略

目标公司可能会采用其他的防御策略来阻止恶意收购，公司使用的典型防御措施包括：向友方出售一部分股票或证券，或出售一部分业务。这些防御措施旨在降低目标公司对恶意投标人的吸引力。

在恶意收购悬而未决期间，如果出售股票占目标公司发行股票的很大比例，通常会受到法院的密切关注。在此阶段，如果目标公司试图将自己大量的股票出售给另外一家公司以阻止收购，则可能会触发股东批准发行新股的要求。

在这些情况下，可能难以获取股东对于卖出股份的批准。一般而言，根据纽约证券交易所规定，拟发行目标公司现有已发行股票的20%会触发投票。此外，如果不需要表决，当收购公司提起法律诉讼以阻止目标公司出售股票时，在法庭上进行交易的可能性通常非常小。

过去，一些公司也试图出售部分业务或收购公司感兴趣的、最有吸引力的资产。毫无疑问，此类交易也将在法庭上受到收购公司的质疑。通常，我发现这样的出售行为很可能不会成功。

一种十分有效的，并在几个案例中已经成功的防御策略是目标公司从现有股东手中回购大量自有股票，它们通常与某种类型的资本重组一起执行此操作。许多公司也已成功地使用过此策略。

监管防御

套利交易者必须注意在任何给定交易中是否存在任何监管防御。如果目标公司或是收购公司涉及受美国运输部、赌博委员会或是州委员会监管的业务，那么套利交易者还必须分析任何特定交易是否需要这些机构的批准。

如果目标公司是保险公司，套利交易者就必须关注公司运营的每个州，并确认是否会得到每个监管委员会的批准。例如，加利福尼亚州在决定是否批准涉及保险的业务时会相对激进。

如果业务涉及电视或无线电许可证，则可能需要联邦通信委员会（Federal

Communications Commission，FCC）批准才能完成交易。FCC 与反垄断决定的不同之处在于，FCC 批准合并的标准通常是该合并是否属于"公共利益"。此公共利益的标准赋予 FCC 委员在决定是否批准合并时有广泛的自由度。

有时，如果收购公司提出将任何有问题的资产或业务置于由监管员监督的信托中，则可以化解监管防御。信托将会持有该资产，管理者很可能会在一段时间内出售或剥离这些资产或业务。这种行为经常用来阻止目标公司使用监管防御策略。

直接拒绝的防御策略

一些目标公司成功使用的防御措施就是 Just-Say-No（直接拒绝）的防御措施，时代生活公司和华纳传播股份公司成功利用这一防御策略抵御了派拉蒙传播公司在 1989 年恶意收购的企图。派拉蒙传播公司对时代生活公司的收购案例成为一个具有里程碑意义的案例。

很久以后，其他案件，包括空气化工产品公司（Air Products）试图对艾加斯公司（Airgas）进行恶意收购（会在本章中稍后讨论），进一步发展了判例法和目标公司使用 Just-Say-No 的防御策略能力。

时代生活公司与华纳传播股份公司达成了协议。在该协议宣布的几个月后，派拉蒙传播公司向时代生活公司给出了一份非常不善意的现金收购要约。在此之前，很少有（如果有）目标公司的董事会直接忽略高出当前股价很多的要约，并始终保持独立的情况。

然而，时代生活公司此时正处于与华纳传播股份公司合并的过程中，因此它向特拉华州法院提议，允许其继续执行先前宣布的交易，而不是与派拉蒙传播公司进行交易。这两家公司说服了特拉华州衡平法院的法官，因为它们有一个明确的、长期对股东有意义的商业计划，应该继续执行自己的计划，而不是由派拉蒙传播公司接管。这种防御被称为 Just-Say-No。

自那时以来，许多公司都采用了相同的防御措施，或者试图利用它来抵御一些恶意收购。在本章，我们将看到另一个使用 Just-Say-No 防御策略的案例。

对有争议的收购进行回应对目标公司股东来说不一定是负面的。到目前为止，我们在本章中讨论的所有防御措施通常都是用于阻止交易发生。在这种情况下，目标公司的股票通常都会下跌，因此，股东宁愿让目标公司的董事会去寻求一些其他的选择。

防御激进的投资者

随着一些激进投资的增多，许多美国公司，包括大公司都会发现它们会受到这些激进分子的攻击。这些激进分子可能正在寻求出售公司或可能的重组以创造目标公司股东的价值。重组可能涉及将公司拆分成不同部门或出售一些业务。目标公司在面对激进分子攻击时，其处境和面对恶意收购时非常类似。

激进分子攻击的目标通常采取初始防御措施，试图说服股东支持当前的管理层，激进分子然后会提出一个董事会人选，以实施他们的计划，从而为股东创造额外的价值。如果激进分子在管理权争夺战中赢得董事会席位，那目标公司可能采取一些削减成本的措施，甚至可能尝试激进分子在其价值创造计划中提出的一些战略。许多激进分子的恶意收购情况被公司化解，目标公司向激进股东提供董事会席位，以避免其对董事会的全面争夺。

有时，为避免激进分子的控制，目标公司会通过卖出一个部门甚至整个公司来进行防御。

资本重组

一种可选策略是对公司进行资本重组。在资本重组中，目标公司可能会以溢价回购相当数量的股份，而这些股份是在有争议收购企图之前出售的。这些回购可以采取多种形式，包括"自己"公司的回购要约或是荷兰式拍卖（Dutch auction）。

在荷兰式拍卖中，目标公司通常会指定在特定价格范围内购买的特定金额的股票，股东们在该范围中决定他们以什么价格去出售他们的股票。

当该要约到期时，目标公司确定其能够获得所需股份的最低价格。

通常，管理层将会改变其业务战略，以侧重运营，削减成本，或以某种方式为现有股东带去更高的收益。资本重组计划一般会通过提高股价来抵御恶意收购，使恶意收购的企划变得没有吸引力。通过制订计划，资本重组可以为目标公司的股东（以及拥有股票的套利交易者）提供经济利益，但这通常是目标公司董事会可以实施的最弱的积极响应。

有时，目标公司会寻求金融机构的帮助，以确定是否可以进行杠杆交易或杠杆收购。目标公司从这些金融机构借入资金，并向股东支付大量现金，有时也会发行股票。

杠杆收购最初在20世纪80年代变得非常流行，并且经常被公司用来抵御恶意收购。从那时起，我们看到了一系列并购周期中的杠杆收购热潮。周期通常发生在各种因素的作用下，最重要的因素包括股价以相对较低的价格乘数交易，以及可以随时从资本市场获取信贷的时期。

这些交易通常采用的理由是：如果恶意投标人要向银行或机构借钱以购买目标公司，并且目标公司有足够的资产来支持借款，管理层有时会认为如果公司以其资产为抵押借款，并将款项支付给股东，那么对目标公司的股东和管理层将会更好。这种交易也可以使股东受益，在恶意收购之前，他们可能能够获得高于股票交易价格的溢价。

然而，这种类型的防御近年来变得越来越少，可能是因为市场上的股票证券的总体估值。面对这些增加的股票估值，公司很难实施杠杆收购。在最近的并购案例周期中，当整体股价以较高的相对估值标准交易时，杠杆收购公司通常会对战略买家不利，因为与杠杆收购买家相比，战略买家通常能够找到更多的节约成本的方法和协同效应。

正如我们在前面章节中所述，现在许多交易都是使用股权证券或股票作为交换媒介来完成收购的。由于股票价格倾向于以相对较高的估值乘数进行交易，因此进行全股票或部分股票的合并将变得更加容易。目前的情况可能不利于采用杠杆收购的防御机制去防御，但是在未来的某个时刻，它可能会是抵御恶意收购很好的方法。

出售目标公司

在过去几次合并和收购案例中,当目标公司受到不受欢迎的收购要约影响时,目标公司董事会可能会选择启动"战略复审"的流程。在此过程中,目标公司聘请投资银行家帮助评估可在短期或长期投资期内为目标持有人创造价值的各种机会,替代方案的范围可以从继续当前公司的战略到寻找合作伙伴,这个过程甚至可能包括收购目标公司本身。

战略复审的流程可持续长达 4～5 个月,在流程完全完成且被董事会采用之前,很少会有更新。与此同时,由于股东和套利交易者试图预测战略评估的最终结果,目标股票的交易可能具有非常大的波动性。

套利交易者和股东都希望找到一家目标公司,通过一项能够获得最高投资收益率的策略来抵御恶意收购。可能的策略包括目标公司将自己挂牌出售。寻找投标人通常是秘密进行的。例如,在该过程得到完全成功之前是不会被公开披露的。

目标公司通常会在接到恶意收购要约时即刻雇用投资银行。如果目标公司决定寻找其他买家,投资银行将协调该流程并寻找明智的并对投标有兴趣的盟友公司。目标公司的这种防御方式通常被称为"寻找白衣骑士"。

"白衣骑士"的角色是拯救目标公司避免不受欢迎的恶意收购。白衣骑士策略可能是最有利可图的选择,也是套利交易者最希望目标公司追求的策略。通过寻求其他出价,为恶意收购目标公司构建了竞争的形势。

通常会出现竞标战,两家或两家以上的公司可以互相竞标购买目标公司的权利。当这种情况发生时,目标公司的董事会通常能最大化实现股东价值(我们将在本章后面深入研究其中一项交易)。

预测各种防御策略的结果

在恶意收购的过程中,套利交易者的工作是预测目标公司会使用哪种防御策略制胜。为了得到正确的预测结果,套利交易者可以利用自身在该领域的经验,以及对当前交易的意见和从外部顾问收到的任何可靠建议。

套利交易者越来越依仗着目标公司去做"对的决定"。

而董事会必须平衡两个概念：

（1）交易对股东的公平性，或者什么是最有意义的；

（2）打击恶意收购的方式，使股东利益最大化。

董事会可能会将价值视为短期或是长期的。如今，许多董事会正在寻求为股东创造最大化的长期价值，或至少董事会在面对恶意收购尝试时是这样表述的。如果董事会认为公司的长期价值远远超过任何通过恶意收购所产生的短期价值，其可能会使用前面提到的一些防御措施，尤其是 Just-Say-No 策略，试图阻止一些恶意要约。另外，如果董事会平衡结果决定收购方出价对股东更有意义，董事会可能会选择谈判并出售公司。

在过去的几年里，一家遭受恶意收购攻击的目标公司将会被出售已成为一个定局。现在虽然有了众多可以利用的防御措施，但是结果并不总是那么清楚。事实上，最近恶意收购者的成功变得更加困难了。

对恶意收购有两个方面需要考虑。第一是前面提到的 Just-Say-No 防御策略，该策略在许多情况下使目标公司免受恶意收购，也导致套利交易者和目标公司全体股东的持股遭受损失。

第二是这些交易可能完成的时间周期会显著延长。分级分期董事会、州立的收购法和专业的防御策略是延长周期的关键因素。很多时候，如果目标公司的董事会致力于防范恶意收购，那么恶意收购的收购者实际上可能需要等待数年才能推翻目标公司的防御措施。这样做的危险在于很多事情可能会在这段时间内发生变化，收购的投标人甚至可能会改变其收购的决定。

在试图确认恶意收购成功的可能性时，套利交易者会分析目标公司的业务结构和结构的许多方面。套利交易者必须想到最初的问题是："目标公司可以采用哪些可能的防御措施？"如果业务运用中存在明显的重叠，则套利交易者必须确定重叠的程度，以及是否可能会对恶意收购方制造反垄断的问题。在确定可能的防御策略之后，套利交易者必须确定这些防御策略是否会在法庭上搁置。如果辩护过程花费了很长时间，或成为推进过程的绊脚石，这种交易对套利交易者来说可能是非常危险的。

套利交易者必须仔细审查目标公司的董事会。内部董事有多少人？有多少人来自公司外部？在公司内部，管理层的董事们比外部的董事更加倾向于对抗恶意收购。如果管理层或内部董事主导董事会，那么该公司更有可能试图抵御任何恶意收购。

套利交易者还必须考虑目标公司发行的普通股是如何持有的。如果管理层和董事会持有大量股票，那么套利交易者清楚由董事会主导的防御计划更加可能成功；但是，如果管理层和董事会拥有的股票数量可以忽略不计，那么该管理层和董事会的持股不会对交易的结果产生影响。

如果机构拥有目标公司高比例的流通股，这很有可能成为目标公司董事会如何应对恶意收购的决定性因素。如果成功抵御了恶意收购，董事会担心会导致机构投资者的不满，那么董事会可能追求一些能为其现有股东带来短期经济效益的积极选择。

也许分析恶意收购结果的最佳方法就是去深入研究其中的一些交易。

恶意收购案例：艾加斯／空气产品公司

我们选择研究的是空气产品公司（Air Products，APD）试图恶意收购艾加斯（Airgas，ARG）案例。虽然这是一个古老的案例，但却是一个开创性的案例，它影响了许多其他案例。结合派拉蒙传播公司收购时代华纳公司的案例，这两个案例鼓励了许多目标公司利用 Just-Say-No 防御策略。

2010 年 2 月 5 日，APD 公布以每股 60 美元的现金报价收购 ARG，这是一个"熊抱"出价。APD 向 ARG 董事会提出了要约并遭到拒绝。

为了给 ARG 董事会施加更大的压力，APD 发布了一份新闻稿，描述了希望 ARG 股东尝试让 ARG 董事会进行谈判。在其新闻稿中，APD 表示如果 ARG 董事会继续抵制收购，那么 APD 可能会直接向 ARG 的股东提出要约。ARG 也跟随 APD 的新闻稿，发布了自己对股东建议的新闻稿，决定不采取任何行动，并证实董事会拒绝了 60 美元的报价，表示该报价"严重低估"。

正是基于这种情况，套利交易者开始决定是否通过购买 ARG 的股票来参与其中。套利交易者开始关注两家公司的业务，以了解交易的逻辑和任何 ARG 可能采取的防御措施。此时，套利交易者还对 ARG 的可能价值，以及反垄断风险水平进行了初步分析。

ARG 和 APD 都参与了天然气业务：
- ARG 生产许多气体，包括氮气、氧气、氩气、氢气、氦气，以及许多焊接气体；
- APD 也生产氧气、氮气、氢气、氦气和氩气。

ARG 和 APD 有几款产品市场重叠。然而，两家公司在销售的客户类型和分销方式上存在差异。与 APD 客户相比，ARG 的客户往往偏小，而 APD 的客户往往规模较大。ARG 倾向于使用包装气体分销，而 APD 的产品通常通过油管或管道散装运输。虽然两家公司的业务存在差异，但套利交易者普遍认为重叠将导致一些反垄断问题。

由于套利交易者研究了 ARG 的章程，他们了解到 ARG 有分级分期董事会，每年有 3 名董事当选，3 年任期，总共 9 名董事。ARG 还制订了一个毒丸权利计划，为 ARG 董事会应对任何不受欢迎的收购提供保护。

考虑到 ARG 可以使用的防御措施，套利交易者要弄清楚 APD 是否有可以控制 ARG 的方法。考虑到 ARG 董事会的阻力，ARG 章程中还规定：

（1）在得到 2/3 股东的投票下可以无理由撤销任何 ARG 董事；

（2）1/3 的 ARG 股东可以召开股东特别会议来取代董事。

因此，如有必要，APD 可以采取代理竞争路线，征求 1/3 ARG 股东的支持，授权股东特别会议。在那时，APD 可以尝试添加足够自己的董事来试图控制 ARG 董事会。

APD 于 2010 年 2 月 11 日发起正式收购要约，该要约于 2010 年 4 月 9 日到期。由于许多复杂的法律问题和障碍，招标最终延长多次。确定招标成功机会的关键问题是 ARG 收购防御的有效性。

APD 在特拉华州衡平法院起诉 ARG 违反其对股东的信托义务，APD 还表示将启动代理竞争提名董事加入 ARG 董事会。

没过多久，ARG 董事会拒绝了收购要约，并指出该要约"非常不合适"，董事会也考虑可能存在反垄断的问题。随着两家公司争相发布新闻稿，时间过去了。终于在 5 月，APD 发出了代理请求的正式通知，APD 寻求 ARG 股东的支持，以选出 3 名董事加入 ARG 董事会。但是即使 APD 成功选出 3 名董事，APD还是不能控制董事会，APD的计划还需要获得股东的支持，于是将2011年的年度会议提前到2011年1月中旬。这次会议可以使他们提出另外3位董事的计划，这将使他们拥有董事会一半的控制权。这场对代理权的争夺战就是APD收购ARG的开端，但是，这条收购之路将变得越来越艰辛。

与此同时，APD致力于解决潜在业务重合问题，以避免与FTC相关的任何反垄断问题。

为了增加获得ARG股东支持的机会，APD于2010年7月8日将其收购要约价格上调至63.50美元，并要求ARG股东投标。尽管由于ARG的抵抗，APD无法在要约下实际购买任何股票，但是APD认为如果大量股票实际上是根据要约提出的，那将会给ARG董事会施加压力与APD谈判。

ARG将9月15日定为年度会议，选出3名新的董事，并再次拒绝了APD的提议。大约一个月后，APD宣布已经与FTC达成协议，解决了反垄断问题，APD同意进行多次剥离。由于这种事态发展，反垄断法不再是ARG可行的防御措施。ARG董事会的组成和即将到来的代理权争夺成为APD是否能成功收购ARG的关键。

同时，由于市场猜测APD将再次提高报价或ARG可能会找到一名"白衣骑士"，因此ARG的股价继续高于63.50美元的投标价格。

就在ARG股东大会召开之前，APD再次提出了65.50美元报价的要约，但此报价仅在一天之后就立即被拒绝。恶意收购竞标者经常在股东投票之前提高报价，以便在关键投票前从目标公司股东那里获得尽可能多的支持。

APD的策略成功地获得了足够多的选票，可以选举3位董事候选人。然而APD收到的选票低于提前召开2011年会议所要求的67%，67%的门槛也将成为APD诉讼的一部分。该案件的听证会于10月在特拉华州衡平法院举行，内容涉及APD对ARG毒丸计划的质疑，以及提前召开2011年会议的67%门槛，以选举另外3名董事。

2010年10月11日，首席大法官威廉·钱德勒裁定APD试图提前ARG原本在2011年会议的提案是正当的。APD在最初的法院裁决中胜诉，然而钱德勒此时并未就ARG毒丸计划的有效性做出裁决。

ARG宣布将对法院的裁决提出上诉，此后不久还表示如果APD提出每股超过 70 美元的收购价格，ARG 将愿意进行合并谈判。ARG 董事会正在寻找 78 美元的报价。APD 当时拒绝继续提高报价，于是此案仍在法院上诉。

2010 年 11 月 23 日，特拉华州的上诉法院推翻了钱德勒关于提前年度会议的裁决，表明该裁决非法缩短了 3 名董事的任期。因为股东又担心 APD 的收购战会失败，ARG 的股票反应消极，其股价跌至 62 美元的水平。

图 8.1 展示了 ARG 股价的波动。

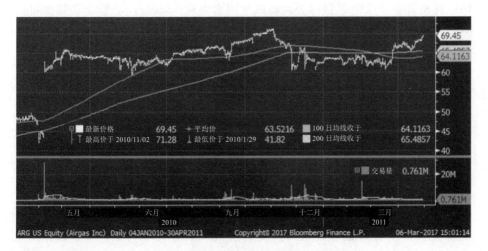

图 8.1　ARG 股价

数据来源：经彭博财经有限合伙公司许可使用。

在这一点上，似乎 APD 成功收购 ARG 的唯一途径是通过价格。如果 APD 可以提供足够高的价格，也许 ARG 董事会会陷入困境而放弃防御。

2010 年 12 月 9 日，APD 尝试了这一途径，将报价提高到 70 美元。在宣布提高报价的新闻稿中，APD 宣称 70 美元的报价是对 ARG "最佳且最终"的报价。不同于欧洲，根据英国的收购法，"最佳且最终"的描述在美国并不具有法律约束力。尽管 APD 声称这是"最佳"的报价，但 APD 可以在以后合法提高报价，而在英国，这种策略是不被允许的。

除了提高报价之外，APD 还得到了几位 ARG 股东的支持，他们敦促 ARG 董事会进行合并谈判。不幸的是，这些股东也在套利对冲基金。如果这个建议是由长期机构投资者提出的，那么可能会更有影响力。对 APD 和 ARG 股东来说不幸的是，ARG 董事会在圣诞节前夕依旧继续抵制并拒绝了

70 美元的报价。

与此同时，首席大法官钱德勒举行了听证会以确定 1 月 25 日 ARG 毒丸的合法性。听证会在 2 月 8 日举行，最终辩论仍在继续。法官钱德勒正在评估的关键问题是谁应该来决定是否出售 ARG？是 ARG 的股东还是 ARG 的董事会？

8 天后，钱德勒给出了有利于 ARG 的回答。虽然他对 ARG 做出了裁决，但始终想确立什么时候目标公司可以使用毒丸和 Just-Say-No 防御策略来抵御收购。法官钱德勒给目标公司设立了两个条件，以继续抵御不受欢迎的要约：

（1）目标公司董事会必须要在进行合理调查和征求外部顾问的意见之后善意行事；

（2）目标公司董事会发现恶意收购对公司构成了合法的威胁。

在这项裁决之后，APD 撤回了对 ARG 的要约，承认了失败并表示不再收购。ARG 的股价立即下降至 62.35 美元的水平，套利交易者和 ARG 股东承受了相当大的损失。

如本书前面所述，恶意收购可以提供一个巨大的盈利机会，也可以造成重大损失。ARG 的收购防御措施太强大，APD 无法占上风。分级分期董事会和毒丸对 APD 来说太难攻破，导致 ARG 股价大幅下跌。这种类型的交易表明，为什么套利交易者必须进行分析，准确地向他（或她）指出交易的最终结果。

附录 B 具体讲述了法官钱德勒的决定。

文件说明

ARG/APD 案例最终证明了，目标公司董事会的抵制对目标股东来说是正确的选择。ARG 的商业战略继续发挥作用，其股价最终上涨甚至超过了 ARG 董事会在 APD 事件中所期望的水平。请记住，ARG 董事会当时表示愿意以 78 美元的价格出售，最终 ARG 同意以更高的价格卖给了另一个竞标公司。

2016 年 5 月 23 日，液化空气集团（Air Liquide）以每股 143 美

> 元的现金要约收购了 ARG，ARG 董事会的抵御最终为 ARG 股东带来了收益。虽然这花费了超过 5 年的时间，但是 Just-Say-No 的防御策略给股东带来了更高的价值。

决策树的使用

在有争议的收购下存在许多潜在的结果。在善意的协商交易中，交易通常要么完成，要么因某种原因而破裂；而在有争议的收购案例中，双结果模型通常不能很好地运作。因此，我们必须采用更为复杂的方法来估计交易可能的结果以及可实现的风险调整后收益。

套利交易者在识别任何恶意收购的所有潜在结果，并分析了这些潜在的结果后，他们必须确定两件事：

（1）特定结果发生的概率；

（2）如果该特定结果发生，目标公司股票会有什么样的变化。

通过同时具有概率估计和针对目标公司股票价格的估算，套利交易者能够形成一个决策树并将概率应用于各个结果，最终以确定交易中目标公司的预期价格。

案例

为了说明决策树更复杂的应用，我们使用本章前面 ARG/APD 的收购案例。

一旦 APD 给出最初的恶意收购要约，套利交易者就会面临他（或她）是否应该购买 ARG 的决定。由于存在许多可能的结果，每个结果都有自己的概率和潜在的收益，因此套利交易者可以使用复杂的决策树来确定加权预期收益，如图 8.2 所示。

图 8.2 展示了套利交易者如何设计可能的结果、每个结果的概率以及每个潜在结果的价值；然后将估计的概率应用于相关结果，以得出各个预期值；再将预期值相加得出总预期值。

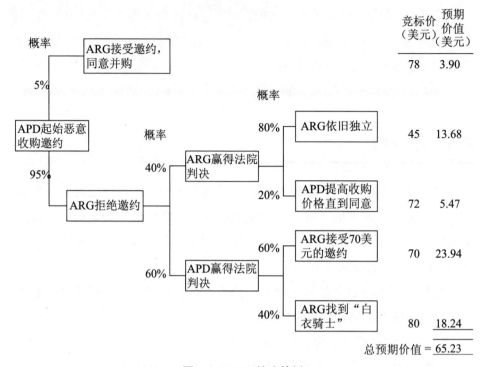

图 8.2 ARG 的决策树

通过分析，我们可以看出套利交易者对 ARG 的加权预期值为 68.46 美元。正如我们从本章前面 ARG / APD 的例子中了解到的那样，ARG 在法庭上败诉并撤回了要约。ARG 的股票于 2011 年 2 月 16 日跌至 62.35 美元。

尽管 ARG 的交易价格与套利交易者决策树中 65.23 美元的估计值不同，但决策树为套利交易者参与和在交易中盈利提供了非常重要的基础。

在收购要约中估算价值

由于收购价格是在协商交易中达成一致的，因此套利交易者能够根据已宣布的交易条款计算估计收益。然而，在恶意收购交易中，套利交易者的工作更加困难。除了确定目标公司的潜在防御以及这些防御策略成功的可能性之外，如果防御措施不起作用且公司被收购，套利交易者还必须尝试确定收购价格。收购价格受目标公司所拥有的业务、最近在公司特定行业中支付的价格以及买方对公司业务需求的影响，价格也受白衣骑士是否参与交易的影响。

为了得出交易中潜在的报价，套利交易者必须估算合理的收购价值，以及通过杠杆收购或资本重组可能产生的价值。这个过程要求套利交易者花费大量时间与目标公司的财务部门联系，他（或她）必须能够分析财务报表并预测未来的收益和现金流量（或使用其他分析师的预测）。通常套利交易者会查看尽可能多的近期交易来做比较，并确定可能的交易价格以及它与目标公司收益、现金流量和资产价值的关系。

在恶意收购要约和激进分子的作用下，一旦有报道称目标公司可能受到攻击，套利交易者就会面临是否通过购买目标股票来参与其中的选择。与可商议价格和条款的善意要约不同，恶意和激进的要约不会为市场提供一个准确的收购价格，而套利交易者必须估算他（或她）认为的最终收购价格。

套利交易者利用各种方法来估算收购价格，而估算的方法会根据目标公司所在的行业不同而不同，主要方法涉及以下方面：

（1）分析可比公司；

（2）分析类比交易；

（3）分析贴现现金流。

这3个方面非常类似于目标公司的财务顾问在帮助目标公司为股东商讨最佳估值时使用的方法，也是目标公司董事会和目标公司股东提供有关交易条款中最终资产充足性建议时使用的方法。套利交易者的分析和投资银行的分析最大的不同点是套利交易者无法获取目标公司的财务预测情况，而该财务情况会提供给投资银行。套利交易者必须使用他们的财务分析和预测能力进行预测并分析。

以下部分将详细介绍每种分析的类型。

分析可比公司

在此类分析中，套利交易者汇总了他（或她）认为与目标公司可比的上市公司作为样本。该样本可能是目标公司的竞争对手，或者他们与目标公司的某个经营业务部门有类似或相关的业务。

　　套利交易者寻找该样本公司的方法有很多，对于那些订阅彭博财经的人来说，彭博系统提供了一个可以让类似公司进行对比的功能。谷歌财经以及雅虎财经也可以是寻找目标公司参照的来源。有时，当目标公司涉及多个行业时，需要编制几组可比较的样本。

　　举个例子，全食超市公司（Whole Foods Market，WFM）是食品杂货行业独特的创新者，它为消费者提供健康的食品选择。虽然公司蓬勃发展多年，但是正如许多成功公司遇到的那样，WFM 受到了山寨零售商的攻击。由于竞争加剧，WFM 的边际利润和收入被挤压，最终 WFM 的股价开始低于整体股票市场和同行业公司水平。

　　2017 年 4 月 10 日，著名的激进投资者亚娜合伙人资本管理公司向证券交易委员会（SEC）提交了 13-D 文件，表示他已经获得了 WFM 8.8% 的股份。亚娜表示希望与 WFM 的管理层和董事会进行讨论，大部分投资者认为，这意味着亚娜最终希望 WFM 寻找可以合并的公司。

　　因此，事件驱动的投资者和套利交易者将他们的注意力转向 WFM，并开始确定是否应购买 WFM 股票以应对可能的合并。第一步是尝试确定在合并交易中 WFM 的价值，如在大多数非结构性收购的情况下，并且存在恶意收购和激进主义者，大多数投资者和套利交易者决定，使用前文描述的方法来确定 WFM 在收购时的股价。

　　就 WFM 而言，正如大多数收购估价案例一样，找到合适的同类型公司不是一件容易的事。虽然有不少公开交易的超市运营商，但是 WFM 非常独特，它侧重"健康"的食品，其历史增长率和财务表现也是远远高于其他类似公司。表 8.1 列出了可用于估值分析的可比公司情况。

表 8.1　与 WFM 可比公司清单

可比公司	资本市场化 / 百万美元
Publix	私有公司
Kroger	20 642
Sprouts Farmers Market	2 888
Weis Markets	1 304
SUPERVALU Inc.	864

续表

可比公司	资本市场化/百万美元
Ingles Markets	687
Village Supermarkets	360
Natural Grocers	196

尽管可以确定各种可能的类似公司，但是分析师必须缩小选择范围，以获得与目标公司最匹配的公司。通过对 WFM 的分析，大多数分析师会根据市场资本化差异和盈利能力指标去掉一些可能的公司。例如，如果一家杂货公司亏本经营，那该公司很有可能无法提供有效的估值信息，因此应把此类公司从样本中删除。

一旦确定了一个合适的样本组，他（或她）就可以汇总每个公司的数据以计算目标公司估值。这些数据通常包括：

- 市盈率（P/E）；
- 企业价值/税息折旧及摊销前利润（EV/EBITDA）；
- 价格/账面价值（P/BV）；
- 价格/自由现金流（P/FCF）。

根据特定行业及其特征，还可以使用其他定价指标。

在 WFM 的案例下，可以计算出表 8.2 中显示的对照统计数据。

通常来说，套利交易者不会满足于使用对等样本的均值来估值。或高或低的异常值可能会扭曲对目标公司估值的计算，使用样本中位数可以减少异常值的影响。在我们之前的分析中，我们同时使用了均值和中位数，样本包括美国超价商店公司（SUPERVALU），这家公司很难产生盈利收益，并且杠杆率很高。因此，两项估值的估计可能会受到美国超价商店公司指标的不当影响。

一旦确定了可比公司的乘数，并确定了均值和中位数，套利交易者就会将他（或她）认为的相关的乘数应用于目标公司 WFM 的相关指标中去。

换句话说，在上述情况下，WFM 在 2017 年每股收益（earnings per share，EPS）预计为每股 1.28 美元。如果按照同行收益中位数的 13.6 倍来计算，则收购溢价之前的估值为 17.41 美元（1.28×13.6=17.41 美元）。

表 8.2　WFM 和可比公司的数据

全食超市公司与可比公司数据

可比公司分析	市值/百万美元	企业价值/百万美元	市盈率		企业价值/税息折旧及摊销前利润		价格/账面价	价格/自由现金流
			2017 年	2018 年	2017 年	2018 年	2017 年	2017 年
Ingles Markets	687.80	1 558.6	16.1×	15.0×	8.3×	7.9×	1.5×	32.2×
Kroger	20 642.90	34 409.9	11.1×	10.7×	5.9×	5.8×	3.1×	36.6×
Sprouts Farmers	2 888.70	3 260.9	23.1×	20.3×	11.1×	10.6×	4.4×	42.2×
Supervalu	864.67	2 014.7	9.8×	10.5×	4.4×	4.5×	2.3×	4.8×
乘数均值	776.2	1 786.7	13.0×	12.8×	6.4×	6.2×	1.9×	18.5×
乘数中位数	1 876.69	2 637.80	13.6×	2.9×	7.1×	6.9×	2.7×	34.4×
假设的收购溢价:								
基于乘数均值估算的 WFM 收购价值								
基于市盈率的估价/美元				21.55				
基于企业价值/税息折旧及摊销前利润的估价/美元					31.73	32.21		
基于价格/自由现金流的估价/美元								28.86
基于价格/账面价的估价/美元							24.22	
基于乘数中位数估算的 WFM 收购价值								
基于市盈率的估价/美元				22.63	22.55			
基于企业价值/税息折旧及摊销前利润的估价/美元					35.48	35.59		
基于价格/自由现金流的估价/美元								53.66
基于价格/账面价的估价/美元							34.78	

由于 17.41 美元的估值是基于交易价值而非收购价值，下一步套利交易者将估算收购溢价水平。如前所述，对估值的估算是一门艺术，而不是一门科学。就如 WFM 这个案例，确定收购方可能为目标公司付出的收购溢价是一项艰巨的任务。套利交易者和投资银行家们通常参考以往的交易来估计收购溢价。在这种情况下，鉴于 WFM 的独特特征，我们决定使用 30% 的收购溢价。

假设使用 30% 的收购溢价，我们可以将其应用于可比样本来计算 WFM 的估价：

（1+ 收购溢价）×17.41 = 22.63（美元）

假设使用 40% 的收购溢价，那么收购价值为 24.37[(1+0.40)× 17.41] 美元。因此，很明显估值的过程是一种艺术形式。

由于大多数套利交易者可能会认定样本中包含 SUPERVALU 将拉低整体估值，因此通常消除一些不合理的可比公司以得到最佳的可比公司样本。

表 8.3 提供了除去样本中 SUPERVALU 后的计算。

在去除 SUPERVALU 之后，所有收购估值均有所增加。尽管有所改进，但使用中位数计算，仍存在从 26.33 美元到 57.10 美元的巨大估值范围。但是这是非常常见的，之后套利交易者需要继续分析以估算最终收购价格。

分析可比交易

用来确定收购价值的第二类分析方法是可比交易法。在此类分析中，套利交易者汇总了他（或她）认为的可能与此交易类似的交易样本。由于市场环境发生变化，而这些变化又经常影响目标公司的乘数，因此我们通常会重点关注最近的交易。

以 WFM 公司来说，我们整理了一些过去的交易列表，这些交易看起来是很好的可比交易。然后，我们进行类似的计算，这些计算在前面所示的可比交易方法中有所描述。使用该样本，我们可以得到表 8.4 中各种收购价值的估值。

表 8.3　WFM 和可比公司的数据（去除 SUPERVALU）

全食超市公司与可比公司的数据

可比公司分析	市值/百万美元	企业价值/百万美元	市盈率 2017年	市盈率 2018年	企业价值/税息折旧及摊销前利润 2017年	企业价值/税息折旧及摊销前利润 2018年	价格/账面价 2017年	价格/自由现金流 2017年
Ingles Markets	687.80	1 558.6	16.1×	15.0×	8.3×	7.9×	1.5×	32.2×
Kroger	20 642.90	34 409.9	11.1×	10.7×	5.9×	5.8×	3.1×	36.6×
Sprouts Farmers	2 888.70	3 260.9	23.1×	20.3×	11.1×	10.6×	4.4×	42.2×
乘数均值	1 788	2 410	19.6×	17.7×	9.7×	9.3×	2.9×	37.2×
乘数中位数	2 889	3 261	16.1×	15.0×	8.3×	7.9×	3.1×	36.6×
假设的收购溢价：		30.0%						
基于乘数均值估算的 WFM 收购价值－更小的样本/美元			32.61	30.98	48.47	48.06	58.03	37.75
基于市盈率的估价/美元			32.61					
基于企业价值/税息折旧及摊销前利润的估价/美元					48.47	48.06		
基于价格/自由现金流的估价/美元								37.75
基于价格/账面价的估价/美元							58.03	
基于乘数中位数估算的 WFM 收购价值－更小的样本/美元			26.79	26.33	41.47	41.05	57.10	39.94
基于市盈率的估价/美元			26.79					
基于企业价值/税息折旧及摊销前利润的估价/美元					41.47	41.05		
基于价格/自由现金流的估价/美元								39.94
基于价格/账面价的估价/美元							57.10	

表 8.4 WFM 和可比交易公司的数据

全食超市公司与可比公司的数据	宣布日期	交易价值/百万美元	交易价值/税息折旧及摊销前利润本年度	交易价值/净收入本年度	交易价值/现金流本年度	交易价值/总资产本年度	交易价值/收入本年度	交易价值/账面价值本年度
可比交易分析								
Delhaize/Koninklijke	2015-6-24	11 473	10.1×	245.0×	NA	1.0×	0.6×	1.7×
Frensh Market/Apollo	2016-3-14	1 334	7.5×	20.5×	27.4×	2.3×	0.7×	3.7×
Harris Teeter/Kroger	2013-7-9	2 461	7.3×	22.3×	98.9×	1.2×	0.5×	2.3×
Safeway/Albertsons	2014-3-6	7 903	5.0×	2.4×	17.5×	0.5×	0.2×	1.4×
Sav A Lot/Supervalu	2016-10-17	1 365	7.7×	20.4×	29.0×	1.4×	0.3×	2.3×
乘数均值		6 419	7.5×	62.1×	43.2×	1.3×	0.5×	2.3×
乘数中位数		2 461	7.4×	20.5×	28.2×	1.3×	0.4×	2.3×
基于可比交易估算的 WFM 收购价值								
基于税息折旧及摊销前利润的估价/美元			29.38					
基于每股盈余/净收入的估价/美元				82.00				
基于企业价值/自由现金流的估价/美元					28.49			
基于企业价值/总资产的估价/美元						25.95		
基于企业价值/收益的估价/美元							22.94	
基于企业价值/账面价值的估价/美元								75.78
基于中位数,基于可比交易估算的 WFM 收购价值/美元								
基于税息折旧及摊销前利润的估价/美元			28.91					
基于每股盈余/净收入的估价/美元				26.99				
基于企业价值/自由现金流的估价/美元					18.59			
基于企业价值/总资产的估价/美元						26.65		
基于企业价值/收益的估价/美元							20.52	
基于企业价值/账面价值的估价/美元								76.42

在可比交易中估算收购价值，我们通常会使用以下指标的乘数：
- 税息折旧及摊销前利润（EBITDA）；
- 每股盈余（EPS）；
- 自由现金流（FCF）；
- 总资产；
- 收益；
- 账面价值。

在某些情况下，还可以在该过程中使用特定于某些行业的其他财务指标。

从表8.4中可以看出，我们又有了一个很宽的收购价值范围。在使用可比交易分析后，我们的价格范围为18.59美元至76.42美元。尽管估算范围很大，但是使用EBITDA、EPS、总资产和收益4项指数后，估算值确定在20美元左右。

套利交易者在此类分析中遇到的一个特殊问题是，没有一家可比公司或者一笔可比交易可以与WFM做很好的对比。WFM是一家独特的公司，因此在类似公司和类似交易的分析中，WFM预计将在收购中获得溢价估值。

分析贴现现金价值

一些套利交易者可用于估计收购价值的第三类分析是贴现现金流量（discounted cash flow，DCF）模型。与传统的DCF模型一样，分析师必须估算各种财务价值：
- 一段时间内的年度现金流；
- 目标公司的终值，包括最后一年现金流的乘数；
- 相关贴现率。

然后，贴现率将应用于每个现金流量折现，所有现金流量折现的总和将是目标公司收购的预计估值。

在估算收购价格时，我们很少使用这种类型的分析。此类分析需要做出大量的假设，因此出错的可能性非常大。预计未来一两年的收益或现金

第8章 恶意收购

流量已经是一项艰巨的工作，更别说10年、20年时，那将会是一组高风险的估算。用最后一年现金流来确定终值时，潜在误差可能会被放大。

所有公司财务和投资教科书中都描述了该流程，因此我们将向读者介绍这些书中执行此类分析的详细信息。

为了说明使用DCF方法评估收购价值的潜在问题，我们展示WFM公司代理材料中披露的WFM财务顾问的估算，如下：

贴现现金流分析

永核（Evercore）进行贴现现金流分析时，旨在通过计算公司未来现金流量的现值来估计公司价值。永核根据2017—2022财年的贴现现金流分析，计算了WFM公司每股股票价值。在准备分析时，永核依赖于WFM公司的预测。此外，为了计算年终现金流量，永核得出，并且公司也确认了，在2022财年EBITDA为20.58亿美元的合理性。在得到2020—2021年收入增长百分比后，通过将2021年的收入增加到相同百分比，得到标准无杠杆自由现金流为8.45亿美元，并将营业利润保持在与2021年相同的水平上（此估算联合了WFM的市场预测及管理层的估算）。出于比较目的，永核还根据到2021财年公开发布的股票研究分析报告进行了贴现现金流分析，该报告提供了截至2017财年的预测信息，此报告在2017年5月10日发布。永核也同样得出了2022财年EBITDA为15.56亿美元，标准无杠杆自由现金流为5.15亿美元（"公共股权分析师估计"）。

在估算公司普通股每股股权价值时，永核通过WFM公司2022财年估算的EBITDA值、EBITDA的7～9.5倍的企业价值乘数，加上2.5%～3.5%的永续增长率，来估算WFM 2022财年的终值。永核随后对WFM公司在市场上的预期值、无杠杆自由现金流量、管理层的估算、公共股权分析师的估算以及每种情景下估算的终值进行贴现。在每种情况下，使用7%～9%的贴现率。贴现率基于永核根据市场和规模风险溢价、美国国债风险免税率、历史贝塔系数和债务成本来确定WFM公司加权平均资本的成本范围。永核首先通过从EBITDA减去折旧和摊销，并假设39%的税率，然后通过加回折旧和摊销，减去资本支出，调整净运营资本变动。计算无杠杆自由现金流，来计算税后净营业利润。根据上述分析，贴现现金流分析在充分稀释的基础上得出公司普通股的隐含价值范围如表 8.5 所示。

表 8.5　公司普通股的隐含价值　　　　　　　　　　单位：美元

情　境	每股隐含价值范围（终端乘数）
管理层估算	37.11～51.22
公共股权分析师的估算	28.50～39.55
情境	每股隐含价值范围（永续增长率）
管理层估算	35.05～55.01
公共股权分析师的估算	23.17～41.80

数据来源：WFM 2017年7月21日代理材料。

从财务顾问的 DCF 计算中可以看出，尽管顾问可以获得管理层内部的估计，但估算范围仍然很宽。

基于可比公司和可比交易的 WFM 估值包括在 WFM 2017 年 7 月 21 日的代理声明中，体现在附录 C。

WFM 情况及估算综述

事实上，对 WFM 采取的激进方法确实影响了 WFM 考虑出售公司。一些投标人提供了许多报价。2017 年 6 月 1 日，亚马逊提出以每股 42 美元的价格收购 WFM，WFM 最终同意，该并购于 2017 年 8 月 28 日结束。

42 美元的收购价大大高于 3 种大众普遍认同的收购价格估算方法估算的价值，在许多情况下，得出的估值对于收购价格来说会更准确，也通常会得出更窄的范围。介于其独特的特点和市场地位，WFM 的案例就比较复杂。这个案例显示了估算的过程可以是很难的。

风险评估

与所有其他风险套利交易一样，分析师或套利交易者必须通过投资交易来分析他（或她）能够承受的风险程度。套利交易者必须与善意收购相比，估计恶意收购可能造成的损失,这可能导致最终风险水平的调整。

有时,恶意收购要约没有成功,目标公司的股价下跌,但股票可能不会下跌到交易宣布之前的水平。有时会产生溢价,即目标公司的股票在其交易宣布之前的价格水平以上交易很长一段时间。

造成这种现象的原因是,当公众不了解收购情况时,目标公司的股票交易价格较低。一旦收购要约发出,许多股东认为未来可能会发生交易,投资者也知道现在有人愿意溢价购买股票。因此,收购溢价可能会包含在新股东为拥有股份所需支付的金额中。股东可能会认为恶意收购的竞标者也会以更高标价来对公司进行收购,或者他们可能会期望最终目标公司也会为自己的股东做更多的事情以提高股票价值。

然而,最初在恶意收购交易失败后,目标公司的股票会下跌。仅仅是因为供需关系,股票会下跌超出套利交易者的预期。如果交易在很长一段时间内处于未决状态,并且套利交易者们在市场中建立了大量的仓位,那么许多套利交易者将会在交易破裂时以任何价格被迫卖出股票。如果持有了很多头寸,不得不卖出,逻辑并不总是占上风,价格可能会暂时跌至较低水平,在这些类型的交易中这种情况经常发生。最终股票通常会在交易中找到一些平衡,要么接近套利交易者的估计,要么稍微高于它,因为上述溢价会被分配给未完成的交易。

总结

对于套利交易者来说,恶意收购交易显然是一个具有挑战和能够带来潜在利润的机会,这类交易要求套利交易者进行涉及许多学科的细节分析。因为这些交易可以为套利交易者在任何一年带来大部分利润,套利交易者们应该仔细地分析。

第9章

交易策略

当套利交易者在一个特定套利交易中决定进行交易时,他(或她)必须抉择如何执行该决定,以及如何通过整体投资组合策略实施该决定。在本章中,我们将探讨交易的执行,以及套利交易者用于建仓、平仓的策略。

确定头寸大小

一个套利交易者必须在最初确定任何给定交易中的最大头寸规模。此规模取决于套利交易者正在使用的整体权益资本,或是与个人相关总体权益资本的头寸风险。在第10章中,我们将会深入探讨套利交易者限制头寸大小的方法。

在此,如果我们假定套利交易者已经确定了最大头寸的大小,如确定为投资组合总购买力的10%,或最大损失是投资组合资本的2.5%～5%,套利交易者就能知道最大头寸规模的实际金额大小。这个金额被认为是套利交易者的最大头寸或全部头寸大小。在极少数情况下,套利交易者会一次性使用全部的头寸。套利交易者通常会决定什么时候开始进行对冲,什么时候开始调出1/4、1/2、3/4或是全部头寸。

> **文件说明**
>
> 我发现使用前面所提到的1/4、1/2、3/4或全部头寸的方法很有用。我强烈感觉应该要持有一定的头寸。例如,如果一个我认为有争议的收购将会很快开展,那我可能会尽快使用全部的头寸。但是在大多数情况下,我(和其他套利交易者)倾向于先买入少量仓位,然后在我监测的价差下再逐渐增加仓位。

交易的执行

由套利交易者设立的现金交易往往比一些复杂的做空交易简单一些。在现金交易中，套利交易者知道估计价值和由此产生的价差，他们可以相对容易地计算出在任何给定仓位水平下的收益率。

一般来说，套利交易者通过经纪人或交易系统进行投标，以谋求足够的资本收益来执行交易。这些出价通常以"限价订单"［即套利交易者限制他（或她）愿意购买股票的价格］给出。例如，如果市场出价为20美元，那么套利交易者可能会给经纪人一个指令，如"以181.5美元或更低的价格买入20 000股股票"。

市价订单的使用则与之相反。市价订单，如"以市价买入20 000股XYZ"的指令，是在套利交易者希望买入证券，同时又对证券买入执行价格不敏感时使用。市价订单的指令是在证券交易所提供证券的最低水平上执行的。许多套利交易可以给套利交易者带来巨大的年化收益率，但是他们会意识到绝对美元收益是相对较小的。因此，限价订单的使用可能会成为控制任何给定交易中实际价差的一种非常重要的方式。随着绝对美元价差变小，运用限价订单的重要性成比增大。

与现金交易相比，股票交易和涉及发行证券的复杂交易在执行指令以及建仓时会更加复杂。假定在交易中使用换股的方式进行交易，为了对冲，套利交易者必定在收盘时将预期收到的证券卖空。卖空可以显著地限制套利交易者建立头寸的能力。

建立一个需要卖空的双边交易可以通过几种方式来完成。多年来，专业的套利交易者通过经纪人的程序化交易平台来执行他们的双边交易，套利交易者给经纪人发送指令来买入目标资产以及卖空交易中有价差限制的证券（通常是收购公司的股票）。

例如，如果目标为ABC公司，目标公司的股东将会以每股ABC公司的股票换取两股XYZ公司的股票。那么套利交易者可以给经纪人一个指令，以2美元的价差买入目标公司50 000股的股票。这意味着如果获得的股票价值减去目标价格之间的总价差为2美元或更低，那么经纪人将为套利交易者执行该交易（买入 50 000 美元，卖出 100 000 美元）。如果经纪人能够在限价内执行双边交易，那么套利交易者只需下达该交易指令，详见表9.1。

表 9.1 双边指令的建立

双边交易和指令的例子	
ABC/XYZ	
1ABC=2.0XYZ 股	
目标公司 公司 ABC	股价 128.00 美元
收购公司 公司 XYZ	65.00 美元
交易价值 65 美元 ×2.0	130.00 美元
减去：目标股价	−128.00 美元
总价差	2.00 美元

现今，还有其他方案可以为套利交易者执行双边交易。有许多计算机化的交易程序被设计为可以在不使用场外经纪人的情况下执行交易，这些程序可以监控目标公司股价和卖空方之间的关系。在我们之前的例子中有 2 美元的价差限制，一旦这样指定的限制要求达到后，买入和卖出的指令会在市场中通过系统同时执行。当然这些系统只提供给专业的套利交易者使用，因为系统的使用有一定成本。

试图进行套利交易的个人通常不能使用可同时执行双边交易的系统。如果个人以一定数量的资金向经纪公司提出开户，经纪公司可能会向这样的个人投资者开放交易系统的使用；反之，个人投资者可能需要独立执行股票换股票的双边交易，这增加了交易的风险，并可能导致投资者实现的价差与预期不符。

如果个人投资者决定自行执行双边交易，他（或她）必须决定首先执行哪一边的交易。无论选择哪边，套利交易者都必须决定首先如何建仓。由于每个证券都需要单独进行交易，因此执行所谓的"配对交易"是非常困难的。

程序化的交易系统给交易的执行，特别是场外交易（over-the-counter, OTC）的执行带来了巨大的变化。套利交易者不必再通过交易商和纳斯达克执行交易，而是可以在执行上市证券交易的相同系统内执行交易。这一举措在使交易的执行更加便利的同时，下单成本也大幅下降。

自本书的上一版本出版以来，股票的交易方式发生了很多变化。过去，卖空必须在所谓的"报升规则"下进行，该规则使得执行双边交易更加困难。而如今，除了一些特定的情况，卖空交易不再需要报升。

交易的另一个重大变化是从分数价格差异变为"便士"（pennies）。由于大多数股票现在以 0.01 美元的增量进行交易，交易者已经改变了他们设置订单的一些策略。许多交易者使用便士增量来区分他们的订单，而不是以整数增量设置订单。

例如，交易者可能会设置 19.99 美元或是 19.98 美元的限价订单，而不是为目标公司的股票出价 20 美元，以此获得一些优势。虽然许多学者认为转向小数交易系统降低了执行交易的成本，但流动性也受到影响。套利交易者现在必须通过改变输入的订单大小以及每次执行所使用的精确限价来衡量执行其交易的最佳方式。

对于从事风险套利交易的个人，在一些能快速合理地执行交易的公司建立关系和账户是十分必要的。每个人选择执行交易的方式各不相同，其中执行交易发展最快的领域之一是互联网交易。许多经纪人建立了系统，这样个人可以通过网络及时地完成交易。该方法还显著地降低了执行这些交易的成本。多年前，个人投资者花费了大量的佣金来建仓，这些佣金抑制了套利业务中个人原本可以实现的收益率。如今，随时可用的服务使个人能够以非常低的价格来执行交易。

套利业务中的个人投资者应仔细筛选每一个互联网经纪商，以确定他们是否能够为其账户提供适当的服务。速度快、成本低的执行效果是最优的选择。投资者也应该查看可能变得非常重要的其他各个方面，包括：

- 经纪人对借方余额的收费是多少？
- 个人投资者能否获得现金结余以及执行卖空交易的返点？

套利业务在短时间内发生了巨大的变化，各种经纪人提供的服务都必须受到持续监管。

假设个人已经和一家互联网交易公司建立联系，交易的执行也类似于之前描述的过程。限价订单通常用于建立能够被套利交易者实现的、控制收益率的头寸。

> **文件说明**
>
> 在进入一个卖空交易之前，套利交易者必须确保经纪人可以借入证券。有能力找到将在市场上被做空的证券可能是参与任何给定交易的决定性因素。在卖空交易中，借到高于常规价差的股票是非常困难的，而这个特征可能会吸引很多人买入这些仓位。
>
> 然而我发现，随着时间的推移，这可能是一个危险的情况。如果证券难以借入且套利交易者做空，套利交易者还是可能会从经纪人那里收到所谓的"买入通知"。实际上，经纪人正迫使套利交易者补仓。通常，在一家经纪公司不会只有一个投资者收到买入信号，这个信号往往会遍布整个华尔街。结果，"轧空"可能会发生，做空的投资者会开始退出并填平空仓。同时，为了做到整体仓位仍然保持对冲，他们将不得不卖掉他们的多头仓位。因此，在这些情况下的利差可能会大幅扩大，任何利差的扩大都会导致套利交易者的损失。
>
> 进入这些类型的交易是不需要任何花费的，对于套利交易者而言，将注意力集中在特定的交易更为安全，这些交易基于容易借得，不受买入操作限制的证券。

有时，股票个人套利交易者利用传统的经纪公司获得其他服务，如对公司的股票研究报告。这些服务的成本通常高于基于互联网的经纪人。只有套利交易者自己可以权衡执行交易的花费是否能被他们享受的服务所抵消。毫无疑问，较低的佣金在任何交易下提高了套利交易者的收益率。但是，套利交易者不能忽视从任何经纪人那里收到的整套服务。套利交易者需要的是快速、高效、有效的低成本服务。无论套利交易者的起始仓位是1/4、1/2、3/4还是满仓，他（或她）必须持续地在建仓后对此进行监控。最初，套利交易者通常会执行全部仓位的1/4。

我们可以通过几种方式来增加仓位。加仓的一个原因是对交易价差的扩大做出反应。假设没有其他信息会导致套利交易者调整其对收益和风险或交易完成概率的预估，那么，利差的扩大可能会对套利交易者更有吸引力，让其进行额外的证券交易并且增仓。

套利交易者可能增加仓位的第二个原因是套利交易者将新的信息引入决策过程。当新的信息进入市场时，无论是通过新闻稿、全新的分析还是某种类型的法律政策，套利交易者当然会倾向于调整自己的仓位。

案例：巴斯体育用品店收购卡贝尔拉斯

2016年10月3日，卡贝尔拉斯（CABELA'S，CAB）同意通过一项复杂的交易被巴斯体育用品店收购。虽然巴斯体育用品店同意在交易中购买所有CAB零售店，但CAB还有银行业务。由于巴斯体育用品店对银行业务不感兴趣，因此巴斯体育用品店在这项交易当中决定在购买CAB零售店的同时把CAB的银行业务卖给美国第一资本银行（Capital One）。

在这项交易首次被公布后，CAB一直保持在比65.50美元收购价低3.25～4.00美元，或低6%的交易价格，许多套利交易者通过购买CAB股票来建仓。美国第一资本银行向联邦储备委员会提交了所需的文件和通知。一旦美联储批准了拟议的转让，双方计划完成合并。图9.1显示了CAB在交易公布前后的股价。

许多时候，交易不会非常顺利地完成，CAB的案例就是这样。2016年12月29日，问题的第一个迹象显露出来，当时CAB透露它已收到哈特-斯科特反垄断程序下的第二次请求。CAB和巴斯体育用品店都经营着相似类型的商店，FTC在清算交易之前需要额外的信息。

在这个消息之后，如图9.2所示，CAB的股票跌至58美元，总利差转为7.50美元。套利交易者这时正处于某种巨大的未实现损失中。大多数套利交易者和专家认为任何反垄断的反对意见都可以被消除。两家公司与许多不同的体育用品零售商竞争，尽管如此，仍有可能需要对一些商店进行分拆。

第 9 章 交易策略

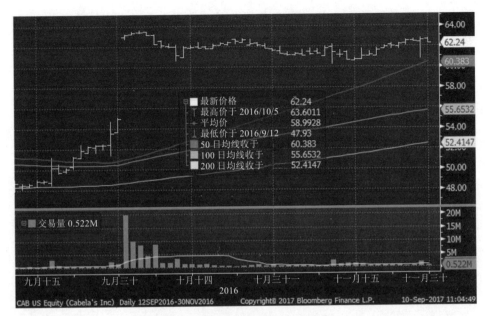

图 9.1 CAB 在交易公布前后的股价

数据来源：经彭博财经有限合伙公司许可使用。

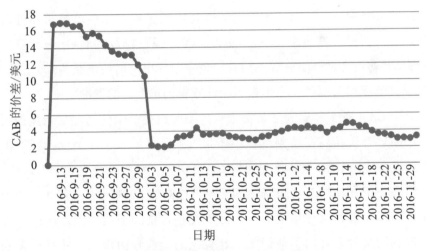

图 9.2 在消息发布后 CAB 的美元价差

数据来源：经彭博财经有限合伙公司许可使用。

唯一的问题是美联储不同意美国第一资本银行进行收购。2017 年 1 月，很明显由于美国第一资本银行先前在美联储的问题，美联储不再赞成协助其合并计划。该消息一出，CAB 的股价应声下跌。图 9.3 中，价差也从套利交易者建仓时的 4 美元扩大到 10 美元。

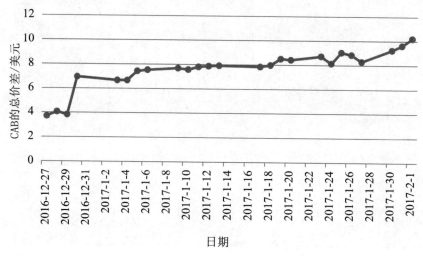

图 9.3 美国联邦制度理事会发现问题的消息披露之后，CAB 的总价差

数据来源：经彭博财经有限合伙公司许可使用。

2017 年 4 月 17 日，CAB 和巴斯体育用品店宣布他们已经重新部署了合并计划。西诺乌斯金融（Synovus，SNV）现在将成为 CAB 银行资产的购买者，并将在合并结束时向美国第一资本银行出售信用卡业务。双方认为，SNV 将能够获得美国第一资本银行无法获得的美联储的批准。

对于 CAB 股东和套利交易者来说，当时的另一个使情况复杂化的因素是，巴斯体育用品店在谈判过程中还将收购价格降低了 4 美元。巴斯体育用品店现在将向 CAB 股东支付每股 61.50 美元，而不是每股 65.50 美元。

消息公布后，CAB 在市场上的交易价格高达 57 美元。虽然如果巴斯体育用品店没有重新处理这笔交易，它的交易价格会更高，但是在这个位置加仓的套利交易者补回了他们初始仓位上的一些账面损失，并且在美联储问题浮现后追加的仓位中获得了新的未实现利润（见图 9.4）。

虽然 CAB 交易日后还会有其他需要作出交易决策的极具挑战性的发展，但此时保留原始头寸的套利交易者和那些增仓的套利交易者已然能够更好地做出他们的交易决策。

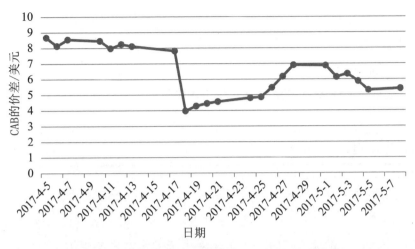

图9.4 在合并条款被重新考虑后，CAB 的总价差

数据来源：经彭博财经有限合伙公司许可使用。

在这一点上应该注意的是，虽然大多数时候套利交易者在决策时会关注良好的基本面、财务和法律分析，但有时情绪也会影响决策。在 CAB 的案例中，问题出现在了不合时宜的时期。例如，反垄断问题在一年中的最后几个交易日被揭露。大多数套利交易者以日期为基础运行其资金。很多 CAB 股东降低仓位可能只是单纯地试图控制住在年底的进一步损失，而不是正常的套利决策过程。

文件说明

在套利业务中，有时交易的发展可能会导致利差大幅扩大，这通常在突发事件（如政府机构发布中间禁令）中发生。此时，套利交易者可能会承受巨额的未实现亏损，这些损失可能会让套利交易者非常痛苦。有时，痛苦变得如此之大，以至于套利交易者可能会觉得他（或她）应该"去教堂"祈祷事态好转。我总是发现，当我急切地为手中持仓而祈祷时，这其实是一个信号，提醒我早就该把它卖掉了！

在市场中监控个别证券和价差时，套利交易者可以通过清算仓位找到交易机会。一些套利交易者重视业务的交易方面，他们聘请技术熟练的交易员，每分钟监控交易的价差。在上述 CAB 的案例中，如果价差扩大，他们会建立新仓位或增加已有投资组合中的股票仓位。当价差缩小，他们倾向于平仓。这些类型的套利交易者希望通过交易市场中价差的变化来赚钱。

文件说明

我经常发现交易可以增加投资收益。但在风险套利业务中，我认为，随着时间的推移，套利交易者主要的利润来源是良好的基础研究。集中精力在分析市场情况上，通常会带来赚钱的最佳机会。从交易的角度来看，这可能意味着套利交易者将会过早地建仓，但随着时间的推移，价差将会得到改善。但是，我发现对整体情况和对交易结果的整体分析通常是套利交易者成功的关键因素。

在监控交易的价差时，套利交易者可以根据所选择的参数以及对风险、收益和概率的分析做出决策，即当价差已经下降到一定水平时，目前在投资组合中所持有的仓位应该被平仓。因为套利者获得的收益可能不值得其承担该交易失败的风险或可能性。另外，通过将交易获利再投资于收益和属性都具吸引力的其他交易中去，可以更好地利用资本。

有时，套利交易者直到交易完全结束后依旧持有该仓位。在现金交易中，套利交易者可能会在他（或她）的账户中收到现金收益以换取股票。在双边交易情况下，如果套利交易者持仓直至交易结束，则多头仓位将转变为交易媒介，即证券。然后，这些证券通常与已建立的空头头寸进行交换，从而抵消多头和空头头寸。

没有任何一个泛论可以预测或决定套利交易者到底是应该持仓至交易结束，还是在交易完成前平仓。市场的力量、套利交易者在任何特定时间对头寸的看法，以及价差水平，将向套利交易者揭示最佳的操作方法。

执行时机

如本书其他部分所述，现金收购和有争议的恶意收购要求套利交易者予以及时的关注。尽管恶意收购通常需要很长时间才会成功或失败，但这些交易一般都会快速发展，因此套利交易者必须准备好应对的交易策略并加以利用。

相比之下，合并往往在 3 ～ 12 个月完成。由于合并和涉及合并的证券将在漫长的时间内在市场上进行交易，因此套利交易者即时的完整分析就显得并不那么重要了。

使用计算机辅助交易策略

许多套利交易者利用技术帮助他们进行套利交易，最常见的是使用个人计算机用于跟踪任何给定套利情况下的收益和风险。在交易被宣布初始，套利交易者将他们对交易价格、收益和估计风险的估计值输入定制的数据库中。根据计算机系统的复杂程度，这些估计值可由整个市场的变动自行更正，也可以由套利交易者随时间个别调整。然而，目前所有的数据库都是为套利交易者提供每笔交易的估计收益和风险的实时信息而设计的，该信息允许套利交易者监控市场中的价差。

表 9.2 展示了计算机用于监控价差和价差变化的典型用法。每个套利交易者都会定制基本系统以改善其决策辅助。

可以使用计算机以多种方式观察价差，大多数系统可以专注于监控价差和价差的变化。表 9.3 展示了典型的价差变化监视器的显示效果。

价差变化界面还具有按不同类型交易排序的功能。例如，如果套利交易者希望增加他（或她）的策略交易，就会发起按策略排序。表 9.4 展示了战略交易中价差变化的一个案例。

表 9.2 监控价差和价差变化界面

环球套利交易											
今日日期	9/6/2017										
			环球交易界面							监控价差和价差变化界面	
目标公司名	目标公司代码	目标公司股价	收购公司代码	收购公司股价	现金形式	股权形式	预计完成时期	交易类型	交易性质	美元总价差	5天美元总价差变化
ALERE INC	ALR	49.68	ABT	51.17	51	0	2017-10-15	Cash	Strategic	1.32	-1.39
CRBARD INC	BCR	320.04	BDX	199.15	222.93	0.5077	2017-10-30	Mixed	Strategic	4.00	-0.97
BROCADE COMMUNCATIONS INC	BRCD	12.4	AVGO	253	12.75	0	2017-10-30	Cash	Strategic	0.35	-0.10
CABELA'S INC	CAB	53.75	NOTICKAR	0	61.5	0	2017-3-30	Cash	Strategic	7.75	0.73
GENWORTH FINANCIAL INC	CNW	3.52	NOTICKAR	0	5.43	0	2017-11-30	Cash	Strategic	1.91	-0.10
LATTICE SEMCONDUCTOR CORP	LSCC	5.67	NOTICKAR	0	8.3	0	2017-2-15	Cash	LBO	2.63	0.02
LEVEL 3 COMMUNCATIONS INC	LVLT	54.85	CTL	20.06	26.5	1.4286	2017-9-15	Mixed	Strategic	0.31	-0.80
MONEY GRAM INTERNATION INC	MGI	15.68	NOTICKAR	0	18	0	2017-9-30	Cash	Strategic	2.32	0.08
MONSANTO CO	MON	117.21	BAYN	127.88	128	0	2017-11-30	Cash	Strategic	10.79	-0.46
MONOGRAM RESIDENTIAL TRUST INC	MORE	11.98	NOTICKAR	0	12	0	2017-9-25	Cash	Strategic	0.02	-0.01
CLUP CORP HOLDINGS INC	MYCC	17	APO	29.46	17.12	0	2017-10-15	Cash	LBO	0.12	0.05
PARWAY INC	PKY	22.96	NOTICKAR	0	22.95	0	2017-10-30	Cash	LBO	-0.01	-0.08
RICE ENERGY INC	RICE	27.41	EQT	62.61	5.3	0.37	2017-10-30	Mixed	Strategic	1.06	-0.12
STAPLES INC	SPLS	10.22	NOTICKAR	0	10.13	0	2017-10-30	Cash	LBO	-0.09	0.00
TRIBUNE MEDIA CO-A	TRCO	40.37	SBGI	30.35	35	0.23	2017-1-31	Mixed	Strategic	1.61	-0.29
VWR CORP	VWR	33.11	NOTICKAR	0	33.25	0	2017-10-30	Cash	LBO	0.14	-0.03

表 9.3 价差变化界面

2017 年 9 月 6 日　价差变化界面　标准普尔 500 指数 2 463.92

目标公司价	收购公司	全部交易 总价差/美元	标准普尔 500 指数 1 天总价差变化	2 天总价差变化	5 天总价差变化	全部 1 天美元净价差变化/美元	2 天美元净价差变化/美元	5 天美元净价差变化/美元
ALR	ABT	1.32	−0.22	−0.46	−1.39	(0.22)	(0.46)	(1.39)
ATW	ESV	0.20	−0.03	0.04	−0.35	(0.04)	0.03	(0.36)
BCR	BDX	4.00	0.62	−0.35	−0.97	0.51	(0.46)	(1.08)
BKMU	ASB	(0.00)	−0.09	−0.16	−0.12	(0.09)	(0.15)	(0.11)
BRCD	AVGO	0.35	−0.02	−0.05	−0.10	(0.02)	(0.05)	(0.10)
CAB	NOTICKER	7.75	−0.05	−0.26	0.73	(0.05)	(0.26)	0.73
FOR	DHI	0.55	0.00	0.00	−0.10	—	—	(0.10)
GNW	NOTICKER	1.91	−0.09	−0.09	−0.10	(0.09)	(0.09)	(0.10)
HSNI	QVCA	0.04	0.24	0.22	0.07	0.24	0.22	0.07
LSCC	NOTICKER	2.63	−0.02	−0.02	0.02	(0.02)	(0.02)	0.02
LVLT	CTL	0.31	0.07	−0.75	−0.80	0.07	(0.75)	(0.80)
MGI	NOTICKER	2.32	0.08	0.13	0.08	0.08	0.13	0.08
MYCC	APO	0.12	0.00	−0.05	0.05	—	(0.05)	0.05
NXPI	QCOM	(2.90)	0.06	−0.50	−0.67	0.06	(0.50)	(0.67)
PKY	NOTICKER	(0.01)	0.00	0.01	−0.08	4.00	4.01	3.92
RICE	EQT	1.06	0.05	0.00	−0.12	0.05	(0.00)	(0.12)
STRP	VZ	5.80	0.31	0.80	1.76	0.31	0.80	1.76
TWX	T	6.32	−0.08	0.16	0.24	0.32	0.56	0.64

表 9.4 战略交易中的价差变化界面

战略交易中的价差变化界面									
价差变化界面									
日期	2017 年 9 月 6 日			标准普尔 500 指数			2 463.92		
选择交易类型				全部交易			全部		
战略并购方	目标公司	收购公司	总价差/美元	1天总价差变化	两天总价差变化	5天总价差变化	1天美元净价差变化/美元	两天美元净价差变化/美元	5天美元净价差变化/美元
ALR	ALR	ABT	1.32	−0.22	−0.46	−1.39	(0.22)	(0.46)	(1.39)
ATW	ATW	ESV	0.20	−0.03	0.04	−0.35	(0.04)	0.03	(0.36)
BCR	BCR	BDX	4.00	0.62	−0.35	−0.97	0.51	(0.46)	(1.08)
BKMU	BKMU	ASB	(0.00)	−0.09	−0.16	−0.12	(0.09)	(0.15)	(0.11)
BRCD	BRCD	AVGO	0.35	−0.02	−0.05	−0.10	(0.02)	(0.05)	(0.10)
FOR2	FOR	DHI	0.55	0.00	0.00	−0.10	—	—	(0.10)
HSNI	HSNI	QVCA	0.04	0.24	0.22	0.07	0.24	0.22	0.07
LVLT	LVLT	CTL	0.31	0.07	−0.75	−0.80	0.07	(0.75)	(0.80)
MYCC	MYCC	APO	0.12	0.00	−0.05	0.05	—	(0.05)	0.05
NXPI	NXPI	QCOM	(2.90)	0.06	−0.50	−0.67	0.06	(0.50)	(0.67)
RICE	RICE	EQT	1.06	0.05	0.00	−0.12	0.05	(0.00)	(0.12)
STRP2	STRP	VZ	5.80	0.31	0.80	1.76	0.31	0.80	1.76
TWX	TWX	T	6.32	−0.08	0.16	0.24	0.32	0.56	0.64

也可以采用类似的方式来针对杠杆收购交易进行排序,如表 9.5 所示。

表 9.5 杠杆收购交易下的价差变化

杠杆收购交易下的价格变化界面									
价差变化界面									
日期	2017 年 9 月 6 日			标准普尔 500 指数			2 463.92		
选择交易类型				全部交易			全部		
战略并购方	目标公司	收购公司	总价差/美元	1天总价差变化	两天总价差变化	5天总价差变化	1天美元净价差变化/美元	两天美元净价差变化/美元	5天美元净价差变化/美元
CAB	CAB	NOTICKER	7.75	−0.05	−0.26	0.73	(0.05)	(0.26)	0.73
GNW	GNW	NOTICKER	1.91	−0.09	−0.09	−0.10	(0.09)	(0.09)	(0.10)
LSCC	LSCC	NOTICKER	2.63	−0.02	−0.02	0.02	(0.02)	(0.02)	0.02
MGI	MGI	NOTICKER	2.32	0.08	0.13	0.08	0.08	0.13	0.08
MYCC	MYCC	APO	0.12	0.00	−0.05	0.05	—	(0.05)	0.05
PKY	PKY	NOTICKER	(0.01)	0.00	0.01	−0.08	4.00	4.01	3.92

套利交易者还可以根据价差大小或价差的变化对未完成的交易进行排序。多年来,我一直使用系统打印交易清单,这些交易的价差已经缩小或扩

大了某个指定的百分比。在我规定了一个百分比作为阈值后，系统给出了符合要求的证券清单。交易的美元价差或百分比差异的变化可能在每天或3～5天内大于0.025美元或10%。

大多数套利交易者仅从观察特定证券的价格就能知道这段时间内的价差变化。但这个方法能够让套利交易者专注于这些交易并在需要时显示交易状态。套利交易者可以方便地更改系统中的筛选条件以符合个人偏好。

如果价差扩大，套利交易者可能有机会建立或增加他（或她）的仓位。如果价差扩大并且套利交易者重新评估早期的头寸分析（其实我们一直需要做这一步），那么可能会得到一些新的信息。当该上市证券显示利差下降时，套利交易者可以决定通过卖出价差小的仓位来重新平衡投资组合，并将资金投资于具有更高预期收益的交易中。

如果套利交易者创建了完整的交易数据库及其估计的风险和收益，则可以使用风险估算来生成有吸引力的机会清单。如前所述，我所使用的系统能够预测任何特定交易的初始风险，并根据股票市场变动调整风险。这个过程不断地产生下行和上行的调整风险。如果交易在市场中停留数天、数周或数月，则整体市场的变动可能对下行和上行的初步预测产生显著甚至巨大的影响。系统可以轻易地生成风险报告，该风险报告将显示整个一系列交易的原始风险预估值以及调整后风险预估值。表9.6展示了调整后风险报告的一个样本。

在极少数情况下，套利交易者可能会发现一个调整后风险预估值为负的交易。这种现象可能会发生在市场剧烈波动的情况下。此时如果该交易不能如期完成，同时交易中股票价格维持在一定水平，那么调整后的预估值就会表明被收购公司股票价格会上涨。表9.6展示了RAD交易的市场调整后整体风险为-1.05美元的案例，这是因为自该交易最初公布以来股市大幅上涨。

这些预期可能不是非常准确，并且必须由套利交易者使用第5章中提到的一些方法（特别是自交易发布之时，构建一个同行组并观察其表现的方法）不断对其进行审查，但是他们仍然为套利交易者提供了改进其交易技术分析的工具。

当然，计算机系统也可以被设计去计算每一个单独交易的风险、收益以及其他参数。表9.7便是一个单个交易界面的例子。

每一个套利交易者都可以输出结果进行个性化处理，着重显示自己想看的界面和元素。

表 9.6 调整后风险界面

选择交易类型			全部交易					全部	
交易	目标公司代码	下行风险/美元	市场调整后的下行风险/美元	上行风险/美元	市场调整后的上行风险/美元	总风险/美元	市场调整后的总风险/美元	总价差/美元	风险回报比率	盈亏平衡概率/%	预计交易完成日
ALR	ALR	13.56	6.86	0.00	0.00	13.56	6.86	2.44	2.81	73.76	2017-8-31
BCR	BCR	57.52	54.37	0.08	3.01	57.56	55.90	9.29	6.01	85.74	2017-10-30
BRCD	BRCD	3.90	2.52	0.00	0.00	3.90	2.52	0.11	23.97	95.99	2017-5-31
CAB	CAB	10.22	6.96	0.00	0.00	10.22	6.96	8.78	0.79	44.21	2017-11-30
DDC	DDC	0.99	0.95	0.00	0.00	0.99	0.95	0.76	1.25	55.59	2017-10-30
FCFP	FCFP	1.15	0.95	0.75	1.80	1.45	1.67	0.08	19.60	95.15	2017-10-30
FCH	FCH	0.31	0.13	1.08	1.30	0.97	0.92	0.89	1.03	50.73	2017-10-31
FOR	FOR	0.65	0.07	0.00	0.00	0.65	0.07	0.10	0.74	42.68	2017-7-31
GNW	GNW	0.37	−0.39	0.00	0.00	0.37	−0.39	1.81	−0.22	−27.54	2017-6-30
LSCC	LSCC	0.56	−0.74	0.00	0.00	0.56	−0.74	1.35	−0.55	−120.95	2017-2-15
LVLT	LVLT	14.79	8.92	3.15	6.80	19.29	18.63	2.57	7.26	87.89	2017-9-15
MGI	MGI	3.05	2.88	0.00	0.00	3.05	2.88	−1.85	−1.56	279.20	2017-11-30
MON	MON	26.12	14.31	0.00	0.00	26.12	14.31	11.88	1.20	54.64	2017-11-30
NXPI	NXPI	25.16	12.46	0.00	0.00	25.16	12.46	1.84	6.77	87.13	2017-8-31
RAD	RAD	−0.37	−1.05	0.00	0.00	−0.37	−1.05	2.87	−0.37	−57.65	2017-4-30
RAI	RAI	20.72	16.72	47.46	62.16	45.68	49.41	0.35	141.16	99.30	2017-8-30
STRP	STRP	144.44	143.41	0.00	0.00	144.44	143.41	−83.81	−1.71	240.62	2018-2-28
TWX	TWX	17.89	10.17	0.00	0.00	17.89	10.17	9.61	1.06	51.42	2017-11-30

第9章 交易策略

表9.7 单个交易界面

单个交易界面

从此处选择交易								
交易（战略并购方）：	TWX							
被收购公司代码：	TWX	收购公司：	T					
收购公司仓位：	75 000		性质：	战略型		等仓：	0 美元/境外：	净持仓： 0
交易类型：	混合兼并			Curr. Adj.				交易条款： 53.75美元现金选项交易 加53.75美元T股票交易
TERMS:				107.50				
现金	107.50		交易价值/每股美元：	107.50				
股票	0.000		交易数量/百万美元：	82 990.00				

								价差变化			当前 差价
								1天	2天	5天	
收购公司股价/美元：	100.86		交易宣布日：	10/24/2016				0.36	0.74	0.52	6.64
收购公司成本价/美元：	97.26		预计交易完成日：	11/30/2017				0.76	1.14	0.92	6.81
收购公司股息日/美元：	—			85				0.06	0.10	0.08	57.97%
做多利息	2.00%		Carry per Share:	—							
上行风险/美元：	0.000%		每股回扣：	0.23							
下行风险/美元：	80.00		盈亏平衡概率/%：	39.25							
调整后的上行风险/美元：	90.018		预估概率/%：	43.69							

未调整的每股风险			调整后的			仓位情况			/美元		
下行风险		—		20.86		潜在损失（市场调整后）：			-813 149		
上行风险		—		—		潜在收益：			528 188		
总风险		—		20.86		多头持仓：			7 294 500		
风险回报比率		1.633		3.14 2		空头持仓：			0		
资本		—		50.4 3							
资本损失		0.00		0.00		限制/股票			5%	50%	75%	100%
市场波动率：		#DIV/0!		#DIV/0!		在险资金			21 572.39	43 144.77	64 717.16	86 289.55
总仓位%/资本：		0.00%		0.00%		所持证券市场价值百分比：			0.00	0.00	0.00	0.00
总仓位%/MV：		—		—		13-D 仓位%/百万			38.6 0			

收益	/美元	%/年化							
总价差	6.64								
净价差（无杠杆）	7.04	29.98							
净价差（杠杆）	6.81	57.97							
风险调整后的净价差	42.94								

市场走向	/美元	/%							
目标下行变化：	(10.02)	-12.52							
收购公司上行变化：	4.44	-11.30							
标准普尔500变化：	326.96	-15.27							

评论： 领口 37.411 (1.437)−41.349(1.3), needes TWX sh, 18% T issue, needes DOJ, FCC

数据来源：经彭博财经有限合伙公司许可使用。

领口交易策略

技术和金融理论也可以结合起来,去分析和买卖那些交易结构中包含领口策略的合并。围绕收购公司股价构建领口策略时,价差的计算将变得更加复杂。

例如,如果 A 公司已经同意以 B 公司的股价与 B 公司合并,B 公司的股票每股作价 50 美元,B 公司股票市价为 25 美元,那么交换比率通常以作价(50 美元)除以公司 B 的股票市价(25 美元)来确定。因此,交换比率为 A 公司的每一股可以交换为 B 公司的 2.0 股股票。如果在 B 公司股价上下 2 美元处设置领口,那么领口范围的下限和上限分别为 23 美元和 27 美元。如果 B 公司股票市价低于 23 美元,那么 A 公司每股将会得到 2.174 股 B 公司股票,如果 B 公司以高于 27 美元的领口策略上限来交易,那么 A 公司每股将会得到 1.852 股 B 公司股票。

如同前面的例子,计算交易价值和领口对冲策略的方法是一个非常复杂的话题。在之前的例子中,似乎应该用 50 美元为作价。但是,如果 B 公司的股票市价高于或低于领口策略范围,交易价值会发生变化,作价将会不等于 50 美元。事实上,A 公司股票的持有人将会基于作价额外买入看涨期权并且卖出看跌期权。

看涨期权的行权价等于领口策略的上限 27 美元,同时看跌期权的行权价等于领口策略的下限 23 美元。交易价值的计算如下:

交易价值 = 结构化价格 + 领口价格上限(或高于上限)的看涨期权价值 − 领口价格下限(或低于下限)的看跌期权价值

交易者必须考虑其他几个计算要点:

- 看涨期权价值;
- 看跌期权价值;
- 每份看涨期权对应目标股票数量;
- 每份看跌期权对应目标股票数量。

也许完整解释以上分析和交易设置的最佳方式是举一个现实生活中的例子。

案例：罗克韦尔·柯林斯（Rockwell Collins）收购 BE 航空（B/E Aerospace）

2016 年 10 月 23 日，罗克韦尔·柯林斯（以下简称 COL）和 BE 航空（以下简称 BEAV）宣布他们签订了以 64 亿美元现金和股票合并的最终协议。BEAV 的股东将获得每股 62 美元的价值，其中包括 34.10 美元的现金和 27.90 美元的 COL 股票，这对应了 7.5% 的领口价值。有关条款和领口价值的具体计算（在宣布合并协议的新闻稿中）如下：

> 根据协议条款，BEAV 股东将会收到 34.10 美元每股的现金和一定数量 COL 价值 27.90 美元每股的普通股。COL 普通股的数量取决于交易日前 20 个工作日 COL 普通股收盘价的加权平均数（假设该交易量加权平均价格不低于每股 77.41 美元且不超过每股 89.97 美元）。如果此期间 COL 普通股的成交量加权平均价格高于 89.97 美元，则对应的股票部分将固定为每股 BEAV 对应 0.310 1 股 COL；如果低于 77.41 美元，则对应的股票部分将固定为每股 BEAV 对应 0.360 4 股 COL。

根据条款，领口策略的下限是 77.41 美元，而领口策略的上限则是 89.97 美元。因此，根据并购协议的条款，BEAV 的股东买入一份基于 0.310 1 股 COL、行权价为 89.97 美元的看涨期权，同时卖出一份基于 0.360 4 股 COL、行权价为 77.41 美元的看跌期权。

在套利交易者计算总价差之前，他（或她）必须首先评估嵌入并购条款中的看跌期权和看涨期权。

由于领口限制很少与收购公司公开交易的期权价格相匹配，因此套利交易者必须对两种期权进行理论估值。大多数套利交易者都是彭博公司的用户，并在套利决策中使用其系统。彭博公司具备提供用户计算期权的理论值的专业功能。除了彭博之外，还有许多其他程序和系统可以用来计算期权价值。大多数系统计算的价值彼此之间都十分接近。

无论使用何种系统，套利交易者必须确定每一个输入值，以获得合理的估值。它们通常包括如下内容：

- 看涨期权准确的行权价格（在 COL 的例子中，是 89.97 美元）；
- 看跌期权准确的行权价格（在 COL 的例子中，是 77.41 美元）；
- 期权的预计到期日，通常是交易结束的日子（133 天）；
- 预期收购公司的波动率（31%）；
- 任何在收购公司交易结束之前的预期股息价值；
- 预计借贷成本。

在确定这些输入的信息之后，它们将被放到期权价值的评估模型中去。在系统确定了特定的期权价值之后，还有一个额外的步骤，就是必须考虑和看跌期权、看涨期权相关联的股票数量，以此确定所持有的每股收购公司（COL）股票的期权价值。这些计算如表 9.8 所示。

表 9.8　每股 BEAV/COL 期权价值的计算

股　　票	价格 / 美元
BEAV	59.29
COL	87.73
看涨期权价值	
领口交易上限的行权价	89.97
看涨期权价值（从模型中得出）	5.59
每一个期权对应的股数	0.310 1
看涨期权总价值	1.73
看跌期权价值	
领口交易下限的行权价	77.41
看跌期权价值（从模型中得出）	−2.23
每一个期权对应的股数	0.360 4
看跌期权总价值	−0.80

你应该注意到看跌期权是一个负值。这是因为 COL 的股东虽然买入一份看涨期权来增加价值，但是也卖出一份看跌期权。如果 COL 的股价接近领口策略的下限，那么做空会造成潜在的价值损失。因此，在计算 BEAV/COL 的实际价差时其被视为负值。

使用之前的估算，我们现在可以计算期权调整后的总交易价差（见表 9.9）。

表 9.9　调整后期权总价差的计算　　　　　　　　　单位：美元

BEVA/COL 期权交易调整后的价值	
交易价值的计算	
现金	34.10
股票	27.90
总计	62.00
加上看涨期权价值	1.73
减去看跌期权价值	−0.80
调整后交易价值	62.93
减去 CTL 股价	59.29
调整后期权总价差	3.64
未调整总价差（不包括期权价值调整）	2.71

在上面的例子中，因为 COL 的交易价格靠近领口策略的上限（87.77 美元 vs. 89.97 美元），所以看涨期权比看跌期权更有价值；如果 COL 的交易价格接近领口策略的下限，那么期权调整后的价差将会更低。

对冲领口期权

实际上对于领口期权的对冲策略从来都不是直截了当的，领口期权的行权价很少能与市场上所提供的看涨期权和看跌期权的行权价完全一致。

在 BEAV/COL 的案例中，90 美元的行权价格将接近领口期权的执行价格 89.97 美元。因此，对于行权而言，行权价为 90 美元的 COL 看涨期权是一个非常接近的指标（替代物）。对于交易的另一方，看跌期权的行权问题更大。领口下限看跌期权的行权价为 77.41 美元，除非 COL 有行权价 77.5 美元的上市期权，否则套利交易者必将在行权价为 80 美元或 75 美元的期权中选择。

在任何情况下，为了建立一个对冲 BEAV 的仓位，套利交易者将要：

- 买入 BEAV 股票；
- 在每买一股 BEAV 股票时，卖出 0.310 1 个行权价为 90 美元的 COL 看涨期权；
- 在每买一股 BEAV 股票时，买入 0.360 4 个 COL 看跌期权。

购买的看跌期权数量与所持每股 BEAV 股票间的实际比率是套利交易者的主观选择。有很多金融模型和程序可以用于建立一个与实际领口比率和行权价相同的对冲领口期权模型。但是，这种技术超出了本书的讨论范围。

总结

　　交易策略是进行风险套利的重要方面，套利交易者在利用他（或她）的交易头脑时必须极有原则且又富有创造性。套利相关证券的实际交易方法可以极大地影响收益率。

第10章

投资组合管理

在风险套利行业中保持稳定发展并屹立不倒的关键之一是遵守原则。随着时间的推移,风险管理的概念在金融机构和对冲基金中越来越重要。鉴于风险套利的本质,风险管理是成功管理风险套利投资组合的关键因素。

许多对冲基金的失败,以及许多投资和商业银行遭受的巨额亏损提高了业界对风险管理专业的需求。在此阶段,对冲基金要想筹集额外资金,风险管理流程和专业人员必须配套到位,且适当的风险管理原则必须通过潜在投资者的尽职调查。

在把风险管理技术应用于风险套利组合时,我发现并没有标准的软件包可用于充分执行风险管理功能,其中一个主要原因是风险套利收益的性质。交易公布后,目标公司的证券特征与交易公布之前相比会发生改变。交易后的公告中,对于要约收购和合并,证券收益的性质基本上是二元的。如果交易成功完成,投资组合经理将获得交易价差。相反,如果交易被取消,证券的价格通常会大幅下跌,从而导致巨额亏损。因此,与非交易证券不同,收益集中在收益分布的尾部。

现代投资组合管理理论(如马科维茨均值—方差模型)通常会做出一些对理论有效性至关重要的假设。其中一个关键假设是证券的收益通常呈正态分布或对数正态分布。这些均值—方差方法以及在险价值(Value-at-Risk,VAR)的应用都基于同样的正态分布假设。

由于风险套利收益的分配不符合正态分布,因此必须在定制风险管理系统时考虑到特殊的收益特征。

为了给风险套利投资组合开发一个成功的风险管理系统,我们首先要解决仓位限制和投资组合分散化问题。

仓位限制和投资组合分散化

分析风险套利投资组合的第一步是确定投资组合中包含哪些证券和交易。套利交易者通过预估风险、收益和概率来决定其投资组合中要涵盖的交易和业务。

一旦确定了每项交易，下一步是套利交易者决定每个仓位的相对权重。然后，关键因素就会变成每个仓位的大小在整体投资组合仓位的占比。

设定单个仓位限制

在对事件驱动投资组合的整体风险分析中，最关键的因素之一是在单个仓位上设置的仓位限制。事件驱动的投资组合经理没有一个通用的方法来设定最大仓位规模。一些基于在整体投资组合市场价值中的占比设定限额，而另一些则基于最大允许损失百分比设定限额。另一种选择是，最大持仓规模也可以根据最大损失金额来设定。

在我职业生涯的大部分时间里，我的公司倾向于根据所占整体投资组合的百分比设定单个仓位限制。一般来说，在任何一个给定的股票仓位中，我最多只能持有投资组合市值的10%。这样做的结果是强制多样化。在这种约束下，投资组合中至少需要持有 10 个仓位；同时，由于 10% 的持仓相对罕见，因此最终投资组合的所持仓位会大大超过 20 个。

虽然 10% 规则的逻辑表面上看起来是有道理的，但我认为这个方法并不足以控制风险。想象一下投资组合中的两个不同的持股，如表 10.1 所示。

表 10.1 持有 10% 仓位的两笔交易示例

目标公司	收购公司	目标公司股价/美元	收购公司股价/美元	现金条款/美元	股票条款/美元	成交价/美元	下行风险/美元	上行风险/美元	每股总风险/美元	做多持仓	做空持仓	交易中断风险/以美元计	交易中断风险占投资组合/%
公司A	公司Y	50	35	51	0	51	38	0	38	200 000	0	7 600 000	7.6
公司B	公司Z	25	40	5.5	0.5	25.5	22	42	4	400 000	200 000	1 600 000	1.6

虽然表 10.1 中描述的两个仓位均占整个投资组合市场价值的 10%，但 B 公司仓位的交易中断风险表示投资组合损失 1.6%，而 A 公司则为 7.6%。持仓 B 公司承担的亏损风险仅占 A 公司亏损风险的 21.1%。

为什么会有这样的差异呢？关键在于，第一个仓位的每股总风险为 38 美元，相比之下，第二个仓位每股总风险仅为 4 美元。尽管持有两倍的股票，但交易中断的风险明显较低。

多年来，我开始相信一定有更好的方法来控制风险套利投资组合中的风险。如果根据任何一笔交易可能出现的亏损金额或可能损失的资本比例设定仓位限制，投资者的境况似乎会好得多。

多年前，我攻读金融博士学位。在这个过程中，关键任务是对各种理论进行详细的学术研究。在我的学习计划中，我决定对投资组合配置规则进行深入的研究。我对设定仓位限制的最佳方法有一些明确的看法，而这些并不是我过去作为投资组合经理所遵循的规则。

在我的研究中，我测试了传统的投资组合限制理论（即最多占投资组合的 10%）以及另外两种可能性：

（1）将任一单个仓位的潜在损失限制在总投资组合价值的指定百分比；

（2）限制每个仓位所占投资组合价值的最大百分比，同时限制单个仓位的最大损失占比。

利用大的样本规模和蒙特卡罗模拟，很明显，限制每个仓位实际损失的金额要优于限制仓位规模在投资组合总价值所占的最大百分比，使用上面第二个方法可以更有效地限制风险。令人惊讶的是，虽然降低风险通常伴随着收益的减少，但这两种不同的理论不仅降低了风险，而且还显示出投资组合收益的小幅增长。因此，我们建议投资组合经理确定他们在任何交易中所能承受的损失的最大金额和百分比，以及在投资组合市值中所占百分比的最大值。

实际限制可以根据套利交易者对风险和损失的敏感性来确定。一位保守的套利交易者可能会设定一个相对较低的风险暴露敞口，愿意接受更激进风险配置的套利交易者会相应地设定较高的比例。

大多数套利交易者使用计算机跟踪每个仓位及其相对风险，以确保设定的仓位限制不被突破。保持所设定的仓位限制是非常重要的。由于这个行业的性质，套利交易者很容易陷入市场的行为中而可能变得过于激进。

在风险套利中，投资组合中的单个仓位通常互不相关，大多数交易能否达成取决于对特定交易来说独一无二的因素。因此，仓位之间的相关性往往很低。

低相关性在两种不同的情况下会发生例外：

（1）当投资组合集中于某种类型的交易，交易达成概率会受到一个共同因素的影响；

（2）股市在短时间内整体大幅下跌。

在过去的几个市场周期中，我们看到两个例外都发生了。自1987年大崩盘以来，包括2007—2008年的信贷危机和闪崩时期，我们看到在几次股市大波动中，交易价差几乎全部扩大。

在高杠杆交易中，我们也多次看到，尽管在不同行业和地区，但银行或信贷规则的变化以及新立法的威胁，都会导致杠杆交易中涉及的所有交易价差扩大。

敏感性分析可以有效地确定对于整体股票市场变动或者与整体股票市场有关的重大事件的敏感性。

敏感性分析

鉴于美国股市近期经历了相对剧烈的下滑，大多数风险管理系统都采用了评估投资组合对于整体市场下滑的敏感度的程序。一项典型的敏感性测试可以估计出，如果整体市场（标准普尔500指数）下跌一定百分比，投资组合中持有的单个股票将会发生什么情况。很多公司把大盘下跌5%作为敏感性分析中关键的测试指标。一般情况下，为了进行这种计算，将个股的贝塔系数应用于5%的市场变动，如表10.2所示。表10.2中计算的唯一问题是，正如前面提到的，涉及合并的股票的表现与合并前是不同的。

表10.2 用贝塔系数计算市场调整后目标股价

目标公司股价/美元	TSP	48
目标公司 β 系数	β	1.3
标准普尔500指数下跌变化	SPCHG	5%
未调整目标公司股价/美元	ADJSP	45.6
目标公司使用 β 后股价/美元	MKTADJ SP	44.88

第10章 投资组合管理

由于涉及并购及要约收购中的股票收益分布情况在公告后发生变化，必须对上述过程进行改进，以获得更准确的预估。我们使用的方法是改变投资组合中每只股票的贝塔系数。风险套利投资组合中每只股票的贝塔系数取决于其所涉及的交易类型。一般而言，假设交易按计划完成，由于每笔交易都有明确的结果，因此股票对股市波动的敏感性降低，从而导致个股下降。

在交易公告之后的现金收购要约通常具有最低的敏感性，因此也最低。现金要约价可以稳定目标公司的股价，由于要约通常在较短的时间内完成，因此对股票市场走势的敏感性较低，因为更低的目标价格会推高年化收益率。

现金并购往往对整体市场走势的敏感度影响最低，这个特性可以归因于固定的交易价格。虽然整体市场下滑（如1987年10月、信贷危机2007—2008年）会导致交易取消的概率更高，现金交易通常不受市场整体波动的影响，且在股市波动的情况下，与其他类型的交易相比，现金交易完成的概率更高。

市场敏感性相对前两种交易类型较高的是包含换股事项的股票并购或者混合并购。由于交易价和交易价差随着收购公司股价的变化而变化，这类交易的价差往往会在股市整体下跌的时期波动更加剧烈。此外，由于交易价取决于收购公司的股价水平，在市场大幅下跌的时期，如果收购方的股价急剧下跌，目标公司的董事会更有可能重新考虑已达成的交易。较低的交易价格有时会让人重新考虑交易条款对目标公司的股东是否公平。所有这些因素导致了一种趋势，即与现金并购相比，这类交易对股市整体走势更敏感。

从本质上讲，恶意收购比约定的现金交易和股票交易风险更大。交易完成不确定性越高，这类交易对股市整体走势越敏感。正在寻求竞价的目标公司通常也属于同样类别。当股票市场下跌时，投资组合经理倾向于拥有最安全的持仓（如现金交易或者股票交易），并且倾向于先卖出风险最高的。恶意收购成功率往往会随着市场的下跌而下降，这种现象往往会强化一个概念，即恶意收购应对市场下跌具有更高的敏感性。

风险套利投资组合中的大多数交易往往相互独立，但杠杆收购是一个例外。虽然投资组合可能对一些杠杆收购交易有最小个体承诺，但如果市场对整体信贷状况出现负面变化产生担忧，那么杠杆交易的收益往往高度相关。因此，在这些时期，所有的杠杆收购都趋向同时下行。有时，较高的风险并非由股市或信贷市场下跌引发。任何类型的法案、法规变化或银行监管改变（如增加杠杆交易的成本）都可能导致杠杆交易价格全面下跌。杠杆交易本质上可以被分组为单独交易，而不是独立运作。这些交易对整体市场下跌的敏感度最高。

在对相对股票市场整体走势的敏感性历史数据进行了回测后，我们发现下列敏感性可以更准确地反映交易类型的实际变动，如表10.3所示。

表10.3 交易类型市场敏感性预估

交易类型敏感性	
交易类型	预计对证券变化敏感度 /%
现金要约	15.000
现金并购	20.000
股票并购	25.000
混合并购	22.500
杠杆收购	60.000
收购公司	公告前 β
目标公司提价	110.000
目标公司售价	120.000

利用这些敏感度，并将其应用于实际投资组合，可以更准确地估计风险套利投资组合在股市整体下跌5%时的反应。从表10.4中可以看出，相对于使用历史数据的贝塔系数，使用调整后的贝塔系数，投资组合价值的预期跌幅要小得多。

表10.4 整体市场下跌5%情况下的预计投资组合亏损

目标公司	收购公司	交易类型	使用原始贝塔系数		使用预估市场敏感度	
			市场下行5%时的下行风险/美元	占总投资组合的总占比/%	市场下行5%时的下行风险/美元	占总投资组合的总占比/%
ALR	ABT	战略	-206 886	-0.16	-50 460	-0.04
ATW	ESV	战略	-188 214	-0.14	-25 434	-0.02
BCR	BDX	战略	-210 080	-0.16	-71 618	-0.05

续表

目标公司	收购公司	交易类型	使用原始贝塔系数		使用预估市场敏感度	
			市场下行5%时的下行风险/美元	占总投资组合的总占比/%	市场下行5%时的下行风险/美元	占总投资组合的总占比/%
BRCD	AVGO	战略	−541 178	−0.41	−275 175	−0.21
CAB	NOTICKER	杠杆	−227 106	−0.17	−184 140	−0.14
CPN	NOTICKER	杠杆	−291 088	−0.22	−154 560	−0.12
HSNI	QVCA	战略	−333 572	−0.26	−81 758	−0.06
HUN	CLN	战略	−689 735	−0.53	−105 788	−0.08
KITE	GILD	战略	−480 310	−0.37	−53 766	−0.04
LDR	FTV	战略	−508 875	−0.39	−50 888	−0.04
MGI	NOTICKER	杠杆	−241 491	−0.18	−104 996	−0.08
MON	BAYN	战略	−354 167	−0.27	−89 662	−0.007
NXPI	QCOM	战略	−595 615	−0.46	−72 050	−0.06
NXTM	FRE	战略	−166 012	−0.13	−27 440	−0.02
OA	NOC	战略	−340 003	−0.26	−66 020	−0.05
RIC	AGI	战略	−154 085	−0.12	−61 450	−0.05
RICE	EQT	战略	−366 812	−0.28	−63 979	−0.05
STRP2	VZ	战略	−634 007	−0.49	−112 413	−0.09
TRCO	SBGI	战略	−639 735	−0.49	−102 085	−0.08
TWX	T	战略	−315 649	−0.24	−86 611	−0.07
总计			−7 485 387	−5.73	−1 840 293	−1.41
资产组合总价值			−130 654 560			

假设标准普尔500指数下跌5%，便用预估交易市场敏感度时，整体投资组合的估计下跌为1 840 293美元或1.41%的投资组合损失，而使用历史数据的贝塔系数时的估计下跌为7 485 387美元或5.73%。因标准普尔500指数下跌5%而导致的下跌可能是由于交易前公告行为所测算的较高基础贝塔系数值所致。由于我们在过去五年中经历了几次实质性的市场整体下跌，因此我们有机会通过将实际累积投资组合下跌与我们的估算进行对比来验证我们的预估。在大多数情况下，预估都被证实是相当准确的。

遵守原则是成功的风险套利交易者最重要的特征之一。风险套利不可避免地会出现戏剧性的转折。组合中股票价格的下跌可能会非常有杀伤力。只有遵守为投资组合设定的仓位限制原则，套利交易者才能有效地遏制风险。

> **文件说明**
>
> 缺乏投资纪律是套利交易者退出这一行业的主要原因,我曾见过一些套利交易者因持有过大的仓位同时承担巨大的风险而失败。能够持续经营并且长期业绩良好的套利交易者,几乎总是行业里最遵守投资纪律的。

投资组合交易中断风险

接下来我们要关注的风险管理领域的问题是,在任何交易撤销或取消的情况下,暴露在风险中的资金有多少。我们还研究了如果所有交易被取消,可能会损失的资本总额。虽然这显然夸大了可能性,但如果股票市场短时间内大幅下跌的情况增加,我们就会看到更大交易取消的概率。鉴于如今股票市场的波动性普遍上升,这项实践为基金经理提供了一种判断整体风险水平的方法,投资组合中资本风险总体水平的计算也对单个仓位的风险程度做出提示。审视单个资本风险估计列表,可以看出投资组合风险在交易范围内的集中程度。

表 10.5 显示,STRP 公司的持仓代表了投资组合中最大的单个持仓风险。如果 STRP 公司交易终止,投资组合的价值大约可能会损失 3.44%。当然,所有这些计算都是基于单个交易预估,即如果某交易被取消,目标公司和收购公司的股价将会如何变动(这些计算方法已在第 4 章中说明)。

表 10.5 总投资组合交易中断风险

目标公司	收购公司	交易类型	目标总市值 / 美元	交易中断总风险 / 美元	交易中断风险在投资组合中占比 /%
ALR	ABT	战略	5 046 000	−1 546 000	−1.18
ATW	ESV	战略	2 034 750	881 250	0.67
BCR	BDX	战略	6 366 060	−1 448 307	−1.11
BRCD	AVGO	战略	9 172 500	−2 610 000	−2.00
CAB	NOTICKER	杠杆	6 138 000	−1 808 000	−1.45

续表

目标公司	收购公司	交易类型	目标总市值/美元	交易中断总风险/美元	交易中断风险在投资组合中占比/%
CPN	NOTICKER	杠杆	5 152 000	-1 652 000	-1.26
HSNI	QVCA	战略	6 540 625	-582 881	-0.45
HUN	CLN	战略	8 463 000	-1 872 081	-1.43
KITE	GILD	战略	7 168 800	-2 368 800	-1.81
LDR	FTV	战略	6 785 000	-1 085 000	-0.83
MGI	NOTICKER	杠杆	3 499 875	-1 474 875	-1.13
MON	BAYN	战略	8 966 250	-2 216 250	-1.70
NXPI	QCOM	战略	9 606 700	-2 551 700	-1.95
NXTM	FRE	战略	2 744 000	-444 000	-0.34
OA	NOC	战略	6 602 000	-1 102 000	-0.84
RIC	AGI	战略	4 916 000	252 291	0.19
RICE	EQT	战略	5 687 000	-2 068 966	-1.58
STRP2	VZ	战略	8 993 000	-4 493 000	-3.44
TRCO	SBGI	战略	9 074 250	-1 284 300	-0.98
TWX	T	战略	7 698 750	-1 698 750	-1.30
总计			130 654 560	-31 253 369	-23.92

将所有的单个交易失败风险相加，我们可以看到在我们简化的投资组合中存在着一个总风险，如果所有的交易都没有完成，投资组合将遭受大约23.92%的损失。虽然所有交易全部被取消的概率很小，但这个假设能够让投资组合经理在任何时候都能全面了解投资组合的风险。应该指出的是，本章中的所有计算都应该是实时的，但在实践中，风险分析通常是每周进行一次。

控制风险的其他方法

除了已经介绍的方法外，还有其他方法来查看风险套利组合，以帮助管理风险。最显著的原则之一是根据交易类型细分投资组合。表10.6展示了一个典型的案例。

表 10.6　风险套利投资组合：按交易类型分析

	交易数量	交易占比/%	做多市值/美元	组合占比/%	预估收益/美元	预估损失/美元
要约收购	3	15.00	23 560 500	18.03	−285 500	−6 005 500
现金并购	5	25.00	32 530 750	24.90	6 448 750	−7 918 250
股票并购	5	25.00	30 947 375	23.69	768 979	−5 814 421
混合并购	4	20.00	28 826 060	22.06	818 793	−6 500 323
总并购	14	70.00	92 304 185	70.65	8 036 523	−20 232 994
杠杆收购	3	15.00	14 789 875	11.32	747 625	−5 014 875
总额	20	100.00	130 654 560	100.00	8 498 648	−31 253 369

每笔交易都有一个特定的风险概况。恶意或有争议的收购交易（如前所述）从历史上看是不稳定的。虽然它们可能是巨大的机会，但也可能给套利交易者带来巨大的损失。在投资组合中恶意收购比例较高的套利交易者，必须在财务和心态上做好准备，以应对过高的风险。

善意交易

一般来说，与有争议的收购相比，善意交易的波动性更小，完成的可能性更高，收益率也相对更确定（当然，涉及反垄断问题或其他监管问题的交易除外）。然而，一些善意交易以绝对美元来计算时风险可能更大。

只要融资性质是确定的，善意的现金交易通常可以被视为安全的。换股交易可能伴随股权风险。如果换股交易包含领口策略，套利交易者必须监视领口范围及其与潜在股票价格的关系。与现金交易占比较高的投资组合相比，带领口策略的换股交易占比高的投资组合可能面临更高的风险。

杠杆收购

一般来说，杠杆交易对整体经济、经济因素、利率变化和目标公司的盈利情况高度敏感。

文件说明

实际经验告诉我，套利交易者应该监控他们在杠杆收购中的参与情况，因为这些交易和整个投资组合相关。大多数杠杆收购是善意的交易，但也有些因素影响这些交易。

几年前，有人提议立法限制银行和机构为所谓的高杠杆交易（highly leveraged transactions，HLTs）提供融资贷款。当提出这项立法时，即使套利交易者可能一直遵守投资组合分散化限制，但整个投资组合和作为担保持有的一组杠杆收购往往构成一个实体，因为这些交易都可能受到拟议立法的影响。

这就是为什么对套利交易者来说，检查自己投资组合中的交易类型组成是非常重要的。由于组合中有杠杆收购交易，套利交易者可能会错误地认为自己的组合足够分散化。

套利交易者必须小心避免在任何会发生连锁反应的领域或者交易类型上集中度过高。

重组、分拆、目标销售以及目标已收到报价的情况

资本重组和分拆通常都伴随着股权风险，套利交易者可以选择是否对冲这种风险。如果套利交易者将投资组合分解以确定投资于这个股权风险领域的资本总额，则很可能会发现，对股权风险进行对冲是有利的。套利交易者可以使用期货、期权、期货期权的组合，或者与在这些交易中发行的证券有关的证券，以帮助对冲投资组合中这部分股权风险。

那些将自己出售的目标公司和那些收到非正式主动报价的目标公司往往具有很高的风险。在这两种情况下，目标公司的股票通常会在情况被公开后大幅上涨。如果存在股票市场整体大幅下跌等问题，涉及这些情况的证券一般会面临较大的下跌风险。

套利交易者应定期制作投资组合的表格,以监控通过各种类型的交易实现的分散化效果。表 10.6 可以作为模板。

现金流分组

另一种有助于套利交易者的分组是基于预估的投资期限。通过查看投资组合并根据预期收盘日对各个持仓进行分组,就可以生成类似表 10.7 所示的汇总。

表 10.7 交易完成情况分析

至预期交易完成日的预计时间	交易笔数	交易占比 /%	做多市值 / 美元	市值占比 /%	预估潜在收益 / 美元
1 个月	9	45.00	51 653 610	39.53	1 261 824
2 个月	5	25.00	37 972 700	29.06	652 054
3 个月	1	5.00	8 463 000	6.48	540 469
4 个月	2	10.00	11 818 250	9.05	536 800
5 个月	1	5.00	8 993 000	6.88	207 000
6 个月	0	0.00	0	0.00	0
6 个月以上	2	10.00	11 754 000	9.00	308 500
总计	20	100.00	130 654 560	100.00	3 506 648

这种类型的投资组合分组可以使套利交易者看到两个问题:

(1) 随着交易的结束,投资组合的周转完成情况;

(2) 投资组合对整体经济因素的敏感度。

如果投资组合中有相对较高的比例的交易将于未来 1～3 个月内结束,那么投资组合和单个仓位很可能不会受到如收益和利率等因素的严重影响。

然而,如果投资组合中只有一小部分的交易是在未来几个月内完成,而预计五六个月(或更长时间)内不会完成的交易比例相对较高,那么该投资组合包含太多与整体经济因素有关的风险。在这类投资组合中,经济或利率对这些仓位不利的风险非常大。此外,套利交易者还需关注涉及这些交易的公司的盈利预期和基本面。为了有效地监控自己的投资组合,套利交易者还必须成为一名股票基本面的分析师和经济学家。

第 10 章　投资组合管理

　　如果套利交易者因承担的额外风险而获益，同时了解并能够接受可能的交易结果，那么学会并使用这些基础证券分析师的技能或许并非坏事。但是，如果没有生成一个如表 10.7 所示的表格，则很容易专注于单笔交易，而忽略总体风险。

　　如表 10.7 的示例投资组合所示，该投资组合的 69% 将在两个月内完成，预计超过 55% 的预期收益将在这两个月的时间内实现。该投资组合的构成使其仅带有最低的系统风险，因为除了 16% 的持仓外，其他持仓预计将在 4 个月内完成。

　　这种类型的细分可以为投资组合经理带来额外的好处。由于 69% 的持仓预计将会"脱表"，投资组合经理应该集中精力确定其他加入投资组合的仓位，以提供适当的分散化和上行潜力。

投资组合价差分析

　　套利交易者使用计算机监控每笔交易及其预计的年化收益。表 10.8 为如何通过价差监控每笔交易的示例。使用计算机生成分析可以使套利交易者快速分析许多潜在的投资。这个工具帮助套利交易者应对市场中的突发变化，并帮助套利交易者监控投资组合。

　　套利交易者的合理下一步是利用计算机来监控整个投资组合的价差特征。通过使用年化价差对投资组合中持有的每笔交易进行分组，套利交易者可以对投资组合对风险的总体敏感度进行有价值的分析。表 10.8 显示了按年化价差细分投资组合的典型示例。

　　与按交易类型细分一样，此类投资组合细分使套利交易者能够洞察其投资组合中包含多少风险。如果套利交易者主要被价差较大的交易吸引，那么这个投资组合就很有可能包含很高的风险。当交易具备以下情况，交易会有较高的收益率：

- 交易伴随很大的资金风险；
- 交易完成的概率被低估；
- 以上两点全部。

表 10.8 价差分析

交易界面

从此处选择交易						Print
交易（战略并购方）：	COL					
目标公司代码：	COL	UTX				
被收购公司代码：						
交易类型：	混合兼并	战略型	等持仓：	0 美国境外：	0	
TERMS：	Curr. Adj.	Curr. Adj.				
现金：	140.00		交易价值/每股美元：			
股票：	0.000		交易数量/百万美元：	18 228.00		
			净持仓：		US	
			交易条款：	$140 merger cash/stock		
			Deal Status:			

收益	/美元	%/年化	收购公司股价：	131.41	113.62		交易宣布日：	9/5/2017			价差变化				当前
总价差	8.59		收购公司成本价：	—	—		预计交易完成日：	5/31/2018				1天	2天	5天	价差
净价差（无杠杆）	9.58	10.31	收购公司股息：	—	—		时长：	258		总价差变化/美元		-0.06	-0.20	-0.46	8.59
净价差（杠杆）	8.65	18.63	收购公司派息日：				每股收益：	$	0.93	含杠杆净价差		0.93	0.79	0.53	18.63%
风险调整后的净价差		14.87	做多利息：	2.00%	0.000 %		每股回扣：	$	—	变化/美元		0.02	0.02	0.01	
			下行风险：	110.00	120.00		盈亏平衡概率：	70%		含杠杆净价差					
			调整后的上行风险：	110.969	121.12		预估概率：	94%		变化率					

市场走向	/美元	%	未调整的每股风险：	调整后的/美元	调整后的/美元		仓位情况（市场调整后）		/美元				
目标公司下行变化：	(0.97)	-0.88	下行风险：	21.41	20.44		潜在亏损：	0					
收购公司上行变化：	1.12	-0.93	上行风险：		20.44		潜在收益：	0					
标准普尔500变化：	21.38	-0.86	总风险：	21.41			多头持仓：	0					
			风险回报比率：	2.492	2.380		空头持仓：						
			资本：	65.71			限制/股票：		25%	50%	75%	100%	
			资本损失：	0.00%			在险资金：		21 018.22	42 036.43	63 054.65	84 072.86	
			市场波动率：	#DIV/0!	#DIV/0!		所持证券市场价值百分比：		0.00	0.00	0.00	0.00	
			总仓位%/资本：				13-D 仓位（百万）:		6.51				
			总仓位%/MV：										

评论： w/7.5% 领口，nmed SH + regs, $93.33 cash/$46.67 stock

数据来源：经彭博财经有限合伙公司许可使用。

表 10.9 中的投资组合细分显示,该投资组合中含有大量风险。这位套利交易者的投资组合中的 21% 为价差为负的持仓,超过 30% 为预估年化收益大于 30% 的交易。

表 10.9　投资组合年化价差细分

价差/年化	总持仓/美元	持仓占比/%
溢价/负价差	27 848 325	21.31
0～5%	6 138 000	4.70
6%～10%	27 915 800	21.37
11%～15%	6 366 060	4.87
16%～20%	9 074 250	6.95
21%～30%	12 744 750	9.75
超过 30%	40 567 375	31.05
总额	130 654 560	100.00

文件说明

在我职业生涯的早期,当我试图用相对较少的资本进行风险套利时,发现自己为公司管理的投资组合做出了正确的决定。然而,我在资本不足的个人投资组合中的表现则显著落后于公司的投资组合。通过分析我个人投资组合中设置的交易类型,我发现我专注于两种类型的交易:①相对预期收益率较高的交易;②有争议的收购交易。

这两种情况虽然可能会带来收益,但通常也包含较高的风险或较低的成功概率。通过改变我的投资组合中持有的交易类型,可以更容易地反映出严格遵守原则的套利投资组合的表现。

当套利交易者评估投资组合中的总体风险时,对投资组合的计算(见表 10.5)可以作为有价值的工具。

出价过高

由于恶意和主动收购的性质,初始收购价格由收购者单方面设定,这与通过协商达成合并条款的善意交易是不同的。由于恶意交易的拟议价格很少能达到目标公司出售的水平,因此如果交易确实完成,目标公司的股票交易价格往往高于拟议的收购价格。

即使在一些善意交易中,目标公司溢价交易并非是罕见的。这种情况尤其在目标公司通过协商被私募股权公司购买时很常见。在许多这种情况下,事件驱动的社群(出于各种原因)可以认为目标的估值过低,并认为另一个竞标者可能会出现,出价超过原始的收购价格。

当并购协议中包含了"竞购"条款时,目标公司以高于商定价格的溢价进行交易的倾向会尤其明显。虽然竞购期长短不一,但它为目标公司董事会及其顾问提供了在规定的时间段内寻找更优报价的机会。在竞购期间,原收购者的分手费通常设定在较低的水平。在竞购期结束后,分手费通常会增加。

除了恶意交易、杠杆收购,以及有竞购条款的情况外,如果交易员和投资组合经理认为有可能出现更高的报价,那么一些善意的战略合并可能会导致目标溢价交易。

目标公司在已公布的交易价格之上溢价交易的这种情况发生的次数和频率在每个时期都不同,取决于任何给定时期的特定情况和估值理念。此外,对额外报价的预期在有些时期会异常高。在这些时期,无论出于何种原因,市场似乎更愿意看到投标人因为可能会出现的其他竞标者而为其选择权支付溢价。

在任何风险管理系统中,我们认为能够监测投资组合中每个仓位的出价过高风险以及与整个投资组合相关的总风险是非常有帮助的。在我们的投资组合管理系统中,我们采用了一种特定的计算方法,显示对每个过高出价仓位分配的资金量以及其在整个投资组合中的相应百分比。此外,系统总计了所有过高出价指标,以大体呈现投资组合中出价过高仓位的资金量分配情况。在整体投资组合中的总资金分配量大(高百分比)表明,如果想要获利,大部分出价过高的情况必须以改进的条款得到解决。否则,即使交易完成,这些证券也将遭受按市值计价的损失,因为它们的交易价格下降到能够与交易条款的实际收益率相对应的水平。

第 10 章　投资组合管理

在总体交易价差较低的时候，投资组合经理在把整体投资组合中的高比例分配给出价过高的仓位时必须非常小心。在这些时期，如果未实现改进的条款，出价过高仓位的资产价格减记很难在未来交易最终完成时被抵消。

在表 10.9 所示的投资组合示例中，我们看到投资组合市价的 21% 都是出价过高的仓位。表 10.10 分别显示了投资组合中 4 个不同出价过高仓位的交易情况。NXPI /QCOM 交易体现了最大单个仓位出价过高的风险，其占投资组合中所有出价过高仓位的 34.5%。如果没有出现正向进展（如竞争报价），套利交易者将承受的损失就是出价过高一栏（负价差）显示的金额，即在已公布的交易条款下可能的资产价格减记。如果资产价格减记发生在交易完成前（通常发生在套利社群对出现竞价或更好的报价失去信心时），那么减记通常会更多，因为目标公司股票价格会跌到相对于公布的条款来说一个比较有吸引力的价位。如果在一段时期内，过高的出价仅仅是因为过于乐观的预期结果，那么监控总体过高出价的风险通常是有益的。

表 10.10　过高出价投资组合细分

高溢价交易	负价差 / 总持仓 / 美元	市价 / 美元	溢价百分比 /%
HSNI/QVCA	−73 502	6 540 625	23.49
LDR/FTV	−60 000	6 785 000	24.36
NXPI/QCOM	−256 700	9 606 700	34.50
PIC/AGI	−28 746	4 916 000	17.65
总价	−418 948	27 848 325	100.00

无论是观测出价过高风险还是交易中断风险，我们发现，将每个风险与我们对预期收益的估计进行比较是有帮助的。承担极大的交易中断风险或出价过高风险的同时又看不到极高的预期收益，这并不是事件驱动型行业的长期成功策略。在低交易价差期间尤其如此。

对冲

套利交易者在设置涉及换股交易的对冲时必须非常小心。正如本书前几章所指出的，对于套利交易者来说，坚持建立完全对冲仓位的原则是非常重要的。任何不对仓位做完全对冲的套利交易者都是对市场走向持有自己的观点的。很有可能他（或她）的收益性将取决于该证券所在市场的走向。另外，如果为单个交易建立了完全对冲，套利交易者的收益将取决于他（或她）准确预测交易结果的能力。

换股交易中涉及领口的交易必须仔细分析，仓位中空头部分必须考虑到每笔交易的领口。随着时间的推移，当收购公司股价变化时，套利交易者需要做出调整以保持一个完全对冲的仓位。

风险套利分析融入持仓列表

表 10.11 显示了套利交易者投资组合的典型持仓列表。持仓列表须分别显示每一笔持仓和以下五项：

（1）每股成本；
（2）每股市场价；
（3）总市值；
（4）按市值计算占整体投资组合的百分比；
（5）购买力的百分比（与投资组合总资本相关的承诺）。

当必须对投资组合做出决策时，套利交易者可以利用这张持仓列表。它还能帮助套利交易者确定哪些仓位应该加仓，以及哪些仓位应该平仓。

前文展示了一个用于监控未完成交易数据库的交易系统生成的一张典型输出表单。这张输出表显示了每笔交易的预估价差以及价差变化。该系统同时还可以设置用于生成投资组合中各个仓位的概况、仓位的相对大小，以及套利交易者希望监控的其他重要信息。

表 10.12 显示了一个表格，它将持仓列表和交易数据库融合在一起。套利交易者可以查看与整个投资组合相关的每个仓位。该表格是监控投资组合中潜在收益和风险的重要工具。此类报告可用于生成数据以显示投资组合中的总体潜在收益以及总体风险可能是多少，然后可以将这些收益和风险相关联，以便为套利交易者提供相关的上行—下行分析。

表 10.11 风险套利账户持仓列表

目标公司持仓量	目标公司代码	收购公司代码	目标公司成本股价/美元	每股现价/美元	总成本/美元	现市价/美元	未实现盈亏/美元	持仓占比/%	资金占比/%
100 000	ALR	ABT	47.87	50.46	4 787 000	5 046 000	259 000	3.86	2.88
250 000	ATW	ESV	8.24	8.14	2 060 000	2 034 750	-25 250	1.56	1.16
20 000	BCR	BDX	315.00	318.30	6 300 000	6 366 060	66 060	4.87	3.64
750 000	BRCD	AVGO	12.18	12.23	9 135 000	9 172 500	37 500	7.02	5.24
100 000	CAB	NOTICKER	62.00	61.38	6 200 000	6 138 000	-62 000	4.70	3.51
350 000	CPN	NOTICKER	14.75	14.72	5 162 500	5 152 000	-10 500	3.94	2.94
175 000	HSNI	QVCA	36.03	37.38	6 305 250	6 540 625	235 375	5.01	3.74
300 000	HUN	CLN	27.65	28.21	8 295 000	8 643 000	168 000	6.48	4.84
40 000	KITE	GILD	179.25	179.22	7 170 000	7 168 800	-1 200	5.49	4.10
100 000	LDR	FTV	67.82	67.85	6 782 000	6 785 000	3 000	5.19	3.88
225 000	MGI	NOTICKER	16.90	15.56	3 802 500	3 499 875	-302 625	2.68	2.00
75 000	MON	BAYN	118.21	119.55	8 865 750	8 966 250	100 500	6.86	5.12
85 000	NXPI	QCOM	109.60	113.02	9 316 000	9 606 700	290 700	7.35	5.49
100 000	NXTM	FRE	28.00	27.44	2 800 000	2 744 000	-56 000	2.10	1.57
50 000	OA	NOC	132.24	132.04	6 612 000	6 602 000	-10 000	5.05	3.77
400 000	RIC	AGI	12.15	12.29	4 860 000	4 916 000	56 000	3.76	2.81
200 000	RICE	EQT	27.24	28.44	5 448 000	5 687 000	239 000	4.35	3.25
50 000	STRP2	VZ	168.00	179.86	8 400 000	8 993 000	593 000	6.88	5.14
225 000	TRCO	SBGI	41.24	40.33	9 279 000	9 074 250	-204 750	6.95	5.19
75 000	TWX	T	92.78	102.65	6 958 500	7 698 750	740 250	5.89	4.40
总计						130 645 560		100.00	74.66
最大投资组合规模				175 000 000					

数据来源:经彭博财经有限合伙公司许可使用。

表 10.12 风险套利账户持仓列表和交易数据库合并表：当前风险分析

目标公司持仓量	目标公司代码	收购公司代码	股价成本/美元	每股现价/美元	总现价/美元	持仓占比/%	资金占比/%	总价差/每股美元	利润/美元	潜在亏损/美元	潜在亏损市值/%	潜在亏损占比购买力/%
100 000	ALR	ABT	47.87	50.46	5 046 000	3.86	2.88	0.54	54 000	-1 546 000	-1.18	-0.88
250 000	ATW	ESV	8.24	8.14	2 034 750	1.56	1.16	0.20	49 250	881 250	0.67	0.50
20 000	BCR	BDX	315.00	318.30	6 366 060	4.87	3.64	2.66	53 277	-1 448 307	-1.11	-0.83
750 000	BRCD	AVGO	12.18	12.23	9 172 500	7.02	5.24	0.52	390 000	-2 610 000	-2.00	-1.49
100 000	CAB	NOTICKER	62.00	61.38	6 138 000	4.70	3.51	0.12	12 000	-1 888 000	-1.45	-1.08
350 000	CPN	NOTICKRE	14.75	14.72	5 152 000	3.94	2.94	0.53	185 500	-1 652 000	-1.26	-0.94
175 000	HSNI	QVCA	36.03	37.38	6 540 625	5.01	3.74	0.01	1 006	-582 881	-0.45	-0.33
300 000	HUN	CLN	27.65	28.21	8 463 000	6.48	4.84	1.80	540 469	-1 872 081	-1.43	-1.07
40 000	KITE	GILD	179.25	179.22	7 168 800	5.49	4.10	0.78	31 200	-2 368 800	-1.81	-1.35
100 000	LDR	FTV	67.82	67.85	6 785 000	5.19	3.88	-0.60	-60 000	-1 085 000	-0.83	-0.62
225 000	MGI	NOTICKER	16.90	15.56	3 499 875	2.68	2.00	2.45	550 125	-1 474 875	-1.13	-0.84
75 000	MON	BAYN	118.21	119.55	8 966 250	6.86	5.12	8.45	633 750	-2 216 250	-1.70	-1.27
85 000	NXPI	QCOM	109.60	113.02	9 606 700	7.35	5.49	-3.02	-256 700	-2 551 700	-1.95	-1.46
100 000	NXTM	FER	28.00	27.44	2 744 000	2.10	1.57	2.56	256 000	-444 000	-0.34	-0.25
50 000	OA	NOC	132.24	132.04	6 602 000	5.05	3.77	2.46	123 000	-1 102 000	-0.84	-0.63
400 000	RIC	AGI	12.15	12.29	4 916 000	3.76	2.81	-0.07	-28 746	252 291	0.19	0.14
200 000	RICE	EQT	27.24	28.44	5 687 000	4.35	3.25	0.60	120 966	-2 068 966	-1.58	-1.18
50 000	STER2	VZ	168.11	179.86	8 993 000	6.88	5.14	4.14	207 000	-4 493 000	-3.44	-2.57
225 000	TRCO	SBGI	41.24	40.33	9 074 250	6.95	5.19	1.25	280 800	-1 284 300	-0.98	-0.73
75 000	TWX	T	92.78	102.65	7 698 750	5.89	4.40	4.85	363 750	-1 698 750	-1.30	-0.97
总计					130 654 560	100.00	74.66		3 506 648	-31 253 369	-23.92	-17.86
最大投资组合规模			175 000 000									

数据来源：经彭博财经有限合伙公司许可使用。

第 10 章 投资组合管理

这种类型的报告几乎总是由套利交易者自定义生成。无论套利交易者是为公司管理套利组合还是维护一个在经纪公司的账户，其通常只能从要约中获得传统的仓位报告。套利交易者最好能够修改该仓位报告，以包括表 10.12 中显示的因素。然后套利交易者可以编写程序并将其应用于持仓列表，以生成如表 10.12 所示的报告。

从表 10.12 可以看出，虽然投资组合的潜在固有收益为 350 万美元，但交易中断的最大损失为 3 130 万美元。最大潜在损失达到做多市值的 24%。这份报告的重要性不容小觑，它为套利交易者监控整体风险套利投资组合提供了重要工具。

其他风险控制措施

套利交易者可能希望利用其他类型的对冲来控制其整体投资组合中的风险。例如，套利交易者可能会发现投资组合包含一定程度的股权风险，这些股权风险来自重组、资本重组或分拆，套利交易者在交易完成后将获得当前未在市场上交易的证券。由于无法在未来某个日期对冲此证券价值的风险，因此套利交易者可以决定建立一个对冲，以模拟预期收到的证券的表现。

在建立对冲时，可以使用股指期货或期权。如果有可能找到一种交易方式与预期收到的证券类似的证券，套利交易者可以卖空这种证券来替代期权或期货。

为了实现这种类型的对冲，套利交易者必须分析用于创建人为对冲的工具的市场走势。套利交易者可以进行相关性分析，以确定所研究的证券是否能够恰当地对冲该仓位中的风险。这种分析对于建立对冲非常有帮助。

期货

在套利交易者分析投资组合并确定风险因素之后，可能会利用期货来对冲个体或整体风险。如果投资组合包含一定程度的股权风险，套利交易者可能使用标普 500 期货合约来对冲这种股权风险。

这种对冲最困难的地方是确定要卖出的适当期货交易量。套利交易者将使用相关性分析来帮助确定应该使用哪种期货合约和多少期货合约。我们可以使用计算机模型和模拟来确定应该将多少合约作为对冲出售。

如果套利交易者在投资组合中还发现了利率风险，使用利率期货可能会降低这种风险。当套利交易者预期在交易完成后收到价值与利率直接相关的证券时，利率期货可能会发挥作用。通过对预期证券进行敏感性和相关性分析，并将其与可用于对冲这些类型交易的证券进行比较，套利交易者就可尝试确定对冲工具。

一些套利交易者在建立此类对冲时可能会很有创意。我曾经在一家正在转换为开放式基金的封闭式基金中持有大量仓位，当时的交易非常类似于现金并购。在股东同意交易且获得所有的监管机构批准后，这只封闭式基金以净资产价值折价交易的方式转换为一只开放式基金。当该基金成为开放式基金时，可以通过赎回开放式基金的股票来平仓。在赎回过程中，套利交易者可以从净资产价值与开放式基金净值之间的差额获得收益。

我所交易的基金持有日本的证券，所以交易存在很多与此相关的风险。在典型的封闭式基金中，投资组合的净资产值与该投资组合中持有的证券相关。这些证券与日本的股票市场有关。通过分析日本基金净资产价值与日经期货之间的变动关系，我建立了一个对冲仓位：做空了一定数量的日经期货，去对冲做多的日本基金。该对冲抵消了我在日本基金持仓中非常高比例的股权风险。

套利交易者必须不断寻找和分析这类有创意的对冲策略。然而，套利交易者应该非常谨慎地比较每一笔对冲的成本与单个持仓的潜在收益，明智的做法是不进行任何不能为套利交易者资本产生足够净收益的复杂交易。建立对冲是有成本的，套利交易者必须认识到，如果建立对冲的成本与预期收益相比没有产生足够的净收益，那么最好再去寻找别的机会。

期权对冲

套利交易者可以利用以下方式自行选择对冲单个或整体投资组合仓位：

- 不同指数的期权，如 OEX 合约；
- 个股期权。

投资组合会由于存在分拆或资本重组的仓位而存在一定的股权风险，这时套利交易者会发现使用 OEX 期权对冲这种股权风险是一种有效方式。这种对冲的分析与前面描述的分析类似。

如果证券在市场上交易，套利交易者也可以利用投资组合中证券的看跌期权和看涨期权来对冲。在建立套利交易时使用看跌期权和看涨期权可以允许套利交易者在任何给定交易中改变风险收益概况。

套利交易者最常用的期权策略之一是买入股票、卖出看涨期权策略。由于近年来总价差已经压缩，这是套利交易者可以提高可能实现的收益率的一种方法。

通过买入股票、卖出看涨期权策略——持有股票的同时卖出看涨期权，套利交易者建立对冲，如果目标股价上涨，可以从中获利。本章的剩余部分将详细介绍作为交易中卖空证券的一种替代方法，套利交易者如何通过使用买入股票、卖出看涨期权或买入看跌期权策略来改变风险与收益。

一个买入股票、卖出看涨期权案例

时间：2017 年 9 月 17 日。

交易：2016 年 9 月 30 日，QCOM 公司同意以每股 120 美元的现金要约收购 NXPI 公司。并购需要大量的监管部门批准。同时，随着交易完成所需时间的延长，整体股市和半导体板块股票大幅上涨。套利交易者认为，QCOM 公司要想获得 NXPI 公司所要求的 80% 的股份，就必须提高报价。

NXPI 公司股价：112.66 美元。

NXPI 公司 11 月 110 看涨期权：4.5 美元。

并购预计大约需要 60 天。如果交易中断，NXPI 公司股价预计将在每股 100 美元水平交易。

作为购买 100 股 NXPI 公司股票的替代方案，套利交易者可以使用买入股票、卖出看涨期权策略：购买 100 股 NXPI 股票，同时卖出一张 11 月行权价 110 看涨期权。

策略一：

- 以 112.66 美元买入 100 股 NXPI 公司股票：

净价差 =110-112.66=-2.66（美元）

下行风险 =112.66-100=12.66（美元每股）

策略二：

- 以 112.66 美元买入 100 股 NXPI 公司股票；
- 以 4.5 美元卖出一张 11 月行权价 110 看涨期权。

如果在 11 月底 NXPI 公司的股票交易价格超过 110 美元，看涨期权将被行权，套利交易者会持有以下仓位：

行权卖价 =110 美元

加上：权利金收入 +4.5

卖出总价 =114.5 美元

减去：成本 -112.66

净利润 =1.84 美元

ER_{UL} =1.84 /（112.66-4.5）[①] ×（365/63）[②] =9.86%（年化）

下行风险 =（112.66-100）-4.5=8.16（美元）

这些计算是假设要约收购价没有上涨，且如果交易中断，NXPI 公司交易价格将为 100 美元。

使用买入股票、卖出看涨期权策略，而不是以负价差（110 美元的投标价格 -122.66 美元的购买价格）设置交易。如果要约收购完成，套利交易者就可以实现 9.8% 年化收益，并且下行风险也减少了 4.50 美元（权利金收入）。

在使用买入股票、卖出看涨期权策略时，虽然可以提高收益，但套利交易者也在这种情况下放弃上行空间的利润。如果 QCOM 公司决定将要约报价提高到每股 120 美元，以获得足够多的 NXPI 公司股份从而控股该公司，那么套利交易者将放弃很大的上行空间利润。

如果要约价格锁定在 120 美元水平，根据策略一，套利交易者将实现

[①] 套利交易者购买公司 T 的股票的同时收到 4.5 美元的收入，所以净支出是 108.16 美元。

[②] 我们假设，看涨期权到期时被行权，看涨期权被售出后仅 63 天便到期。

每股获利 7.34 美元（120-112.66）。而在买入股票、卖出看涨期权策略中，无论价格提高到多少，套利交易者最多只能得到 1.84 美元。因此，套利交易者将放弃 5.50 美元的上行空间利润，以换取更低的风险和收益。

套利交易者还可以使用看跌期权来限制整体投资组合中任何特定仓位的风险。一些投资组合交易包含很高的绝对风险。通过购买看跌期权对冲股票持仓，套利交易者就可以在交易未能完成时限制下行风险。下一个例子是使用看跌期权来限制交易中的风险。

看跌期权案例

时间：2017 年 5 月 1 日。

交易：XYZ 公司通过合并收购 ABC 公司。ABC 公司的股东每持有一股 ABC 公司的股票将获得 52 美元的现金。套利交易者假定，如果该交易中断，ABC 公司的股价将处于 43 美元的水平。

ABC 公司 10 月行权价 50 看跌期权价格：1.15 美元。

看跌期权策略

- 买入：以 49.95 美元买入 100 股 ABC 公司股票。
- 买入：以 1.15 美元买入一张 ABC 公司 10 月行权价 50 看跌期权。

ABC 公司同意以每股 52 美元现金的价格被收购。如果合并按预期完成，则套利交易者的总收益如下。

如果交易完成，套利交易者的收益将为

$$交易收益 = 52 - 49.95 - 1.15$$
$$= 0.9（美元每股）$$

假设交易是 35 天完成，则年化收益率为

$$ER_{UL} = 0.9/（49.95+1.15^{①}）\times（365/35^{②}）=18.4\%（年化）$$

---

① 套利交易者购买公司 ABC 的股票的同时收到 1.15 美元的收入，所以净支出是 51.10 美元。

② 我们假设，看涨期权到期时被行权，看涨期权被售出后仅 35 天便到期。

$$\text{下行风险} = (51.10-50) - 50.00（看跌期权行权价）$$
$$= 1.10（美元）$$

如果交易完成，同时套利交易者没有买入看跌期权保护下行风险，则收益为

$$\text{交易收益} = (52 - 49.95) = 2.05（美元每股）$$

假设交易是 35 天完成，则年化收益率为

$$ER_{UL} = 2.05/(49.95) \times (365/35) = 42.8\%（年化）$$

$$\text{下行风险} = (49.95-43) = 6.95（美元）$$

套利交易者的最大风险降低至 1.10 美元，而不是冒 6.95 美元的做空风险（不买入看跌期权）。通过放弃部分收益，套利交易者能够降低风险。作为一种权衡，使用看跌期权策略的潜在年化收益率为 18%，而如果没有购买看跌期权，交易完成，年化收益率为 42%。

套利交易者应当使用可用的任何工具来帮助控制投资组合中的风险，他们还必须不断检查和改进所使用的所有工具以实现这一目标。积极控制风险可能是套利交易者长期和短期业绩记录的一个重要方面。

第11章
令人兴奋的风险套利世界

在前10章中，我们深入研究了风险套利的各种要素，以及交易和监控风险套利投资组合的方法。

风险套利的3个要素——收益、风险和概率——我们都已进行说明。对这些要素的预估基于套利交易者预测许多变量的能力，是非常主观的。我们认为，套利交易者对这些变量和交易的分析不能通过计算机模型或数学算法进行归纳概括。

为了结合这3个要素，让我们研究一笔涵盖了许多不同要素的近期交易。

针对直路通信（Straight Path Communications，STRP）的收购战中，有来自美国电话电报公司（T）和威瑞森电信（VZ）的多次报价。尽管VZ最终获胜，并与STRP达成了最终的合并协议，但套利交易者在决定是否持有STRP时仍有几个方面的问题必须考虑。

对STRP股东或者是套利交易者来说，这场收购战的导火索并不明显。2017年1月11日，STRP与联邦通信委员会（FCC）和解并达成一致。此前FCC已与STRP争执了好几个月。FCC在2016年9月发出了一封调查信，要求了解STRP持有的各种频谱许可证的详细信息。

FCC和解协议要求STRP支付1 500万美元的民事罚款，并交出其196个39 GHz频谱牌照；FCC还要求STRP在2018年1月11日前提交出售其剩余39 GHz和28 GHz频谱牌照的申请；同时，STRP还需要保证将20%的出售所得汇款至美国财政部，作为额外的民事罚款。

STRP公司是在2013年通过艾迪悌科技有限公司（IDT）分拆而创建的，IDT于2001年从稳达通信收购了美国的电波许可证和其他资产。STRP的首席执行官和主要股东霍华德·乔纳斯有远见地认为STRP的许可证最终会对移动电话服务提供商有很大的价值。但华尔街并非都同意乔纳斯的观点，许多分析师认为这些许可证的价值非常有限。在与 FCC 达成和解协议之前，STRP 的股价处于 31～33 美元的水平。和解协议披露后，STRP 股价跃升 10 美元，达到 42 美元的价格水平（见图 11.1）。

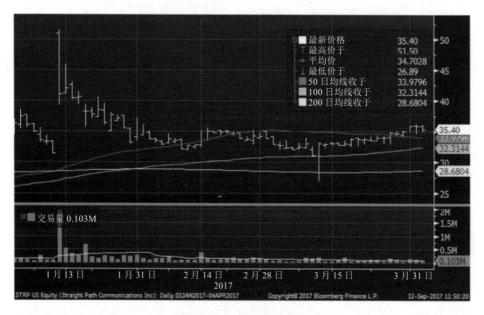

图 11.1　STRP 股价

数据来源：经彭博财经有限合伙公司许可使用。

尽管股东和分析师在和解协议后对 STRP 的未来前景更为乐观，但人们普遍不知道的是 STRP 正面临着一项有挑战性的任务，即研究如何筹集资金缴纳 FCC 的罚款。根据后来 SEC 文件中披露的信息，在与 FCC 达成和解之前，STRP 董事会就已经在探索其合并方案（最终的代理委托书见附录 D，显示了董事会采取的在此前未公开披露过的额外措施）。和解协议一经签署，出售进程就会加快，因为 STRP 董事会肯定已得出结论，即支付和解协议罚金为最佳选择且会为包括霍华德·乔纳斯在内的 STRP 股东实现价值最大化。

文件说明

SEC 提交的合并文件（如委托书和 14-d-9s）往往能更全面地反映出目标公司采取的行动。这些细节提供了信息，使股东和套利交易者能够更好地估算成功的概率以及目标公司股票的最终收购价格。

FCC 和解协议之前和之后不久的 STRP 股价如图 11.1 所示，事件时间轴如表 11.1 所示。各个合并协议的价差将在本章后文进行说明。

事件时间轴：STRP/T/VZ 交易。

表 11.1　STRP 事件时间轴

事件 1
2017 年 1 月 11 日
STRP 公司董事会批准了与 FCC 的和解协议。根据协议，STRP 公司同意：
（1）支付 1 500 万美元的民事罚款。
（2）交出其在 39 GHz 频段的 196 个牌照。
（3）在 2018 年 1 月 11 日前提交出售其剩余 39 GHz 和 28 GHz 频谱牌照的申请，并将出售所得的 20% 汇款至美国财政部。

事件 2
2017 年 4 月 10 日
STRP 和 T 宣布，双方已经签署了一份最终合并协议，T 将以每股 95.63 美元的价格全股收购 STRP。为了确保每股 95.63 美元的价值，股票对价将基于交易完成时可变数量的 T 股。

事件 3
2017 年 4 月 13 日
STRP 公司提交了一份 8-K 文件，其中包括最终合并协议和一些概要信息。8-K 文件包括了"条款 8.01 其他事件"。该部分透露了在两家公司同意合并的 4 天后，STRP 及其财务顾问收到了一封第三方来信，信中表示其仍有兴趣竞标 STRP。下文提供了该条款部分，附录 E 中提供了完整的 8-K 文件。

条款 8.01 其他事件
2017 年 4 月 13 日，本公司与公司财务顾问永核集团有限责任公司收到第三方来信，该第三方在本公司签订合并协议前一直参与对本公司的竞标收购。信中表示，该第三方仍对与本公司的交易感兴趣，而且目前正在"评估一份其认为会比目前交易更有利于你方股东的最优报价"。我方无法确保会收到信中所谓的报价，也无法确保如果收到此报价，董事会是否会确定该报价构成合并协议中定义的更优提案。在任何情况下，本公司与任何此类报价相关的权利和义务都将遵守合并协议。

续表

事件 4
2017 年 4 月 17 日
彭博新闻社报道称，VZ 正在考虑对 STRP 进行还价。

事件 5
2017 年 4 月 25 日
STRP 宣布其收到了一家跨国电信公司提出的每股 104.64 美元的主动报价。提供的对价将完全由投标人的普通股支付。董事会确定该主动报价构成与 T 公司最终合并协议中定义的"更优提案"。

事件 6
2017 年 5 月 3 日
STRP 公司透露其董事会已确定收到一家跨国电信公司的报价，报价为每股 STRP 股份 135.96 美元。对价将由收购公司股票进行支付。STRP 董事会确定，根据与 T 的最终协议，该报价构成"更优提案"。

事件 7
2017 年 5 月 8 日
STRP 宣布其董事会已确定根据与 T 的最终合并协议，一家跨国电信公司提出的每股价值 184 美元的修订报价为"更优提案"。合并对价为 100% 的由投标人普通股的形式支付。STRP 公司告知 T 公司其将 184 美元的报价认定为"更优提案"，同时确认 T 有 3 个工作日的时间与 STRP 协商修订合并协议。

事件 8
2017 年 5 月 11 日
STRP 公司发布了一份新闻稿，宣布其将签署一份最终合并协议。根据该协议，VZ 将以每股 184 美元的价格、全股票交易的方式收购 STRP。
新闻稿还透露，T 已决定不再对 STRP 进行任何额外竞价，也不再对合并条约提出任何修订。据透露，VZ 是投标人，STRP 与 VZ 达成最终合并协议，同时与 T 的协议终止。STRP 公司大股东霍华德·乔纳斯签署了表决协议以支持该合并。

数据来源：公开文件和新闻稿。

STRP/T/VZ 的冒险

2017 年 4 月 10 日（事件 1），STRP 公司和 T 公司发布了一份新闻稿，披露两家公司已达成最终协议，每股 STRP 股份将获得 95.63 美元的 T 股票。在达成协议之前，STRP 公司的股价一直处于 36 美元的水平。而这些条款为 STRP 公司股东提供了 165% 的溢价。由于这些溢价，以及考虑到在交易宣布前 STRP 处于 36 美元水平的股价，导致套利交易者认为下行风险相当大。作为对名义下行风险的抵消，通常 T 作为收购方的合并被认为具有较高的成交概率。

公告发布后，STRP 当天交易价格为 91.64 美元，涨幅超过 55 美元。

如果套利交易者决定建仓，应该购买 STRP 公司股票。虽然最终的合并对价为 T 公司股票，但却没有设定 T 公司股票与 STRP 公司股票的固定比率。然而，STRP 董事会曾协商，在交易未决期间，T 公司将承担自己公司股票波动的风险。无论交易完成时 T 的股价如何，STRP 公司股东都将获得价值 95.63 美元的 T 公司股票。

在 2017 年 4 月 10 日首次公告日上，如果一名套利交易者在 STRP 公司建立了仓位，其将拥有：

日期：2017 年 4 月 10 日。

做多持仓：在 91.64 美元处买入 100 股 STRP 公司股票。

总价差 = 95.63 - 91.64 = 3.99（美元）。

这位套利交易者以 91.64 美元的价格购买了 100 股 STRP 公司股票，并得到了 3.99 美元的价差。如果交易需要一年时间才能完成，这位套利交易者原本预计的年化非杠杆总收益率为 4.3%。

尽管 4% 的收益率并不是很高，但在过去 10 年里交易利率接近历史低点，这一收益率并不逊色于其他类似交易，且被认为是相对有吸引力的。然而，这位套利交易者对将要进行的额外投标却没有任何准备。

就在 STRP/T 合并协议披露一周后，媒体上出现了一篇文章，指出 VZ 正考虑对 STRP 公司发起有竞争力的投标。STRP 公司委托书披露的信息在其后表明，在与 T 公司价值 95.63 美元的股票交易被披露之前，T 公司和 VZ 公司以及其他公司已经多次出价竞标。

这篇文章造成 2017 年 4 月 17 日 STRP 公司的股价上涨 20 美元至 112.49 美元。当时，STRP 公司股票的交易价格比 T 公司的收购价高出 16.86 美元。套利交易者猜测 VZ 公司会提出竞争性报价，这可能引发一场争夺 STRP 及其目前价值不菲的频谱许可证控制权的竞购战。

套利交易者这时候可从其 STRP 公司持仓中按市值计价获得 20.85 美元的利润——这对于持股一周的套利交易者来说还是不错的，具体如表 11.2 所示。

表 11.2　2017 年 4 月 10 日—2017 年 4 月 14 日 STRP 公司股价　　　　单位：美元

日期：2017 年 4 月 10 日	成本价	2017 年 4 月 14 日每股市价	总市值	损益
做多持仓：买入 100 股 STRP 公司股票	9 164	112.49	11 249	2 085
市值计价净收益：2 085				

在 2017 年 4 月 25 日之前，STRP 公司股价一直在 109～114 美元。当天，STRP 公司宣布其收到一家跨国电信公司的主动报价，每股报价为 104.64 美元。新闻中没有提及 VZ 公司的名字，但大多数套利交易者都认为是 VZ 公司。尽管 VZ 公司的出价低于过去一周 STRP 的股票交易价格，但它引发了两家巨型公司之间争夺 STRP 及其频谱控制权的竞购战。

在竞购消息传出后，STRP 公司每股股价上涨 18 美元以上，达到 128.96 美元的水平。此时，股价已经比 VZ 公司的报价高出了 24.32 美元，同时套利交易者确定一场竞购战已经开始，并预计 T 公司会提出更好的报价。

表 11.3　2017 年 4 月 10 日—2017 年 4 月 15 日 STRP 公司股份　　　　单位：美元

日期：2017 年 4 月 10 日	成本价	2017 年 4 月 25 日每股市价	总市值	损益
做多持仓：买入 100 股 STRP 公司股票	9 164	128.96	12 896	3 732
市值计价净收益：3 732				

此时，在仅持有 STRP 公司股票 15 天后，套利交易者每持有的 100 股就会有 3 732 美元的利润或 41% 的投资收益。

接下来的问题是，套利交易者是应该取出收益，还是应该继续持仓，并希望竞购战持续下去？这不是一个容易的决定，但只要竞争性的情况看起来仍将持续，那么持仓通常都是明智的。

造成竞争性投标的主要因素是稀缺性。尽管许多投资者都没有意识到 STRP 公司的频谱许可证对主要移动通信公司的价值，但事实证明，这些频谱将成为开发下一代 5G 移动通信系统的一个关键因素，且同时没有任何其他公司拥有相同库存的此类许可证。稀缺性通常会导致投标人在从未预料到的价格水平上竞标。我们已经看到，稀缺因素将目标价格推到了极高的水平，如惠普公司在 2010 年赢得的对 3COM 的竞购战。

在一周的时间里，STRP 公司的股价持续地明显高于 VZ 公司的报价，同时没有任何有关 T 公司意向的消息。

> **文件说明**
>
> 随着时间的推移，我发现，当情形中涉及多个投标者时，套利交易者通常可以获得很高的收益。套利交易者也需要避免对目标公司股票支付过高的价格，但这些情况也代表着实现巨大潜在收益的机会。
>
> 当套利交易者遇到多家投标者的案例时，只要他们认为自己支付的溢价不高，就应该采取激进的策略。套利交易者可能希望在这类交易中满仓。

5 月 3 日，期待已久的消息传出，又一件事情确定下来，但这并不是人们所期待的。交易员们期望 T 公司能提高报价。然而，STRP 公司披露虽然其没有披露任何有关 T 公司报价的事宜，但它收到了来自某跨国电信公司的价格 135.96 美元的另一份报价，见表 11.4。

消息传出后，STRP 公司每股价格上涨 29.38 美元，较 135.96 美元的新报价溢价 19.24 美元。没有迹象表明 T 公司在幕后做了什么，但人们猜测它会继续竞标，且这将迫使竞争对手提高报价。通常情况下，目标公司会披露收到了新报价，但在这个案例中，披露却很少。随后，合并的背景在 STRP 公司委托材料中一经披露，套利交易者就会了解到 T 公司曾多次报价并提高报价（详情见附录 D 的 STRP 公司委托文件）。

> **文件说明**
>
> 最安全的交易之一是修订过条款的交易，这意味着相关各方至少对该交易进行了两次评估。从历史上看，这类交易完成的可能性非常高。

再次强调，套利交易者面临着一项抉择——是继续持有 STRP 公司股票，还是套取巨额收益？

表 11.4　2017 年 4 月 10 日—2017 年 5 月 3 日 STRP 公司股价　　单位：美元

日期：2017 年 4 月 10 日	成本价	2017 年 5 月 3 日每股市价	总市值	损益
做多持仓：买入 100 股 STRP 公司股票	9 164	155.20	15 520	6 356
市值计价净收益：6 356				

这些未实现的利润意味着在声明发布第一天购买 STRP 公司股票的人会有 69% 的收益。鉴于 STRP 公司没有透露任何关于 T 公司的进一步细节，而 VZ 公司再次提出了更高的报价，那么 T 公司仍将参与竞标是看似合理的。

在 VZ 公司报价 135.96 美元之后，STRP 公司股价几乎每天上涨近 10 美元。

周末过后的 2017 年 5 月 8 日，STRP 公司宣布这家未披露姓名的竞标者再次提高了报价。STRP 公司董事会认定，根据与 T 公司的最终协议，新的 184 美元报价是一个"更优提案"，同时再次并未提及是否有 T 的新报价。

随后，STRP 公司股价升至 214 美元，在 2017 年 5 月 9 日收盘价达到 230.68 美元的峰值。在下一个重大事件（事件 8）的前一天 5 月 10 日，由于套利交易者继续猜想 T 公司会提出高于 VZ 184 美元报价的反报价，STRP 最终收盘于 223.79 美元。

不幸的是，在上周末 STRP 公司披露其董事会已与 VZ 公司达成最终合并协议，VZ 公司将以每股 STRP 股份 184 美元的价格收购 STRP 公司的消息后，市场的失望情绪随之而来。该披露还表明，T 公司决定不再对 STRP 公司提出任何额外报价，并退出了竞购流程。

那些继续持有 STRP 股票至 5 月 11 日声明日的套利交易者仍寄期望于 T 的更高报价。不幸的是，VZ 提出 184 美元的报价后，竞标也随之结束。STRP 的股票于 5 月 11 日下跌 45.68 美元，以 184 美元的最终报价水平进行交易。STRP 5 月 11 日的收盘价相当于 VZ 报价打折 5.89 美元。从年化基础来看，这个交易水平表现了假设持股一年期的 3.3% 的年化收益率，见表 11.5。

糟糕的是对于套利交易者来说,他们的大部分未实现盈利消失了。

表 11.5　2017 年 4 月 10 日—2017 年 5 月 11 日 STRP 公司股价　单位:美元

日期:2017 年 4 月 10 日	成本价	2017 年 5 月 11 日每股市价	总市值	损益
做多持仓:买入 100 股 STRP 公司股票	9 164	178.11	17 811	8 647
市值计价净收益:8 647				

T 公司的最初公布后,每 100 股 STRP 股票的利润为 8 647 美元,相当于 105.3% 的非年化收益率。若按年化计算,假设持有期为 32 天,年化收益率超过 1 000%!尽管套利交易者丢掉了许多利润,但这仍是历史上利润最高的竞购战之一。

图 11.2 展示了股票价格的变动。

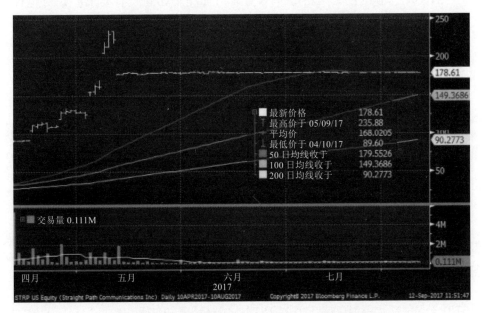

图 11.2　在宣布合并之后,STRP 公司股价变动

数据来源:经彭博财经有限合伙公司许可使用。

> **文件说明**
>
> 当套利交易者参与竞购战时,常见的情况是当一个竞标者退出后,一些未实现的利润就会被抹去。假设目标公司股价高于最近一次公开的报价,落选投标人的最终退出会导致目标公司股票返回部分收益。这是在竞购战中持有目标公司股票的一个小代价。

注:本章撰写之日,STRP/VZ交易仍在进行,等待合并的完成。也许事件还会有其他发展。

STRP/T/VZ 竞购战的后果

STRP 公司委托书于 2017 年 6 月 4 日提交。如同所有要求股东对拟议合并进行投票的委托书一样,这份委托书包括一个详细的背景部分,其中揭示了合并谈判过程中的许多细节。在本案例中,背景部分非常具有启发性。之前未披露的主要进展情况如表 11.6 所示。

表 11.6　STRP 竞购战中未披露的进展

未披露进展 1 2016 年秋 STRP 公司与有意收购其频谱资产的各方进行了讨论。
未披露进展 2 2016 年 11 月 11 日 AT&T 报价每股 43.90 美元收购 STRP。
未披露进展 3 2017 年 3 月 1 日 STRP 公司的投资银行收到若干个收购 STRP 的报价,其中包括: (1) 投标人 F—24.99 美元; (2) 投标人 C—34.28 美元; (3) AT&T—35.44 美元; (4) VZ—32.18 美元。
未披露进展 4 2017 年 3 月 30 日

续表

STRP 公司收到一些投标人修改后的投资意向：
（1）T—52.44 美元；
（2）投标人 B—48 美元；
（3）VZ—45.26 美元。

未披露进展 5
2017 年 4 月 6 日
T 报价 57.00 美元；
VZ 报价 61.57 美元。

未披露进展 6
2017 年 4 月 7 日
投标人 B 给出"最佳和最终"报价 57.50 美元。T 报价 71.81 美元。
VZ 竞价 75.50 美元。

未披露进展 7
2017 年 4 月 8 日
T 给出修订报价 83.72 美元。

未披露进展 8
2017 年 4 月 9 日
霍华德·乔纳斯表示尽管 VZ 提供更多的对价，但他仍倾向于与 T 进行交易。他的理由是其相信，T 的报价会比 VZ 的报价更快获得所需的监管机构批准。

未披露进展 9
2017 年 4 月 20 日
VZ 报价 104.64 美元。

未披露进展 10
2017 年 4 月 23 日
霍华德·乔纳斯表示他目前支持 VZ 的报价。

未披露进展 11
2017 年 5 月 1 日
T 向 STRP 提出两份新的报价：
（1）108.64 美元或
（2）120.78 美元，条件是 STRP 董事会和霍华德·乔纳斯同意不再考虑任何 VZ 进一步的合并提案。
VZ 当天晚些时候，给出了价值 135.96 美元的报价。

未披露进展 12
2017 年 5 月 5 日
T 报价 138.89 美元。

续表

未披露进展 13 2017 年 5 月 7 日 两份收购 STRP 的提案： （1）184 美元或 （2）196 美元，如果 STRP 给 VZ 机会与 T 进行讨论，讨论出售 STRP 后 VZ 和 T 共同持有 STRP 资产的交易。 当天晚些时候，STRP 公司董事会确定 VZ 的提案将会结束竞购的过程，并且董事会相信 T 将提供 184 美元的匹配报价，或提出更高报价。 **未披露进展 14** 2017 年 5 月 10 日 T 退出竞标，STRP 公司董事会的虚张声势失算了。

在整个竞标过程中掌握这些信息对套利交易者和 STRP 股东来说是非常有利的。然而，选择性地传播谈判细节在收购情况中是很常见的。通常情况下，在目标公司提交初步委托材料或在合并被认定是要约收购的情况下提交 14-d-9 后，才会披露全部结果。

最难以置信的披露是套利交易者并非是唯一寄希望于 T 公司再次报价的当事方。STRP 公司董事会也猜想 T 公司会继续竞标，从而拒绝了 VZ 公司 196 美元或高出最终报价 12 美元的报价。

STRP 公司董事会赌注 T 公司还不会结束竞价。而董事会失算了，STRP 股东把 1.42 亿美元留在了谈判桌上！

或许这份委托书中最有趣的进展是，当 VZ 提出其可给 STRP 股东带来每股 12 美元额外收益的双重报价时，STRP 公司董事会做出了与套利交易者相同的假设。不幸的是，STRP 董事会赌输了。

附录 D 提供了来自 STRP 公司委托书的整个背景部分，并标注了套利交易者在做出投资决策时关注的最重要因素。

***

STRP/T/VZ 交易过程的曲折辗转说明了拟议交易有许多可能的结果，套利交易者需要特殊技巧来预测任何结果的可能性。在本书中，我希望我已经阐明了风险套利实践在令人非常兴奋的同时更是一门艺术，而非科学。

附录A[①]
要约收购文件

要约以现金方式收购艾加斯公司的所有已发行普通股（包括相关优先股购买权），收购价格为60.00美元/股。

收购人名称：空气产品配送公司（空气化工产品公司的全资子公司）

若无延期，本次要约收购提议及撤销的权利于纽约时间2010年4月9日星期五子夜12时失效。

特拉华州公司空气产品配送公司（收购人）为特拉华州公司空气化工产品公司（以下简称空气产品）的全资子公司。本次要约收购为向艾加斯公司（以下简称艾加斯）股东发出的全面要约，以抛开利息及任何必要预扣税后60.00美元/股的价格去现金收购面值为0.01美元/股的艾加斯公司的所有已发行普通股（包括相关优先股购买权，以下简称股份），该公司此前并不为空气产品及其任何子公司所拥有。以上皆依据条款并受本收购要约及其相关附加转送函（以下简称转送函）中各条例约束。

本要约（同收购要约的定义）需满足（其中包括）：（Ⅰ）有效出售且在要约截止前未被撤回的股份，连同空气产品及其子公司（包含收购人）已经持有的股份，需在全面摊薄的基准下至少占流通股总数的大部分；（Ⅱ）艾加斯董事会须兑现相关优先股购买权或由收购人单独裁量决定该权利是否失效，或不适用于此要约及艾加斯和收购人（或是收购人，或是空气产品的子公司）的合并（下称提议合并）；（Ⅲ）艾加斯董事会须基于特拉华州

---

① 本文件通过该链接生成 http://ourts.delaware.gov/oponions/download.aspx?ID=150850.

通用公司法（DGCL）第203条批准此要约及提议合并，或由收购人单独裁量决定DGCL第203条是否不适用于此要约和提议合并；（IV）艾加斯董事会须基于艾加斯修订和重申公司章程（艾加斯章程）第6条批准此要约及提议合并，或由收购人单独裁量决定艾加斯章程第6条是否不适用于此次要约和提议合并；（V）根据1976年哈特-斯科特-罗迪诺反垄断改进法修正案，等候期适用于此要约中的股份收购，若等候期失效或终止，而（VI）艾加斯仍未与任何人或实体开始或实行任何协定与交易，则会影响收购人或空气产品购进艾加斯的能力，或降低收购艾加斯给空气产品带来的预期价值。

本要约不以收购人获得融资作为条件。

空气产品和收购公司寻求与艾加斯的企业合并。根据相关适用法律，空气产品和收购公司需要保留修改要约（包括修改收购股份数量、收购价格和提议合并中的对价）的权利，权利包括开始实行或商讨实行一个不涉及要约收购（收购公司可以终止要约，在合并完成时，股份将被转换成空气产品、收购人和艾加斯谈判的对价）的合并协议。

本收购要约和要约均不构成与（在收购要约中定义的）征集代理权或其他相关的代理权征集。任何此类征集（包括代理权征集）都将依据符合证券交易委员会的规则和条例的独立代理权征集材料订立。

本次交易并未得到证券交易委员会或任何国家证券委员会的批准或否定。而且，证券交易委员会或任何国家证券委员会还没有就此交易的公正性和法律权利进行鉴别，也未对包含在此文件中的信息的准确性和充分性进行鉴别。任何违反所述规定的行为均属犯罪。

本收购要约及其相关附加转送函包含重要信息，您须在做出与此要约相关决定前仔细并完整阅读两份文件。

此要约收购的交易商经理是：

J.P. 摩根

2010年2月11日

> 要点 1：要约收购中最重要的是要约截止日期。所有收购要约都应在第一页披露要约截止的日期和时间。套利交易者必须在此日期之前出售股份。否则，他（或她）将面临这笔投资价格大幅降低的风险。同时，在封页中，通常会归纳这个交易的重大突发事件和情况。此部分包含每股收购价格和此价格购入数量。若此要约为全面要约，则无须关注股份占比；若此要约为部分现金收购要约，股份购入数量则被用于计算最小占比。

艾加斯的任何股份持有人若意图提呈全部或部分本要约中的股东股份，均应选择以下之一：（i）依照转送函中的指示，完成并签署附加转送函或其副本，并将转送函连同提呈股份的证明文件及其他所有必要文件邮寄或递送至本要约的受托公司，即美国股份转让信托公司，或根据要约第三节的账簿划拨转让中详述的账簿划拨转让流程提呈此股份；或（ii）要求此类股份持有人的经纪人、交易商、商业银行、信托公司或其他代理人为持有人实施交易。若股份持有人的股份以其经纪人、交易商、商业银行、信托公司或其他代理人名字登记，且持有人有意提呈股份，则须联系此代理人。相关优先股购买权当前体现在要约证明文件及要约收购中，股份持有人也将出售相关优先股购买权。到分配日期时（要约第八节之优先股购买权所述），股份持有人须与提呈的每股连带提呈一份相关优先股购买权，从而实现此股份的有效提呈。

任何股份持有人若有意愿提呈股份，但其相关股份（和/或相关优先股购买权）证明文件非立即可用，或该持有人未能按时遵守账簿划拨转让流程，可依照要约第三节之确保送达中详述的确保送达流程提呈股份。

任何疑问及协助请求可根据此收购要约封底的地址和电话信息分别转送至信息代理人或交易商经理处。更多此类收购要约、转送函、确保送达告示及其他相关文件的副本可从信息代理人或经纪人、交易商、商业银行、信托公司处获取。

目录

条款清单概要	219
引言	226
收购要约	230
1. 要约条款	230
2. 承兑付款及缴纳股款	233
3. 出让股份流程	234
4. 退股权	238
5. 美国联邦所得税税收后果	239
6. 股份定价区间；股息	242
7. 此要约对股市的可能影响；证券交易所挂牌；根据证券交易法注册登记；保证金监管	243
8. 艾加斯相关信息	244
9. 收购人及空气产品的相关信息	248
10. 资金来源及数额	250
11. 要约背景；与艾加斯的其他交易	252
12. 要约目标；艾加斯未来规划；法定要求；批准合并	261
13. 股息及分配	266
14. 要约条件	267
15. 相关法律事项；监管审批	273
16. 法律程序	277
17. 费用和开销	279
18. 其他事项	279

事项进程 事项 I —— 空气产品及收购公司的董事和执行官

条款清单 空气产品配送公司是空气产品的全资子公司，现正提出基于本收购要约及其相关附加转送函中的条款及条件，以抛开利息及任何必要预扣税后 60.00 美元 / 股的价格现金收购面值为 0.01 美元 / 股的艾加斯的所有已发行普通股（及相关优先股购买权）。以下为您，作为艾加斯股份持有人，可能会有的疑问及其解释。由于此条款清单概要并不全面，此收购要约及转送函余文包含其余重要信息，您应完整并仔细阅读此收购要约及附加转送函。

谁提出购买我的股票？ 我们的名字是空气产品配送公司。我们是一家特拉华州公司，旨在向艾加斯提出全面要约。我们是特拉华州公司空气产品的全资子公司。见要约第九节。

你们要收购什么股票？ 我们提出收购面值为 0.01 美元/股的艾加斯的所有已发行普通股及相关优先股购买权。下文我们将艾加斯的每一普通股及其相关优先股购买权称为"股份"或"股票"。见引言。

你们的收购价格是多少？以什么形式支付？ 我们会以现金形式以刨除利息及任何必要预扣税后 60.00 美元/股的价格提议收购。如果您是您手中股份的在册所有人，且您在本次要约中直接向我们提呈您的股份，则无须支付经纪人佣金或类似费用。如果您的股份以经纪人、交易商、商业银行、信托公司或其他代理人为在册所有人，且您的经纪人、交易商、商业银行、信托公司或其他代理人代表您提呈您的股份，则或将承担一定费用。您应咨询您的经纪人、交易商、商业银行、信托公司或其他代理人来了解是否会产生此费用。见引言。

你们为什么提出收购？ 我们提出此收购的原因是我们希望最终持有艾加斯的所有普通股。见要约第 12 节。

你们有收购此股份的资金来源吗？ 根据此要约，我们将总共需要大约 70 亿美元来收购所有已发行股份、偿清与交易有关的债务及支付相关费用和开销。截至 2009 年 12 月 31 日，空气产品持有现金及现金项目共约 32 300 万美元。此外，空气产品已与摩根大通银行订立承诺书。据此书，摩根大通银行承诺向空气产品提供总计达 672 400 万美元的信贷。空气产品期望通过分配或预拨资金使我们完成此次要约收购。空气产品期望基于通过内部可用现金联合长期借款，从而让我们手头持有充裕现金在要约到期前支付要约中所有股份价格。本要约不以任何融资安排作为条件。见要约第 10 节。

> 要点2：APD公开其需要大约70亿美元来完成本次要约收购。APD已通过库存现金和长期贷款持有所需资金。通常情况下套利交易者乐于见到在要约花费的总费用上有一个现金缓冲区，这样意味着投标人还有加价空间。在此案例中，套利交易者会假定APD能增加长期贷款或安排其他资金来源。

你们的财务状况和我决定是否出售股份有关系吗？ 由于支付方式仅为现金，且不以任何融资安排作为条件，我们认为我们的财务状况和您决定是否提呈股份无关。

艾加斯的董事会对此要约的看法是什么？ 2010年2月9日，艾加斯发表的新闻稿表明公司董事会一致认为，空气产品于2010年2月4日提出的以每股60美元对艾加斯股份的全面要约方案低估了艾加斯的价值和前景，这个要约方案不符合艾加斯股东的最佳利益。

我可以有多长时间来决定是否接受该要约？ 您可以在要约的截止日期前做决定。本次要约将于纽约时间2010年4月9日，周五，午夜12点整，也就是2010年4月9日结束之时截止。我们可以在任何时间以任何原因单方面决定是否延期该要约。如果该要约被延期，我们会在原要约截止日之后下一个工作日的纽约时间当天上午9点或之前发表一份新闻稿宣布该延期决定。见要约第1节。

我们可能会为此次要约实施一个"后续要约期"。若实行后续要约期，这将会是一段开始于我们在要约中完成收购所提呈股份之后的附加时间。在此期间，股份持有人可提呈，但不可撤回其股份，并接受要约对价。我们目前还不考虑实行后续要约期，但我们保留此权利。见要约第1节。

这次要约最重要的条件是什么？ 此次要约基于但不限于以下条件：（i）在截止日期前有效提呈且未被撤回的股份，连同空气产品（Air Produces）及其子公司（包括我们）已经持有的股份，需在全面摊薄的基准下至少占流通股总数的大部分；（ii）艾加斯董事会须兑现相关优先股购买权或由我方单独裁量决定该权利是否失效，或不适用于此要约及艾加斯和我方（或我方其一子公司）的合并；（iii）艾加斯董事会须基于特拉华州通用公司法（DGCL）

第 203 条批准此要约及提议合并，或由我方单独裁量决定 DGCL 第 203 条是否不适用于此要约和提议合并；(iv) 艾加斯董事会须基于艾加斯修订和重申公司章程（"艾加斯章程"）第 6 条批准此要约及提议合并，或由我方单独裁量决定艾加斯章程第 6 条是否不适用于此次要约和提议合并；(v) 根据 1976 年哈特 - 斯科特 - 罗迪诺反垄断改进法修正案，等候期适用于此要约中的股份收购，若等候期失效或终止，而（vi）艾加斯仍未与任何人或实体开始或实行任何协定与交易，则会影响收购人或空气产品购进艾加斯的能力，或降低收购艾加斯给空气产品带来的预期价值。见要约第 14 节。

你们计划通过委托书征集的方式用你们的董事提名人替换部分或全部艾加斯的董事吗？ 是的。我们目前准备提名并征集代理人，并会在艾加斯 2010 年会上提出候选人名单（代理权征集）。但在我们认为符合最佳利益，或认为无必要实行代理权征集，其原因包括我们认为艾加斯董事会已力所能及地采取所有行动使此次收购要约包含的条件得以达成时，我们保留于任何时间决定不实行代理权征集（或终止代理权征集或实施不同代理权征集）的权利。本收购要约和要约均不构成收购要约中定义的征集代理权或其他相关的代理权征集。任何此类征集（包括代理权征集）都应依据符合美国证券交易委员会（SEC）的规则和条例的独立代理权征集材料订立。

> 要点 3：APD 计划实施代理权之争，APD 希望此举可成为迫使 ARG 协商达成善意合并的关键因素。

如果要约延期，我会如何得到通知？ 如果我们决定延期要约，会通知本要约的受托公司美国股份转让信托公司，并会于原要约截止日之后下一个工作日的纽约时间当天上午 9 点或之前发出延期公告。见要约第 1 节。

我应如何提呈股份？ 若要提呈股份，您须在要约截至日前递交您持有股份的证明材料，连同一份完整的转送函及其他必要文件至本要约的受托公司美国股份转让信托公司处，或根据要约第 3 节之账簿划拨转让中详述的账簿划拨转让流程提呈此股份。如果您的股份以您经纪人、交易商、银行、信托公司或其他代理人为在册所有人，此所有人可通过证券存托公司提呈您的股份。如果您未能在要约截止日期前递交所有必须材料至受托公司进行有效提呈，但若您有一家金融机构担保（包括大部分银行、储蓄信贷协会、证券经纪商），且此金融机构为证券转让协会认可的奖章项目成员，包括证券转让代理人奖章项目（Securities Transfer Agents Medallion Program，STAMP）、证券交易所奖章项目（Stock Exchange Medallion Signature Program，SEMP）和纽约证券交易所奖章标志项目（Medallion Signature Program，MSP），其根据确保送达协议担保缺漏文件会在纽约证券交易所三个交易日内送达受托公司，您或将仍有一段限时附加时间。但是受托公司须在三个交易日内收到缺漏文件。见要约第3节。

到分配日期时，您每提呈一股普通股，都须连带提呈一份相关优先股购买权，从而实现要约中此股份的有效提呈。见要约第8节。

我可以在什么时间前撤销股份提呈？ 您可在要约截止前任何时间撤销股份提呈，同时，如果我们在2010年4月12日前仍未支付您的股款，您可在此日期后直到我们支付股款前的任意时间撤销出售股份。但您不能在后续要约期（若实行）内撤销股份提呈。见要约第4节。

我应如何撤销股份提呈？ 若要撤销股份提呈，您须在有权撤销股份提呈之日内，递交一份手写版撤销通知书或副本，连同必要信息至美国股份转让信托公司处。见要约第4节。

我提呈的股份会在什么时间以什么方式支付？ 根据本要约的条款及条件，我们将在要约截止日当日晚些时候立即支付所有在截止日期前有效提呈且未被撤回的股份。要约条款的满足及放弃请见要约第14节。

我们将把收购款额存放至美国股份转让信托公司处以支付您有效提呈且未被撤回的股份，其将作为您的代理人从我方接收付款并将此笔款项转交给您。所有情况下，提呈股份的股款会在美国股份转让信托公司及时收到此股份证明材料（或要约第3节之账簿划拨转账中解释的账簿划拨转账确认），准确填写且正式签名的转送函（或副本）及此股份任何其他必要文件后支付。

如果要约中的股份并未完全提呈，那么要约后会进行兼并吗？ 根据要约，如果我们确认支付并收购的股份数额连同空气产品或其任意子公司已持有的股份数额在全面摊薄的基准下至少占流通股总数的大部分，那么目前计划一旦要约收购完成后条件允许,我们将寻求使艾加斯与我方或另一空气产品的子公司达成兼并或其他类似商业合并。届时,不为空气产品或我们(或我们各子公司)所持有的每一流通股均将转换为获取与要约中每股最高价等价现金的权利。见引言。

如果股份大部分提呈并接收股款,艾加斯还会是一家上市公司吗? 如果进行兼并,那么艾加斯则不再属于公有。即使没有进行兼并,如果我们收购了所有提呈的股份,那么其余股份持有人和公开持有的股份也所剩无几,股份无法再在证券交易所进行交易,没有此股份的公开交易市场,且艾加斯可能终止向 SEC 提交备案或不再有义务遵守 SEC 关于上市公司的条款。见要约第 7 节。

如果我决定不提呈股份,要约对我的股份有什么影响? 如果要约成功,我们目前打算在要约完成后尽快促使艾加斯与我们或其他空气产品子公司完成公司合并或其他类似的业务合并。每一股发行在外的股份将按照要约价兑换成一定数额的现金。如果开展了拟议的第二步合并,本要约中不愿提呈股份的股东(正当地行使估价权的股东除外)将获得与要约中投标的股份相同数额的现金。因此,如果发生这种合并,在要约中选择提呈与选择不提呈股份的股东之间的区别仅在于,选择提呈股份的股东会更早地得到支付。但如果合并没有进行,要约完成后,股东数量与公众持股量可能会很少,以至于不再有一个活跃或流通的公开交易市场(或者任何公开交易市场)来购买非空气产品及其子公司所持的股票,这可能会影响到股票交易的价格。此外,如上所述,艾加斯可能停止向 SEC 申报,不再需要遵守 SEC 关于上市公司的规定。见要约第 7 节。

要约或拟议合并是否含有评估权? 要约不含评估权。拟议合并完成后,若股东在合并生效时不投票赞成或同意该拟议合并,并遵循特拉华州《普通公司法》(DGCL)第 262 条的规定,则有权要求股份评估。根据第 262 条规定,若股东要求股份评估,且遵循适用的法定程序,则该股东有权要求对其股份的公允价值做司法裁定,公允价值不包含因拟议合并的完成或预期带来的任何价值影响,同时该股东享有其股份的公允价值及利息(若有)的现金支付权。任何公允价值的司法裁定可基于拟议合并中拟支付的每股价格或市场价值以外的因素。以此判定的价值可能高于或低于拟议合并中拟支付的每股价格。见要约第 15 节——评估权。

截至最新日期，我的股份市值是多少？ 2010 年 2 月 4 日是我们发出首次公告前的最后一个完整交易日，公告将以每股 60.00 美元的价格现金收购艾加斯。纽约证券交易所上报的艾加斯普通股的最后销售价格为每股 43.53 美元。请在决定是否出让股份前获取股份的最新报价。

参与要约将涉及哪些美国联邦所得税？ 美国联邦税法规定，收到要约股份的现金支付是一项应税交易。一般而言，若您的股份是联邦税法划定的资本资产，且您是美国股东（定义见要约第 5 节），将确认一笔资本利得，金额为收到的现金与股份的调整成本基价之间的差额。资本利得将按照要约投标的每一批股份（单一交易中以相同价格收购的股份）分批厘定。如果您是非公司类的美国股东，且持股超过一年，则所有资本利得通常将以优惠税率（目前为 15%）缴纳美国联邦所得税。请参阅要约第 5 节。

建议您咨询自己的税务顾问，以根据您的具体情况确定参与要约的税务影响（包括来自不同州、不同地区或海外的收入及其他税法的适用和影响）。

如果对要约有疑问，我应该联系谁？ 您可以致电本要约的信息代理麦肯锡合伙公司，电话：212-929-5500（对方付费）或 800-322-2885（免费）。见此收购要约的封底。

要点 4：代理权征集公司可以很好地提供有关要约和活动时间的信息。

致艾加斯公司的股东：

介绍 本公司名为空气产品公司（下称收购者），成立于美国特拉华州，是该州空气化工产品公司（下称空气产品）的全资子公司。本公司发起要约收购特拉华州艾加斯公司（艾加斯）全部发行在外的普通股股份（普通股），每股面值 0.01 美元，一并收购相关优先股的认购权（简称认购权，与普通股统称股份），此认购权根据 2007 年 5 月 8 日由艾加斯与代理方纽约银行之间签署的认购权协议（下称认购权协议）而发行。以每股 60.00 美元的价格向卖方支付现金，净付额不含利息与联邦预扣税，同时须遵循条款，并符合此收购要约及随附转让函（包括所有修订及补充，统称要约）提出的条件。若股东股份注册在本人名下，并直接向美国股票转让信托公司，即要约托管人（托管人）投标要约股份，则无须支付经纪费或类似费用；若股东股份以证券经纪人、交易商、银行、信托公司或其他代理人的名义注册，则须咨询代理人，以确定投标股份的代理服务是否收费。除本传送函第6条规定外，股东没有义务为其出售的要约股份缴付转让税。摩根大通证券公司（下称经销商经理）、托管人和麦肯锡合伙公司（下称信息代理人）在要约服务过程中收取的所有费用与开支将由我们承担。见要约第17节。

要约（如收购要约中所定义）的条件包括但不限于：① 要约到期前有效投标且未撤回的股份，连同空气产品公司及子公司（包括我们）已持有的股份，占艾加斯完全稀释基础上的发行在外的绝大多数股份（最低投标条件）；② 艾加斯董事会赎回优先股认购权，或者我们全权酌情认定认购权已失效，或不适用于本文所述的要约及我们（或空气产品任一子公司）与艾加斯之间的合并协议（下称拟议合并）（认购权条件）；③ 艾加斯董事会根据特拉华州《普通公司法》（DGCL）第203条规定（"第203条"），已批准要约与拟议合并，或者我们全权酌情认定第203条不适用于要约与拟议合并（第203条条件）；④ 艾加斯董事会根据艾加斯经修订及重申的公司章程（下称艾加斯章程）第6条规定，已批准要约与拟议合并，或我们全权酌情认定艾加斯章程第6条不适用于要约及拟议合并"章程条件"；⑤ 1976年哈特-斯科特-罗迪诺反垄断改进法（HSR法案）中修订的等待期，适用于要约到期或终止后的股份收购（HSR条件），以及⑥艾加斯未与任何个人或主体订立或实行任何损害收购人或空气产品收购艾加斯能力的协议或交易，或造成空气产品对收购艾加斯的预期减值（减值条件）。

要约不以收购者获得融资作为条件。

截至此收购要约的发起日，空气产品持股数量为1 508 255股，约占发行在外总股数的1.8%。根据艾加斯发布的截至2009年12月31日的季度报告10-Q显示，该公司：①截至2010年2月3日发行在外的总股数为82 729 623股；②截至2009年12月31日发行在外的购买期权约7 571 000

股。在此要约中，完全稀释基础的核算假定了当前发行在外的所有股票期权当下可行权。

> **要点 5**：本节披露了 APD 已持有 ARG1.8% 的股份。ARG 持股被视为要约和接下来的代理权争夺的积极信号，但更大的持股比例会更有帮助。

本要约旨在获得艾加斯的控制权及全部股权权益。目前，我们打算在收购要约完成后，尽快促使艾加斯完成拟议的合并计划，所有空气产品或收购人（或子公司）未持有的余股都将按照要约支付的每股最高价转换为现金支付权。根据 DGCL 和艾加斯章程规定，如果满足艾加斯章程，且我们按照要约或通过其他方式收购至少 90% 的发行在外的股份，我们相信能够不经艾加斯董事会或其他股东的表决，完成拟议的合并；如果我们不收购至少 90% 的发行在外的股份，根据 DGCL 规定，我们将不得不寻求艾加斯股东批准拟议的合并计划。DGCL 要求，须由半数以上的在外发行股份的股东投赞成票，合并才予以批准。如果章程条件不满足，但我们选择完成要约，第 6 条仍要求我们寻求该拟议合并的批准，除非某些例外情况。艾加斯章程第 6 条规定，要批准与"利害关系股东"的合并（一般包括直接或间接持有 20% 及以上投票权的受益所有人、附属公司及关联公司），必须获得 67% 的对发行在外的股票有投票权的股东赞成，除非该合并获得艾加斯公司多数的非利害关系董事认可，或满足特定公允价值的条件。此外，如果第 203 条条件不满足，但我们选择完成要约，则可能大大推迟我们完成拟议合并的能力。见要约第 12 节。

我们目前意在提名并征集一批代理人，参与艾加斯在 2010 年会上的选举（代理权征集）。我们保留任何时候决定不启动代理权征集（或终止代理权征集，或启动新的代理权征集）的权利，以确保符合我们的最佳利益，或我们认为艾加斯董事会已竭能满足要约中提出的条件，无须代理权征集。

无论我们是否提议进行与艾加斯的公司合并或其他类似的业务合并，也无论我们的提名人是否在艾加斯的年度会议当选，我们目前有意在要约完成后尽快在艾加斯董事会寻求最大限度的代表权。我们打算在要约完成后，立即要求艾加斯董事会的部分或全部现任成员辞职，选举我们指定的人选来填补由此产生的空缺。如果该请求被拒绝，我们将采取必要且合法的措施，以确保艾加斯董事会的控制权。我们有权无故要求艾加斯的任一董事或全部董事离职，并有权召开艾加斯股东特别会议，以便就待定的提案采取行动。

我们期望提名人与指定人选在遵守适用法律规定的受托义务的前提下，促使艾加斯董事会：

- 修订"认购权协议"或赎回认购权，或者以其他方式满足"认购权条件"；
- 批准要约与拟议合并，或以其他方式满足第203条的条件和章程条件；
- 采取任何其他的必要行动，促使拟议合并得以完成。

此收购要约与"要约"均不构成与征集代理权相关的代理权征集。任何此类征集将仅通过单独的代理权征集文件进行，该文件须遵循美国证券交易委员会（SEC）的规章制度。

2010年2月4日，空气产品在特拉华州衡平法院对艾加斯及艾加斯董事会成员提起诉讼，请求颁布以下法庭令：①宣布艾加斯董事违反了特拉华州法律规定其对艾加斯股东的受托义务，拒绝与空气产品谈判，并拒绝内部通告空气产品先前提出的收购要约涉及的潜在参数；②命令艾加斯董事组成一个由艾加斯的独立董事组成的特别委员会，并配备独立的财务和法律顾问，以合理且真诚地考量与商榷拟议的交易；③禁止艾加斯董事违背其受托义务，采取或不采取某些措施，从而不适当地妨碍、阻挠、挫败或干扰与空气产品之间的拟议交易；④责令艾加斯公司、员工、代理人、所有代表艾加斯或与之合作的人员不得采取任何可能妨碍空气产品取得艾加斯控制权的行动，从而违反其各自对艾加斯股东的受托义务。

空气产品与收购人正寻求与艾加斯商榷一项业务合并。根据适用法律，空气产品与收购人保留"要约"的修订权（包括修订拟收购股份的数目、要约价格及拟议合并中的收购对价），包括在与艾加斯达成合并协议后对"要约"的修订，或保留与艾加斯就合并协议商榷的权利。合并协议不涉及要约收购，收购方将根据该合并协议终止"要约"，且合并完成后股份将转换为空气产品、收购人与艾加斯谈妥的对价。

如果要约终止或未完成，或在要约到期后与拟议合并完成前，我们可收购要约中未投标的额外股份。此类收购可以在公开市场上进行，也可以通过私下交易协商、发起收购要约或其他方式进行。任何此类收购均可按与要约条款相同的条款进行，或以比要约条款更有利或更不利于股东的条款进行。我们今后的任何潜在收购将取决于诸多因素，包括要约的结果、我们的业务和财务状况，以及经济和市场条件。

此收购要约与随附转让函包含重要信息，请务必在做决定前仔细阅读两份文件的全文。

要约

1. 要约条款

根据要约的条款和条件，我们将承兑付款，并支付在到期日之前有效投标且先前未根据要约第 4 节撤回的所有股份。到期日指 2010 年 4 月 9 日（2010 年 4 月 9 日，星期五）纽约时间午夜 12:00（2010 年 4 月 9 日结束）；除非在延期情况下，到期日是指延期到期日的最晚时间。

要约须符合要约第 14 节的条件，包括但不限于：满足最低投标条件、认购权条件、第 203 条条件、章程条件、HSR 条件和减值条件。如其中任何条件未达成，我们可①终止要约，并将所有已投标股份退还股东；②要约延期，并遵守要约第 4 节所述的撤销权，保留所有该股份，直至此延期到期为止；③豁免此条件，并根据要约延期的要求，收购在到期日前有效投标且未撤回的所有股份；④推迟承兑或股份支付（须遵守适用的法律），直至要约条件达成或得以豁免。

在遵守 SEC 的适用规则和条例的情况下，我们明确保留权利，但没有义务，随时全权酌情决定要约延期，并向托管人口头或书面通知公布延期期限，或发出公告宣布延期。在延期期间，所有先前已投标且未撤回的股份将继续受要约约束，并受投标股东的撤销权所规限。

自此收购要约发起日起，认购权不再独立交易。因此，在您投标普通股的同时，将自动投标相同数量的认购权。但是，如果认购权分离，将要求投标股东提供认购权证书（或认购权的账面转让确认函，若有）。

如果我们降低要收购的股份比例或增减要约对价，并在首次公布、发送或发布此项增减通知后的 10 个工作日（包括通知当日）期限结束前，要约原本将要到期，则要约将延期至上述 10 个工作日期限结束。如果我们对要约的条款做任何其他实质性更改，或豁免该要约任何实质性的条件，我们将根据适用的法律要求对要约延期，以便您有足够的时间考虑修订后的要约条款。SEC 在一份新闻稿中指出，在要约的条款发生重大变化后，要约必须至少保持开放一段时间，并且豁免最低投标条件等条件是对要约条款的重大更改。新闻稿指出，要约应自重大变动首次公布、发送或发布股东之日起至少 5 个工作日内有效。如果涉及股票价格或股票数目等信息的重大改动，则可能需要至少 10 个工作日，以使该变动得以充分散播，使投资者有足够的时间做出反应。

工作日指星期六、星期日或美国联邦假日以外的任一天，包括东部时间上午 12：01 至午夜 12：00。

如果我们延长要约、推迟承兑或支付股份，或因故无法承兑支付或支付股份，则在不损害我们的要约权利的情况下，托管人可以保留代为投标的所有股份，除非投标股东享有要约第 4 节中规定的撤销权，否则不得撤回该股份。我们保留推迟承兑或支付股份的权利。这也须遵守适用法律，该法律规定，我们须于终止或撤回要约后立即支付要约对价，或退回由股东存放或代其存放的股份。

我们将在延期、延迟、终止、豁免或修订要约后尽快发布公告。如果要约延期，我们在原定到期日的下一个工作日，不迟于纽约市时间上午 9 时，公开宣布延期。

要约到期后，我们可全权酌情决定，但并无义务，提供至少 3 个工作日的后续要约期，以容许额外股份投标（后续要约期）。后续要约期是要约到期及收购要约股份后的一段额外期限，在此期间，股东可出让要约中未出让的股份。后续要约期，如有，不是该要约的延期，因为该要约已经完成。

撤销权不适用于在后续要约期投标的股份，并且撤销权在后续要约期也不适用于在要约中已投标并已承兑支付的股份。如有后续要约期，则在此期间投标的股东将收到与要约价相同的价格。

据经修订的 1934 年《证券交易法》（交易法）的规则 14d-11，我们可以提供后续要约期，但前提是：①至少 20 个工作日的首次要约期限已过；②我们立即承兑并及时支付在要约中有效投标的所有证券；③我们会在到期后下一个工作日（不迟于美国东部时间上午 9 时）公布要约的结果，包括要约中存入股票的大致数量和百分比，并立即开始后续要约期；④我们立即承兑并即时支付于后续要约期投标的股份。

虽然我们保留这样做的权利，但我们目前不打算提供后续要约期。如果我们选择提供或延长后续要约期，我们将在要约期到期日期或截止日期后的下一个工作日（不迟于东部时间上午 9 时）就此发表公开声明。

我们正请求艾加斯提供一份股东名单与股票持仓情况列表，以便向股东发布这项要约。我们将向登记股东、经纪人、交易商、银行、信托公司和其他列入股东名单的代理人发送此收购要约、相关转让函和其他相关文件，同时发送给证券头寸列表上的结算机构（如有），该机构参与要约，并随后转发给股份的受益所有人。

2. 支付承兑与股份的支付

根据要约的条款及条件（若要约延期或修订，则包括延期或修订的相关条款及条件），对于所有在要约到期前有效投标，且未在到期后立即撤回的股份，我们将承兑并支付。我们明确保留以下权利，即在适用法律的规定下，为遵守适用法律，或在要约第 14 节未获满足或发生该节所列的特定情形时，我们可推迟承兑，从而推迟支付股份。在遵守适用的 SEC 法律法规［包括交易法第 14E-1（C）条］的前提下，我们将保留以下权利，即在要约的条件未全部满足前，我们可全权酌情决定推迟承兑与支付股份。有关我们终止要约、拒绝承兑或支付股份，或延迟承兑或支付股份的权利说明，请参阅要约第 14 节。如我们提高要约股份的收购对价，我们将就所有的要约股份支付提高后的对价。

我们将把要约价款存入托管人账户，以支付已承兑的股份，托管人将作为您的代理接收付款，并将付款转交到您手上。无论任何情形下，托管人需及时收到①投标股份证明［股份由账面转让系统（如要约第3节所定义）存入托管人账户时的账面转让确认函］，若出现分配日（如下定义），则需一并收到认购权证明（认购权由账面转让系统存入托管人账户时的账面转让确认函）；②填妥并正式签署的转让函（或副本），以及③其他所需文件后，才会对承兑股份进行支付。有关根据要约投标股份的程序说明，请参阅要约第2节。因此，如果股份和其他所需文件在不同时间交付，可在不同时间向投标股东付款。如有后续要约期，则随着后续要约期间的股份投标，已投标的股份将会立即收到承兑与支付。**在任何情况下，我们均不会就投标股份的对价支付利息，无论要约是否延期或修订，或是否发生付款延误。**

就要约而言，我们向托管人发出对投标股份的口头或书面承兑通知时，将视为对投标股份做出了承兑。

根据要约支付给股东的每股对价，将是根据要约支付给其他任一股东的最高每股对价。

我们保留以下权利，即有权随时将全部或部分股份的收购权转让或安排给我们的一间或多间附属公司，但该转让或安排不得解除我们根据要约须承担的责任，也不得损害您就您的有效投标且已承兑的股份收取付款的权利。

对于已投标的股份，如果因故未按照要约收到承兑，或者交付的股份证书多于已投标股份，则在要约期满或终止后，未购买或未投标股份的股份证书将尽快被免费退回（若股份以账面转让方式投标，则该股份将记入账面转让系统的账户内），不收取任何费用。

3. 股份投标程序

有效的股份投标。为能根据要约有效地投标股份，①托管人须在要约封底所列的地址之一收到（A）填妥且正式签署的转让函（或副本），以及转让函所需的其他文件；（B）在要约到期前，收到投标股份（若出现分配日，则包括认购权）的证明，或根据下文所述的账面转让程序交付该股份（若出现分配日，则包括认购权），同时如若投标股东尚未交付转让函，须提供股份交付证明，包括代理人讯息（定义见下文）；或②必须遵守下述保证交付程序。

  股份、转让函及其他所需文件的交付方法（包括账面转让系统交付）由您自行选择并承担风险，只有当托管人实际收到股份时，才视您的股份为已交付（如属账面转让，则要求账面转让确认函）。如果股份证明是邮寄的，我们建议寄挂号信，索要回执，并上适当的保险，请及时寄出以确保在到期日前送达。

  根据上述任一程序进行的有效投标将构成您对要约的接受，同时您表明与并担保：①拥有交易法第14E-4条所界定的投标股份；②该股份的投标符合交易法第14E-4条规定；③如转让函所述，您有充分的权力与权限投标、售卖、分配及转让该股份；④当该股份获收购人承兑付款时，收购人将取得对该股份的良好且未受限的所有权，不受任何留置权、限制、押记及产权负担的限制，且不受任何不利申索的规限。

  我们根据要约向您承兑支付，即达成我们之间就该股份的一项具有约束效力的协议，须受要约条款与条件的规定限制。

  账面转让。托管人将在要约发起后，在托管人信托公司就该股份设立一个账户（下称账面转让系统）。任何金融机构参与该账面转让系统，均可通过账面转让系统按照转让程序将股份转入托管人的账户，从而进行股份的账面转让。然而，虽然股份的交付可通过账面转让进行，但您仍需在到期日前将填妥并正式签署的转让函（或副本）连同任何所需的签署保证、代理人信息及其他所需文件交付给托管人，且托管人须在此收购要约封底注明的地址之一收到上述文件，否则，您必须遵守下文所述的保证交付程序。将转让函和其他所需文件交付账面转让系统并不构成对托管人的交付。

  "代理人讯息"一词，是指由账面转让系统向托管人发送，并由托管人接收的一种讯息，该讯息为账面确认函的一部分，表明投标人已经向账面转让系统发出明确确认，已收到且同意遵守转让函中的条款，并允许我们强制对其执行此项协议。

  签署担保。转让函的所有签名必须由金融机构（包括大多数银行、储蓄贷款协会和经纪公司）担保，该金融机构须是奖章计划（Medallion Program）的认证成员，经由证券转让协会公司（The Securities Transfer Association Inc.）审批，包括证券转让代理奖章计划（STAMP）、证券交易所奖章计划（SEMP）、纽约证券交易所奖章签字计划（MSP），或任何其他合格担保人机构（如交易法规则17AD-15所定义）（每个机构均为合格机构），除非①股份的登记股东已签署转让函，而该股东并未填写转让函上的"特别付款指示"部分，或②该股份是为合格机构的账户投标的。见转让函指示1～5条。如果股份证书并非以转让函签署人的名义注册，或收款人并非股份证书的登记人，或股份证书因未投标或未获承兑而要退回给登记人以外的其他人，则必须有适当的股权作为证书的背书或佐证。无论以上哪一情形，证书上的署名须为登记股东本人，并按前述的签名保障要求对证书上的签名做担保。见转让函指示1～5条。

保证交付。如果您想根据要约投标股份，但未能在到期日前将该股份及所有其他所需文件交付予托管人，或未能及时完成以账面转让方式交付的程序，您仍可以在符合以下所有条件时对该股份投标：

（1）该投标是由合格机构发出或通过该机构发出的；

（2）保证交付通知已按照我们提供的格式填妥并正式签署，且托管人已于到期日前收到，详情如下；

（3）托管人在保证交付通知生效后的纽约证券交易所（New York Stock Exchange，NYSE）的3个交易日内收到：股份证书（或通过账面转让系统存入托管人账户的确认函）、填妥并正式签署的转让函（或副本）、任何必要的签名保障或代理人讯息，以及其他所需文件。

保证交付通知可以线下传达，也可以通过电报、电传、传真或邮寄方式发送给托管人，同时须包括由合格机构按照该保证交付通知规定的形式提供的担保。

后备预扣税。为避免要约支付产生美国联邦后备预扣税，每个合格的已投标的美国股东（如要约第5节所定义）应填写并提交转让函中包含的替代表格W-9；合格的已投标的非美国股东（如要约第5节所定义）应填写并提交IRS税表W-8BEN（或其他适用的IRS税表W-8），这些表格可从托管人处获得，也可在www.irs.gov上获取。有关后备预扣税的更详细讨论，见要约第5节。

代理人委任。通过执行转让函（或副本），或在账面转让的情况下，以代理人讯息代替转让函，您将任命我们指定的人选作为您的事实代理人与代理人，一经任命不可撤销，具体方式如转让函中所述。每个代理人均享有完全替代权，并同时享有我们所要约并承兑的股份的所有权利（包括自此收购要约发起日起，所有就该股份已发行或可发行的其他股份或证券）。代理委托将受特拉华州法律和适用的联邦证券法管辖和解释。所有委托代理均不可撤销，并附带投标股份（及上述的其他股份与证券）的权益。只有在我们承兑支付该股份时，该委任才有效。在承兑付款后，所有先前就该股份（及上述其他股份与证券）签发的授权书、代理人及同意书将一并撤销，无须采取进一步行动，其后也不得签发任何授权书、代理人或同意书（如先前已签发，则将停止生效）。我们的指定人将有权在艾加斯股东大会的年度、特别或后续会议上，或出现任何书面同意代替上述会议的情形时，就该股份（及上述其他股份与证券）全权酌情行使所有的投票权和其他权利。我们保留下列权利：为使股份视为已有效投标，一旦我们承兑支付，我们或指定人必须有能力就该股份（及上述其他股份与证券）行使所有的投票权、同意权及其他权利，包括股东会议上的投票权。

上述委托代理仅在股份根据要约收到承兑后有效。在未收购股份的情况下，要约并不构成对艾加斯股东大会的代理人的征集。

确定有效性。我们对要约的条款与条件（包括转让函及指示）的解释是最终的，并在法律允许的最大范围内具有约束力。有关文件的格式及任何股份投标的有效性、格式、资格（包括收到时间）及承兑的所有问题，将由我们全权酌情决定，该决定为最终并具约束力。我们保留绝对权利，拒绝我们认为一切形式不当的投标，拒绝承兑或支付我们的顾问认为可能违法的所有投标。我们还保留绝对权利，在适用法律允许的范围内豁免要约的任何条件，或豁免任何特定股东在股份投标中的缺陷或违规行为，无论是否豁免了其他股东类似的缺陷或违规行为。在所有的缺陷与违规行为被纠正或豁免前，任何股份的投标都不视为有效。收购者、空气产品或其各自的子公司或受让人、经销商经理、托管人、信息代理或其他人员均无义务就投标中的任何缺陷或不合规之处发出通知，也无义务因未能发出任何此类通知而承担任何责任。

4. 撤销权

除第 4 节另有规定外，股份投标不可撤销。您可于截止日期前的任何时间，按下列程序撤回您先前根据要约投标的股份。其后，该投标不可撤销（例外：该股份可于 2010 年 4 月 12 日后撤回），除非该股份已按要约规定承兑付款。如果我们对要约延期、推迟承兑和支付股份，或因故未能承兑或支付股份，则在不损害我们的要约权利的情况下，托管人可代表我们保留所有已投标的股份，除非第 4 节另有规定，否则该股份不得撤回。

为使您的撤销生效，托管人必须在此收购要约封底所列的地址之一及时收到相关股份的书面、电报、电传或传真撤回通知，撤回通知必须列明拟撤回股份的投标人姓名、拟撤回的股份数目，以及股份登记股东的姓名或名称（如与投标人的姓名或名称不同）。如证明被撤回股份的证书已交付托管人，则必须在发行该股份前，提交一份由合格机构签署担保的已签署的撤回通知（该机构投标的股份除外）。此外，对于以证书交付方式投标的股份，该通知必须写明登记股东的姓名（如与投标人姓名不同），以及证明撤回股份的特定证书上的序号；如果是以账面转让方式投标的股份，则必须注明姓名和账面转让系统的账户号，撤回的股份将存入该账户。

撤回不得取消，此后被撤回的股份将被视为无效投标。不过，撤回的股份可在到期日前随时按照要约第 3 节中所述的程序重新投标。

如果我们在要约后提供后续要约期（详见要约第 1 节），则于后续要约期投标的股份将不享有撤销权，并且在先前要约中投标并已承兑支付的股份在后续要约期也不享有撤销权。

我们将酌情决定任何撤回通知的形式和有效性（包括收到通知的时间）的所有问题，我们的决定将是最终的并具有约束力。我们同时保留绝对权利，豁免任何股东在撤回股份时的任何瑕疵或违规行为，无论是否豁免过任何股东的类似的缺陷或违规行为。任何收购人、交易商经理、托管人、信息代理或其他人均无义务对撤回通知中的任何缺陷或违规行为发出通告，也无义务对任何缺陷或违规行为豁免，也不会因未能发出该通知而承担任何责任。

5. 美国联邦所得税的某些影响

下文概述了艾加斯股东在要约中投标股份并获得承兑后，可能涉及的某些美国联邦税法。本摘要并非帮助特定股东解决所有与之相关的美国联邦税法问题，也并非详尽分析所有可能涉及的美国联邦税法。本摘要不涉及任何州、地方或外国税法，也不涉及美国联邦遗产税或赠予税。摘要所依据的是经修订的"1986年国内税收法"（法则）的现行规定，以及其中的条例与行政司法解释，所有规定都可变更，并可能具有追溯效力。下文讨论的事项并未且不会向美国国家税务局（Internal Revenue Service，IRS）寻求裁决，也不保证IRS不会就要约涉及的税务问题采取相反立场，同时也无法保证法院不会支持这种相反立场。

本讨论仅限于其股份在法则第1221条中定义为资本资产的股东（一般是为投资而持有的财产）。本节不讨论所有与股东的特定情况相关的美国联邦税法。本节也不讨论可能涉及特殊税收规则的股东，该类股东包括但不限于外籍人士和某些美国前公民，合伙企业和其他纳税中间实体，"海外控股公司"，"被动型海外投资公司"，金融机构，保险公司，经纪人，证券、商品或货币的交易商，免税组织，符合税务条件的退休计划，须缴纳替代性最低税的纳税人，以对冲、跨式套利或其他降低风险策略为目的的股东，或以对冲、转换交易或其他综合投资为目的的股东。最后，如股东通过股票期权、股票购买计划或其他补偿计划获得股份，则相关的美国联邦税法也不在本节讨论。

要约中美国股东指股份的收益所有人，根据美国联邦税法规定，包括：①美国公民或居民个人；②根据美国法律或行政区法律而成立或组建的公司（或以公司形式课税的主体）；③任何美国联邦税法规定的收入，无论其来源；④满足以下条件的信托：美国境内法院能够对其行政管理行使主要监督，以及一名或多名美国人有权控制该信托的所有实质性决定。要约中的非美国股东通常指非美国股东的个人或主体。

如果合伙企业（或在美国联邦税法下以合伙企业形式课税的其他主体）持有股份，合伙人的税务一般取决于该合伙人的类型以及合伙企业的业务。持股的合伙企业的合伙人应咨询其税务顾问。

建议您咨询自己的税务顾问，以根据具体情况确定参与要约的税务影响（包括来自不同州、不同地区或海外的收入及其他税法的适用和影响）。

要约对美国股东的税务影响。美国联邦税法规定，收到要约股份的现金支付是一项应税交易。一般而言，若您的股份是联邦税法划定的资本资产，您将确认一笔资本利得，金额为收到的现金与股份的调整成本基价之间的差额。资本利得将按照要约投标的每一批股份（单一交易中以相同价格收购的股份）分批厘定。如果您是非公司类的美国股东，且持股超过一年，则所有资本利得通常将以优惠税率（目前为15%）缴纳美国联邦所得税。资本亏损的抵税额度会受到一定限制。

信息申报和后备预扣税。根据要约向美国股东支付的款项，需要做信息申报，并可能有后备预扣税（目前的比率为28%）。为避免后备预扣税，尚未以其他方式确立豁免的美国股东应填写并提交转让函中的替代表格W-9，证明该美国股东为美国人，提供的纳税识别号码正确无误，且该美国股东不受后备预扣税的约束。某些股东（包括公司）一般没有后备预扣税。后备预扣税并非一项附加税。美国股东可以使用预扣的金额抵免美国联邦所得税，也可以通过及时向IRS提出退款申请，要求退还多余的预扣金额。

要约对非美国股东的税务影响。一般情况下，非美国股东收到要约股份的现金支付后，任何收益无须缴纳美国联邦所得税，条件是①该收益与非美国股东在美国进行的交易或业务没有有效联系；②对于个人的非美国股东，在出售股份当年滞留美国境内的时间不得超过183天。

除非适用的税务减免条约另有规定，否则上述第①项所述的收益一般须缴纳美国联邦所得税，犹如非美国股东是美国居民一样处理。上文第②项所述的收益一般应按30%的统一税率缴纳美国联邦所得税，但可以被美国来源的资本损失所抵消。

信息申报和后备预扣税。根据要约向非美国股东支付的款项，可能需要做信息申报，并可能有后备预扣税（目前的比率为28%）。为避免后备预扣税，非美国股东应酌情填写一份IRS税表W-8BEN（或其他适用的IRS税表W-8），并递交给托管人，证明该股东不是美国人，或以其他方式确立豁免。后备预扣税并非一项附加税。非美国股东可以使用预扣的金额抵免美国联邦所得税，也可以通过及时向IRS提出退款申请，要求退还多余的预扣金额。

6. 股票的价格范围；股息

> 要点 6：套利交易者应经常查阅这些要约文件，以确定在要约待定期间支付的股息是否应由股东支付。在某些交易中，如果目标公司在要约待定期间支付股息，则收购公司提出的对价可能会减掉相应的股息金额。此合并协议特别允许阿鲁玛克斯（Alumax Inc.）支付股息。

该公司股票在纽约证券交易所上市，交易代码为 ARG。附表 A-1 列出了财务数据中公布的该股票在纽约证券交易所的每股最高价和最低价，以及支付的每股股息。

附表 A-1　该公司股票在纽约证券交易所的每股最高价和最低价　　单位：美元

	最高价	最低价	股息
2008 日历年：			
第一季度	52.00	37.84	0.12
第二季度	65.45	45.36	0.12
第三季度	60.70	43.30	0.12
第四季度	48.50	27.09	0.16
2009 日历年：			
第一季度	41.09	26.29	0.16
第二季度	45.27	32.52	0.18
第三季度	50.29	36.68	0.18
第四季度	51.00	44.12	0.18
2010 日历年：			
第一季度（至 2010 年 2 月 10 日）	62.82	41.82	—

2010 年 1 月 28 日，艾加斯宣布将于 2010 年 3 月 31 日向截至 2010 年 3 月 15 日的登记股东支付每股 0.22 美元的股息。

2010 年 2 月 4 日，即我们首次公布以每股 60.00 美元现金收购艾加斯前的最后一个交易日，纽约证券交易所最新公布的股票售价为每股 43.53 美元。请您务必获取股票的最新报价。

7. 要约对股票的市场可能产生的影响；证券交易所上市；根据"交易法"进行登记；保证金规定

要约对该股票的市场可能产生的影响。 如果拟议合并完成，未在要约中投标的股东（行使估价权的股东除外）将获得与要约支付的每股价格等额的现金。因此，如果合并发生，在要约中投标与不投标的唯一区别是，投标股东将提前获得付款。然而，如果拟议合并没有发生，要约已经完成后股东数量与公众持股量可能会很少，收购人以外的股东所持的股票将不再有活跃或流通的公开交易市场（或可能没有任何公开交易市场）。我们无法预测原本可公开买卖的股份数目减少后是否会对股份的市价或适销性造成不利或有利的影响，也无法预测日后的股票价格是否会因此而高于或低于要约支付的价格。

证券交易所上市。 这些股票在纽约证券交易所上市。要约收购的股份数目可能会导致该股份不再符合在纽约证券交易所继续挂牌的条件，或导致股票从纽约证券交易所退市。如果根据要约收购股份后，该股份不再符合在纽约证券交易所继续挂牌的条件，则该股票的市场可能会受到不利影响。根据纽约证券交易所公布的指引，如果满足以下任一条件，股票将不符合在纽约证券交易所继续挂牌的条件：①股东总数降至 400 人以下；②股东总数降至 1 200 人以下，且最近 12 个月的平均每月成交量少于 10 万股；或③公众持股量（不含艾加斯的高管与董事及其直系亲属的持股，以及集中持股比例超过 10% 的其他股份）降至 60 万股以下。如果该股票在拟议合并前没有退市，我们打算在拟议合并完成后，立即将该股票从纽约证券交易所退市。

根据"交易法"进行登记。 这些股票目前是根据"交易法"登记的。如果艾加斯的股票未在国家证券交易所上市，同时也没有 300 名以上的登记股东，则可在向 SEC 提出申请时终止股票登记。根据"交易法"终止股份登记后，艾加斯须向股东和 SEC 提供的信息将大大减少，同时将确保"交易法"的某些规定不再适用于该股票，如第 16（B）条关于短期利润回收的规定、第 14（A）条关于向股东大会提交股东委托书的规定及向股东提供年度报表的规定，或第 13E-3 条关于私有化交易的规定。此外，根据经修订的 1933 年证券法颁布的第 144 条或第 144A 条规定，艾加斯的关联公司和持有艾加斯受限制证券的股东可能不再有资格处置证券。如果根据"交易法"终止股份登记，这些股份将不再是保证金证券，不再有资格在纽约证券交易所挂牌。我们打算要求艾加斯在完成要约后，立即根据"交易法"终止股份登记，因为已经满足终止股份登记的要求。

保证金规定。 根据联邦储备系统理事会（联邦储备委员会）的条例，这些股票目前是保证金证券，允许经纪人对该股票的抵押品提供信贷。若出现与上述上市和市场报价类似的因素，则根据联邦储备委员会的保证金规定，该股票可能不再构成保证金证券，因此不能再用作经纪人贷款的抵押品。

8. 关于艾加斯的信息

> 要点 7：本文件提供了关于目标公司与收购公司的基本信息。当然，套利交易者通常会利用所有其他可用的信息来源来补充本文件所披露的内容。

除另有明确规定外，此收购要约中包含的所有有关艾加斯的信息均取自或基于 SEC 和其他公共来源存档的公开文件与记录，并受这些文件与记录的约束和限制。任何空气产品、收购人、经销商经理、信息代理或托管人都不对此文件与记录中所含信息的准确性与完整性负责，同时若任何事件可能影响此类信息的重要性或准确性，而空气产品、收购人、经销商经理、信息代理或托管人对该事件不知情，则他们不会因未披露该事件而承担责任。空气产品、收购人、经销商经理、信息代理或托管人均依赖这些公开文件与记录或其他公开信息的准确性，并未尝试对其准确性做任何独立验证。

根据艾加斯在 10-K 表中截至 2009 年 3 月 31 日的年度报告（艾加斯 10-K），艾加斯于 1986 年公开上市。其主要办事机构位于宾夕法尼亚州的拉德纳，北拉德纳切斯特路 259 号 100 室，邮编 19087-5283，电话（610）687-5253。根据艾加斯的 10-K 表，艾加斯是美国最大的工业、医疗、特种气体（以包裹或气缸形式运输）和耐用品（如焊接设备及用品）经销商。艾加斯同时也是美国最大的安全产品经销商之一、美国最大的一氧化二氮和干冰制造商、东南部最大的液态二氧化碳制造商、北美第五大大气商业气体制造商，以及加工化学品、制冷剂和氨气产品的主要经销商。艾加斯通过多种销售渠道，如驻分店销售代表、零售店、战略性客户账户项目、电话销售、目录销售、电子商务及独立经销商，将这些产品推销给其多元化的客户群体。艾加斯的产品可通过一个拥有超过 14 000 名员工，超过 1 100 个包括分店、零售店、包装气体填充工厂、气缸测试装置、特种气体实验室、生产设施和配送中心构成的集成网络抵达客户手中。

优先股购买权。以下对于此项权利的解释基于公开文件。此解释不保证全面，按 2007 年 5 月 10 日提交 SEC 的归档为 8-K 表中艾加斯现行报告证明 4.1 的权利协议，解释就整体而言具备有效性。

2007 年 5 月 8 日，根据权利协议，艾加斯董事会宣布向截至 2007 年 5 月 25 日（"记录在册日"）工作时间结束前的在册股份持有人进行股息分配，每一股已发行普通股分得一份优先股购买权。每份权利意味着在册股东可以以 230 美元的价格购买，此价格根据权利协议（购买价格）进行调整，从艾加斯购买一万分之一（1/10 000）面值为 0.01 美元每股（优先股）（或在特定情况下为现金、资产或艾加斯其他证券）的 C 系列初级参与优先股。另外，于记录在册日和分配日（解释见下文）之间发行的股票均会每股自带一份优先股购买权。

最初，优先股购买权由普通股证书确认，并不再发放另外的权利证明文件。权利协议规定大部分情况下优先股购买权将与普通股分开，并开始实施于（i）公开声明或披露某人或关联人或相关人群体（获得人）成为 15%（或以彼得·麦考兰或其关联人的情况达到 20%）或以上已发行普通股的受益所有人后 10 个历日（股票收购日），且（ii）在开始或首次公开声明一个可使某一人或群体受益 15%（或以此例 20%）或更多已发行普通股的要约收购或交换报价开始意图后的 10 个工作日或由艾加斯董事会决定的此后日期（此日期的早些时间被称为分配日）。

根据权利协议，直到分配日，此权利都仍将由普通股证书确认，能且仅能使用普通股证书进行转移。对任何已发行普通股证书的转移放弃都将构成对此普通股证书连带的优先股购买权的转移放弃。

除非有下文提到的艾加斯提前兑现或交换的情况，否则优先股购买权于分配日开始实施，截至 2017 年 5 月 8 日工作时间结束时。

权利协议规定，在分配日后一旦条件允许，权利证明书就会邮寄至普通股在册持有人处。自分配日工作结束时间起，独立的权利证明书即可确认优先股购买权。除非权利协议另有规定或艾加斯董事会另有决定，否则仅于分配日前发行的普通股才拥有连带优先股购买权。

若某人成为获得者，每一优先股购买权持有人其后都有权获得（或在特定情况下为现金、资产或艾加斯其他证券）。尽管如上所述，此事件或任何其他触发事件（解释见下文）发生后，任何获得人当前或（在权利协议指定的某些情况下）曾经获益的所有权利均将作废无效。

在股票收购日期后，若（i）艾加斯与任何其他人进行合并或兼并且艾加斯不为存续公司，（ii）任何人与艾加斯进行股份交易、合并或兼并，同时艾加斯为存续公司且已发行普通股被用于交换另一方的有价证券或现金或其他资产，或（iii）艾加斯及其子公司等于或大于 50% 的资产或收益能力被变卖或转移，则会做出适当安排以保证每个优先股购买权持有人在此后仍有权得到获得人等值于优先股购买权两倍购入价格的普通股。本段及上段中详述的事件即被称为"触发事件"。

可支付的收购价格，可发行的普通股或其他证券、现金和资产数量，于优先股购买权实施起会不时进行习惯性的调整，以防止在普通股发生某些变化时被稀释。除特殊情况外，累积调整导致收购价格提高或降低至少 1% 前收购价格都无须进行调整。

总体来讲，艾加斯应以一份权利 0.000 1 美元的价格（可做调整），整体而非部分兑现优先股购买权，时效为在以下时间早些时候之前的任意时间：（i）某人成为获得人当日工作时间结束时，及（ii）优先股购买权截止日工作时间结束时。当艾加斯董事会要求赎回优先股购买权时，此权利立即终止，且此权利持有人仅有接收 0.000 1 美元的赎回价格的权利。

在某人成为获得人后的任何时间（但在此获得人持有等于或大于 50% 股份之前），艾加斯董事会才可将当前未完成且可行使的优先股购买权（除获得人持有的优先股购买权外）用于兑换股份，每一优先股购买权兑换一份普通股，可做调整。

直到行使优先股购买权，持有人将不再拥有作为艾加斯股东的权利，也无权投票或收取股息。

权利协议规定，除了与优先股购买权的主要经济条款相关的条文，权利协议中的任何条文均可由艾加斯董事会修订，时效为在以下时间中的最早时间之前：(i) 分配日或 (ii) 触发事件。在以上两事件中先发生的事件后，权利协议的条文可在未经任何优先股购买权证明书持有人同意的情况下进行修订 (x) 以消除任何歧义或修正或补充协议条款包含的可能有错误或与其中其他条文不符的任何条文，或 (y) 对艾加斯可能认为必要或可取的事项或问题进行修改或增订条文。但是，这样的补充或修订均不可对此权利持有人（除获得人或获得人的任何相关人或关联人外）的利益造成负面影响，同时这样的补充或修订均不可使此权利再次变为可兑换状态（由于此时优先股购买权已不可兑换），也不可使此权利协议再次修订（除此权利协议规定的情形外）。

根据可获取的公开信息，空气产品和收购者相信截至此收购要约日，优先股购买权仍未可实行，权利证书仍未发行，此权利仍由普通股证书确认。只有出现分配日的情况，每股普通股的售出才会连带一份相关权利的出售。如果有分配日，您须将每份普通股连同一份优先股购买权共同出售，才可完成本次要约的有效出售。我们将不会为优先股购买权的出售单独支付额外对价。除非艾加斯董事会选择履行权利协议，并由此终止权利或修改权利协议以推迟分配日或依照权利协议推迟分配日，否则分配日将于股票收购日期后的第 10 个历日的早些时候和本要约开始或首次公开声明开始要约意图后的第 10 个工作日进行。

附加信息。 艾加斯遵守交易法的信息要求，并据此向 SEC 提交有关其业务、财务状况和其他事项的定期报告，代理声明和其他信息。艾加斯须在此类代理声明中披露与艾加斯董事和高级职员相关的信息，包括他们的薪酬、授予他们的股票期权、艾加斯证券的主要持有人以及此类人员与艾加斯交易的重大权益。此类报告，代理声明和其他信息可在 SEC 在华盛顿特区东北 F 街 100 号（邮编 20549）维护的公共参考设施上阅读和复印。此类材料副本也可在 SEC 的网站 http://www.sec.gov 上免费获取。

9. 收购者及空气产品的相关信息

我们是一家特拉华州公司，于 2010 年 2 月 8 日注册成立，主要执行办公室位于宾夕法尼亚州阿伦敦汉密尔顿大道 7201 号，邮编 18195-1501，电话（610）481-4911。迄今为止，除了我们的成立和要约的实施相关事项外，我们没有进行其他任何活动。收购人为空气产品的全资子公司。

空气产品公司是一家于 1940 年 10 月 1 日在密歇根州注册成立的特拉华州公司，并于 1961 年 5 月 25 日在特拉华州重新注册。主要运营办公室位于宾夕法尼亚州阿伦敦汉密尔顿大道 7201 号，邮编 18195-1501。空气产品公司主要运营办公室的电话号码是（610）481-4911。空气产品公司为全球的技术、能源、工业和医疗保健领域的客户提供独特的产品、服务和解决方案，包括大气气体、工艺和特种气体、性能材料、设备和服务。空气产品公司是世界最大的氢气和氦气供应商，并在半导体材料、炼油厂、氢气、天然气液化和先进涂料和黏合剂等成长型市场中确立了领先地位。

空气产品公司及收购者的每位董事和执行官的姓名、办公地址、主要职务或工作、五年工作经历、公民身份和其他相关信息均列于附表I。

截至本次收购要约之日，空气产品公司实益拥有股份 1 508 255 股，占已发行股份约 1.8%。空气产品通过以下普通经纪交易收购这些股份。

收购日期	收购股份数量	每股平均收购价格/美元
2010 年 1 月 20 日	71 730	48.82
2010 年 1 月 21 日	144 700	49.25
2010 年 1 月 22 日	127 601	48.49
2010 年 1 月 25 日	80 525	48.52
2010 年 1 月 26 日	74 231	48.35
2010 年 1 月 27 日	151 468	47.26
2010 年 1 月 28 日	124 400	47.09
2010 年 1 月 29 日	516 500	43.77
2010 年 2 月 1 日	122 100	44.49
2010 年 2 月 4 日	95 000	43.85

这些股份的购买价格或市场价值中的任何部分均不是为了获得或持有该股份而借入或以其他方式获得的资金。

除本收购要约或本收购要约附表 I 中其他地方规定的情况外：（i）空气产品公司、收购者、空气产品公司及收购者所知晓的附表 I 中所列人员，或任何空气产品的关联或控股子公司、收购人或任何被列名人，均不实益拥有且无权收购艾加斯的任何股份或任何其他所有权证券；（ii）公司及空气产品和收购人所知晓的上文第（i）项所提及的人员及实体均未于过去 60 日内进行任何股份交易；（iii）公司、空气产品及收购人所知晓的本收购要约附表 I 中所列人员，均未与任何其他人就艾加斯的任何证券（包括但不限于任何与转让或表决任何此类证券、合资企业、贷款或期权安排、看跌或看涨期权、贷款担保、损失担保，或授予或拒绝代理、同意或授权相关的任何合约、安排、谅解或关系）有任何合约、安排、谅解或关系；（iv）于本收购要约日期前两年内，公司双方附属公司及空气产品公司和收购者知晓的本收购要约附表 I 中所列人员，不仅未与艾加斯及其任何执行官、董事或附属公司进行任何交易，也未进行过需要根据 SEC 的规则和条例上报的任何交易；（v）于本收购要约日期前两年内，空气产品公司、收购者、双方附属公司及空气产品公司和收购者知晓的本收购要约附表 I 中所列人员，不仅未与艾加斯或任何其子公司或附属公司进行联系、谈判或交易，也未曾进行涉及合并、兼并、收购、要约收购或其他证券收购、董事选举或重大资产出售或转让的任何联系、谈判或交易。

10. 资金来源及数额

我们将需要约 70 亿美元依据要约收购所有股份，为与交易有关的债务进行再融资并支付相关费用和开支。截至 2009 年 12 月 31 日，空气产品公司持有现金和现金项目金额约为 3.23 亿美元。此外，空气产品已与摩根大通银行签订承诺书。根据该承诺书，摩根大通银行承诺向空气产品提供总计达 67.24 亿美元的长期信贷（收购机制）。摩根大通银行已承诺提供收购融资所需的全部贷款，并有意成立银行财团成为贷款人。空气产品公司预计将提供或以其他方式预付资金，以使收购人完成要约。基于收购机制下的内部可用现金连同借贷，空气产品公司预计在要约到期时拥有足够现金以支付要约中所有股份的要约价。

收购机制下的借款将为无抵押借款，将于要约完成日期一年后到期，并由空气产品公司选择年利率为（i）以下最高利率（a）摩根大通银行的最优惠利率、（b）相等于联邦基金有效利率加 0.5% 的利率和（c）基于欧洲美元银行间市场（欧洲美元利率）美元存款的某一利率加上 1.0%；或（ii）欧洲美元利率。在每种情况下加上一个保证金，该保证金根据穆迪和标准普尔不时分配给空气产品公司的相关公共债务信用评级而波动（评级网格）。根据收购机制承诺的平均每日未使用金额，每家银行将有权按季度支付承诺的费用，该费用根据评级网格而变动。此外，空气产品将根据要求在要约完成后 90 天、180 天、270 天时向银行支付期限费用，此费用将根据收购机制在这些日期仍未偿清的贷款本金总额计算。

预计此收购机制将包含此类信贷融通惯常的声明和保证，其中包括财务报表的准确性，无与空气产品及其子公司和艾加斯及其子公司相关的重大不利因素、诉讼，与重要协议或文书无冲突，遵守环境法，缴纳税款，所得款项用途和信息的准确性。

预计此收购机制也将包含若干契约，其中包括留置权限制（在符合保证金贷款规定的合理范围内及其他达成共识的例外情况除外）、合并、合并和销售所有或几乎所有资产及空气产品子公司的负债限制。此外，此收购机制将限制空气产品税息折旧及摊销前利润的固定负债比率在一个待定区间内。

摩根大通银行承诺，同时我们预计摩根大通银行和银行财团中的其他银行在此收购机制下进行贷款的义务取决于以下条件：满意的协商、执行和交付收购机制的最终文件，要约收购文件（如适用），以及使代理人摩根大通银行满意的拟议合并文件，要约完成，无重大不利变化，空气产品公司现有的循环信贷额度下无拖欠，空气产品公司收到分别来自穆迪和标准普尔的最低债务评级，收到所须批准和同意，并交付相关财务报表。

预计上述借款将由空气产品公司内部产生的资金再融资或偿还（包括在完成可能就艾加斯提出的任何合并或其他业务合并后艾加斯产生的现有现金余额和资金），或由其他渠道，可能包括出售证券的收益。目前暂未对此事做出任何决定，将根据空气产品公司针对出售特定证券的可行性及利率和其他经济状况的不定期审核做出决定。

根据 2010 年 2 月 11 日交易法 14d-3 条，空气产品公司和我方向 SEC 提交了一份摩根大通银行的承诺书复印件，作为收购要约声明附件。为了更完整地解释收购机制的拟议条款和条件，可参考此附件。同时，此类条款条件的前述概要由此附件补充，就其整体而言具备有效性。

本要约不以任何融资安排作为条件。

11. 要约背景；与艾加斯的其他交易

> 要点 8：描述要约背景和要约融资的部分是此文件中最重要的部分。在这一部分，我们将了解那些一般在文件发布之前不会公开的细节信息。我们可以学习与交易协商相关的各类信息，以及在此过程中可能发生的任何潜在问题。在恶意收购交易中，我们可能会发现有关交易历史和分析的全新信息。在本案例中，我们可以看到两家公司在试图达成最终协议的过程中采取的具体步骤。双方来回协商，最终达成驱使铝业公司提出要约的协议。
>
> 通过阅读一个要约的背景，我们可以深入了解交易完成的可能性，以及目标公司股东收到的价格上涨的可能性。如果在这种情况下达成了合并协议，则会详细说明许多具体条款，包括可能导致合并协议终止的所有条件。套利交易者应分析可使公司终止协议的所有潜在条件。
>
> 在本要约中，套利交易者关注双方的互动，以了解过去报价的细节以及目标公司对卖方自报价的回应。此案例中，APD 向 ARG 提出了几种协商达成善意合并协议的方式，但 ARG 显然反对与 APD 合并。从这一部分我们可以明显看出 APD 的收购尝试还有一条很长的路要走。

要约背景。 2002 年，空气产品公司将其美国包装气体资产出售给艾加斯，因为当时空气产品公司的美国包装气体业务的广度和范围有限。自出售其美国包装气体业务以来，空气产品公司一直专注于其他领域的增长。同一时期，艾加斯通过收购扩大了其在美国的包装气体业务。空气产品公司目前在欧洲和其他国际市场拥有成功的包装气体业务，但在美国没有此业务。

空气产品公司定期考虑多种战略选择和交易，作为持续评估其业务和计划的一部分，以增加股东价值。近年来，作为这一进程的一部分，空气产品公司已经评估了多种扩大其在北美包装气体业务的替代性方案，包括收购。作为该分析的一部分，空气产品公司认为包装气体业务将成为其在北美及其他地区的重要增长领域之一。

2009年和2010年，空气产品公司考虑重新进入北美包装气体市场。空气产品公司决定拓展北美包装气体业务的最有效方式即是收购艾加斯。鉴于经济刚刚开始走出衰退，空气产品公司认为当前的时机是理想的，因为合并后的公司将能够充分利用这笔交易所特有的巨大增长潜力、世界一流的竞争力和协同效应。空气产品和艾加斯的结合将会成为一个在工业气体业务领域领先的综合性公司之一，同时在所有供应模式和世界重要地区拥有极具竞争力的地位。这个结合将会创建北美最大、世界最大之一的工业气体公司，并成为在所有分销渠道和地区拥有独特优势和世界一流能力的领导者。

2009年10月15日，空气产品公司和艾加斯的首席执行官约翰·E.麦克格雷德和彼得·麦考兰在艾加斯总部会面。麦克格雷德先生建议于当周的会议上讨论商业提案。会议中，麦克格雷德先生表示空气产品公司有兴趣与艾加斯以股票换股交易进行企业合并，该交易将使艾加斯的价值大大高于其当时的市场价格，并允许艾加斯的股东分享由合并带来的附加价值。

麦克格雷德先生告诉麦考斯兰德先生通过仔细研究，空气产品公司的经理和董事坚信与艾加斯联合将会创造一家顶级工业气体公司。通过地域和业务的多样化、成本节约和高度互补的业务能力，两家公司的股东可期望获得显著的额外收益。

在听取了麦克格雷德先生的提议后，麦考斯兰德先生说时机仍不成熟。作为回应，麦克格雷德先生强调，在空气产品公司看来现在就是交易的最佳时机。原因如下：(i) 经济正在摆脱衰退，这为整合公司并以较低成本实现协同效应创造了一个窗口；(ii) 艾加斯刚刚开始实施SAP软件系统，这是一个耗时且成本高昂的过程，而空气产品公司可以分享其7年的SAP实施经验；(iii) 艾加斯很可能开始在国际基础设施上投入资金，这是一笔昂贵的开销，但空气产品公司有着广泛的国际基础设施，若与空气产品合并则可省去这笔开销。因此，麦克格雷德先生请麦考斯兰德先生与艾加斯董事会讨论空气产品公司的提议，并表示他计划以书面形式提出空气产品的要约。麦考斯兰德先生不置可否，但要求不以书面形式向他发送任何内容。

2009年10月29日，艾加斯公开宣布其第二财季的收益大大低于去年同期，并下调了未来的盈利预期。

2009年10月31日，在艾加斯董事会计划举行年度务虚会前一周，麦克格雷德先生致电麦考斯兰德先生重申空气产品对交易的承诺以及期望该提议被提交至艾加斯董事会并予以正式考虑。麦考斯兰德先生回应他不认为艾加斯董事会会以与他不同的态度看待该提案，并再次要求不要以书面形式向他发送任何内容。

在此次年度务虚会后，麦考斯兰德先生回电麦克格雷德先生，表示艾加斯董事会没有兴趣探讨该提案，并拒绝了进一步讨论该提案的邀请。

2009年11月19日，在空气产品董事会的一次会议上，麦克格雷德先生汇报了艾加斯对空气产品公司提议的回应。此次会议上，空气产品公司的财务和法律顾问与空气产品公司的管理层和董事会讨论了空气产品的可行选择，包括每种选择相关的风险。空气产品公司董事会强调其与艾加斯进行协商交易的强烈倾向。空气产品公司董事会建议要有耐心，并指示空气产品公司管理层及其财务和法律顾问采取一切必要措施以寻求协商交易。经过讨论和审议，空气产品公司董事会授权麦克格雷德先生向艾加斯发出书面要约。

2009年11月20日，麦克格雷德先生致函麦考斯兰德先生，阐述了空气产品公司要约的基本条款。在该信件中，空气产品公司提出以全股票交易的方式以每股60美元，相当于空气产品公司普通股的0.729 6股的价格收购艾加斯所有已发行股票，基于当时的市场价格、27.5%的溢价，以艾加斯股票市场价格计算。

麦克格雷德先生在信中重申了他此前向麦考斯兰德先生口述的内容：将空气产品公司在液体散装和吨位气体领域的全球领导地位与艾加斯在北美包装气体领域的领先地位相结合，将会在国内和国际上实现更快的盈利增长。麦克格雷德先生还提出，如果艾加斯认为该提案不成熟，空气产品公司已准备好并愿意与艾加斯进行协商。特别值得一提的是，空气产品公司一直表示其将分享艾加斯认为与艾加斯股东有关的任何额外价值。

在 2009 年 11 月 25 日的一封信中，麦考斯兰德先生回应称艾加斯董事会将在 12 月初召开会议审议空气产品公司的提议，并且麦考斯兰德先生将在会议结束后与麦克格雷德先生联系。

2009 年 12 月 8 日，麦考斯兰德先生致信麦克格雷德先生称艾加斯董事会考虑并拒绝了空气产品公司的提议。据麦考斯兰德先生的回复，艾加斯董事会得出的结论是空气产品公司对艾加斯的估值过低，而且空气产品公司的股票是一个"不具吸引力的通货"。出于这些原因，艾加斯董事会对寻求此交易不感兴趣。艾加斯董事会还表示其没有兴趣继续两家公司之间的对话。麦考斯兰德先生告诉麦克格雷德先生，即使双方公司或双方顾问会面，艾加斯董事会也"不相信会达成任何目标"。艾加斯董事会并未对空气产品公司的原始报价提出还价，也未告知空气产品公司为何艾加斯对其自身股票的估值与市场差异显著。在 2009 年 12 月 8 日的一封信中，艾加斯还宣称对空气产品公司的法律和财务顾问存在某些利益冲突。

空气产品公司仍致力于寻求对艾加斯的收购，空气产品公司认为这将最大化股东价值并提升双方公司业绩。2009 年 12 月 17 日的一封信中，麦克格雷德先生告知麦考斯兰德先生，为了表示有诚意开启双方公司的会谈，空气产品公司将其报价提高到每股 62 美元。为了解决艾加斯董事会提及的对空气产品公司股票吸引力的担忧，以及由于其对协商交易的强烈倾向，空气产品公司还提出以现金完成一半的收购。空气产品公司的修订报价比艾加斯当天在纽约证券交易所的收盘价高出 33%。

麦克格雷德先生再次表示空气产品公司将与艾加斯灵活合作以达成双方均可接受的协议，包括价格："如果您认为在我们增加的价格上仍有增值空间，我们愿意倾听并了解您的观点，并与艾加斯股东合理分享增加的价值。"麦克格雷德先生相信继续信件沟通无法充分传达空气产品公司提议的细节和理由，因此请求双方公司董事会和顾问之间召开会议，"尽快探讨艾加斯的其他价值来源"。至于所谓的利益冲突，空气产品公司回应称，在聘用财务和法律顾问之前，已确认他们有能力代表空气产品公司同艾加斯进行并购交易。

此后不久，艾加斯董事会拒绝了空气产品的修订报价。2010 年 1 月 4 日，麦考斯兰德先生写信通知麦克格雷德先生艾加斯董事会已经会面并认为空气产品公司对艾加斯估值过低。麦考斯兰德先生在信中表示："董事会对寻求贵公司的提议并不感兴趣，并仍相信没有会面的需要。"

2010年1月28日，艾加斯公开宣布其第三财季的收益低于其给予市场的盈利预期的下限，并且还下调了未来的盈利预期。

同样在2010年1月28日召开的空气产品公司董事会定期会议上，空气产品公司的管理层、财务和法律顾问向空气产品公司董事会更新了他们尝试寻求与艾加斯谈判协商的最新进展。空气产品公司董事会经过讨论并认为，虽然空气产品公司已经将其报价每股提高了2美元并大幅增加了对价组合的现金部分以打消艾加斯的顾虑，但艾加斯董事会仍拒绝参与讨论。空气产品公司的管理层、财务和法律顾问与空气产品董事会讨论了在艾加斯董事会拒绝配合的情况下空气产品公司现有的可行办法，包括与公共进程相关的风险和成本。空气产品公司董事会与其管理层、财务和法律顾问进一步讨论认为协商交易仍然是压倒一切的优先选择，向艾加斯股东公开招股只能作为最后手段。为了进一步尝试说服艾加斯董事会参与协商，空气产品公司董事会在听取其管理层、财务和法律顾问的建议后决定空气产品公司向艾加斯的下一次报价为全现金报价。

2010年2月1日，空气产品公司的顾问做出最终尝试，试图通过艾加斯的顾问说服其董事会参与协商讨论。艾加斯的法律顾问回应说艾加斯董事会在与空气产品公司开启会议面谈上的立场没有也不会改变。艾加斯的财务顾问回应称下周将召开艾加斯董事会定期会议，但拒绝透露会议具体日期，也未表明艾加斯董事会是否会处理空气产品公司重复提议的问题。空气产品公司的顾问均未表示愿意与空气产品公司或其顾问会面或以其他方式讨论交易的可能性。

2010年2月4日，空气产品公司致函麦考斯兰德先生和艾加斯董事会，重申其与艾加斯合并的建议。由于非协商交易相关的成本增加，并且该报价为全现金报价，其承诺融资来自摩根大通银行（牵涉额外费用，如融资承诺费用），因此空气产品公司报价现金每股60美元。每股60美元的价格比艾加斯的预售市场价高出38%。由于艾加斯董事会不愿意参与协商，空气产品公司公开发布了其报价。

该信件全文如下。

2010年2月4日
彼得·麦考兰先生
董事长、总裁兼首席执行官
艾加斯公司
北拉德纳切斯特路259号100室
宾夕法尼亚州拉德纳，邮编：19087-5283

亲爱的彼得：

如您所知，过去4个月我们一直在努力让艾加斯参与到有关业务合并的友好协商中来。您和您的董事会拒绝了两次能为您的股东带来可观溢价的书面报价，对此我们感到非常失望。在我们此前的通信中，我们明确并反复声明我们在对价价格和形式上的灵活性，但您仍然继续拒绝讨论我们的报价。您的不愿参与耽搁了您的股东获得可观溢价的时机。我们仍致力于完成此项交易，因此我们决定通知您的股东我们将加快进程的提议。

空气产品准备以每股60美元的价格向艾加斯的所有股票进行资金充足的全现金收购，此价格比艾加斯今日的收盘价43.53美元高出38%，比其52周高点高出18%。除大幅溢价外，艾加斯的股东还将通过此提议，在不确定的经济环境下由此即时流动资金获益。我们在提议中充分重视艾加斯带来的互补能力和长期发展前景。

将我们互补的技能和优势联合起来，我们将创建世界领先的综合工业气体公司之一。结合空气产品在液体散装和吨位气体方面的全球领导地位，以及艾加斯在美国包装气体领域的领导地位，我们将成为北美最大的工业气体公司，也是全球最大的工业气体公司之一。我们将在所有分销领域和地区成为具有独特优势和世界级竞争力的引领者。虽然我们在欧洲和其他主要国际市场拥有强大且盈利的包装气体业务，但我们在以艾加斯为市场领导者的美国包装气体业务领域没有一席之地。作为这独特且引人注目的结合的一部分，艾加斯将得到良好定位，达到比其独立经营更高的增长速度。

我们不认为您的股东及时实现这笔可观的现金溢价会有任何重大的财务或监管障碍。我们已从摩根大通获得承诺融资以完成收购，并致力于维持稳健的资本结构。我们也详尽考虑了与此次合并相关的监管问题，并已做好准备进行适当的资产剥离，我们认为这些都不是问题。

此次合并的战略和产业逻辑都很明确，我们也有信心空气产品／艾加斯的联合将会创造比艾加斯或空气产品可独立实现的更大价值。现在这个时机完成此次合并会带来很多好处，包括：

- 提高增长、收益和现金增值的机会。
- 实质性的成本协同效应，预计在完全实现后可每年节省 2.5 亿美元，主要在于降低管理费用和上市公司成本，提高供应链效率以及更好地利用基础设施。
- 能够利用艾加斯广泛的美国销售团队和包装气体技能，并以空气产品在国际市场的地位和基础设施为基石，从而加速国内和国际业务的增长。
- 一个集成平台可利用广泛的工程、运营和后台功能及其带来的更大的覆盖范围和提供更好的全面客户服务的能力，以实现规模经济。
- 空气产品在全球所有主要工业气体市场的地位、增加的现金流以及更多的资金获取将使艾加斯能够以更低的成本、更高的速度实现国际扩张，同时通过收购加速其增长。

我们相信现在这个时机对于此次合并是理想的。随着经济刚刚开始摆脱衰退，我们联手将能够充分利用此次交易所特有的巨大增长潜力、规模经济和协同效应。您已经明确表明了自己的国际发展愿景，由您独立完成将消耗大量的时间和费用。空气产品的全球基础设施已就位，这将让您更好更快地实现您的目标。艾加斯也正处于实施 SAP 的初始阶段，我们在该领域的专业知识将大大减少与此重大部署相关的时间、费用和障碍。

我们两家公司的联合也会让我们的员工、客户和我们所在的社区受益。我们高度重视艾加斯的优秀运营团队，作为总部设在宾夕法尼亚州的一个更大更强的国际化美国公司的一部分，它会从扩张的机会和资源中获益良多。与独立经营的艾加斯相比，其长期发展前景也更为乐观。您的客户也将从这样一个具有广泛资源和全球视野的公司获得更为稳健的产品供应。

彼得，请让我再次重申我在过去的讨论中一直强调的，空气产品全心致力于成功达成这项引人注目的交易。您继续拒绝与我们合作只会进一步延迟您的股东获得大量全现金溢价的时机。虽然我们强烈希望通过友好协商的方式推动进程，但您也无须怀疑我们采取必要行动来完成此次交易的决心。若有机会与您，或者您已经或即将成立的针对我方要约而特别设立的独立董事委员会，以及他们的独立财务和法律顾问会面，我们将非常高兴。最后，我们重申，我们愿意将您可证实的任何价值增值体现在我们的收购提议中。

诚挚的，
约翰·E.麦克格莱德
董事长、总裁兼首席执行官　抄送：艾加斯董事会

2010年2月4日，空气产品在特拉华州的衡平法院向艾加斯和艾加斯董事会成员提起诉讼。特拉华诉讼在要约第16节有更详细的描述。

2010年2月5日，艾加斯发布了一份新闻稿，称艾加斯董事会将与其财务和法律顾问共同复核空气产品的提议，并建议其股东暂不采取任何行动。作为对空气产品公开招股的回应，艾加斯在宾夕法尼亚州费城的普通诉讼法院向空气产品的法律顾问科瓦斯·斯温·摩尔律师事务所提起诉讼。宾夕法尼亚诉讼在要约第16节有更详细的描述。

2010年2月9日，宾夕法尼亚州费城的普通诉讼法院驳回了艾加斯在宾夕法尼亚诉讼中的请求，该请求为一项特别禁令，禁止科瓦斯就此要约向空气产品提供咨询。同时，法院计划于2010年2月16日就宾夕法尼亚诉讼中艾加斯提出的临时禁制令请求召开证据听证会。

2010年2月9日，一名艾加斯股东在特拉华州的衡平法院向艾加斯和艾加斯董事会成员提起推定集体诉讼。艾加斯股东集体诉讼在要约第16节有更详细的描述。

同样在2010年2月9日，麦考斯兰德先生致函麦克格雷德先生，表示艾加斯董事会拒绝了空气产品以每股60美元的价格现金收购艾加斯的提议。

当天，艾加斯发布了一份新闻稿，其中包括该信件内容。

麦考斯兰德先生和艾加斯董事会仍拒绝与空气产品及其顾问会面。

由于艾加斯董事会继续拒绝与空气产品进行任何讨论，2010年2月11日，空气产品公司直接向艾加斯股东发出呼吁并开启此收购要约。

与艾加斯的其他交易。空气产品是艾加斯众多商业安排的缔约方，既为买方也为卖方。在这些商业安排中，各方在2008年进行的交易总额约为7 700万美元，2009年约为7 400万美元。这些安排包括一项长期的必付供应协议，该协议有效期至2017年。根据该协议，空气产品向艾加斯供应大量氧气、氮气、氩气、氢气和氦气。在2008年和2009年，艾加斯根据该合同进行的采购总额约为每年7 000万美元。

12. 要约目标；艾加斯未来规划；法定要求；批准合并

要约目标；艾加斯未来规划。此要约目标是收购艾加斯的全部股权，并获得对其的控制权。我们目前拟在要约完成后，一旦条件允许就立即设法让艾加斯完成拟议合并。根据拟议合并，每股非空气产品或收购人（或其附属公司）持有的已发行股份将转换为获取与要约中支付的每股最高价格等值的现金金额的权利。根据DGCL和艾加斯证书，如果证书条件满足并且我们根据要约或其他方式获得至少90%的已发行股票，我们相信我们将无须艾加斯董事会或其他股东的赞成票而完成此拟议合并。根据DGCL，如果我们未能收购至少90%的已发行股份，我们将不得不寻求艾加斯股东对拟议合并的批准。依据DGCL，合并的批准需要多数已发行股份持有人的赞成票。如果证书条件未满足但我们选择完成要约，条款6也要求若非适用某些例外情况，我们应寻求拟议合并的批准。艾加斯证书的条款6规定与有"利害关系股东"（通常是一个拥有艾加斯的已发行表决权股20%或以上表决权直接或间接受益人的股东或相关人或关联人）的合并批准要求已发行股份投票权67%的持股人赞成票，除非此合并得到艾加斯多数无利害关系董事的批准或某些公平价格条件得到满足。此外，如果第203条条款未满足但我们选择完成要约，则条款203可能大大延迟我们完成拟议合并的能力。"法定要求；批准合并"见下文。

如果我们根据要约收购股份，视乎所收购的股份数目和我们在艾加斯股权相关的其他因素，我们可能在要约完成后通过公开市场购买、私下协商交易、收购或交换要约，或其他交易或上述方式组合等途径试图收购额外的股份。收购价格待定，可能与要约中支付价格不同。我们也保留处置我们已收购或可能收购的股份的权利。

我们目前打算通过委托书征集的方式提名和征集代理人，选出一份艾加斯2010年会的提名候选人名单。但是，如果我们认为符合我们最佳利益，或若我们认为委托书征集无必要，包括如果我们决定艾加斯董事会是否已尽全力采取所有行动使此收购要约的条件得到满足，我们保留在任何时间决定不开启委托书征集（或终止委托书征集或启动不同的委托书征集）的权利。

无论我们是否向艾加斯提议合并或其他类似业务结合，无论我们的候选人是否在艾加斯年会上当选，我们目前计划在要约完成后一旦条件允许就立即寻求艾加斯董事会的最大代表权。我们计划在要约完成后立即要求艾加斯董事会当前的部分或全部成员辞职，并由我们选出的指定人员填补空缺。如果该要求遭到拒绝，我们打算采取必要的合法手段来确保对艾加斯董事会的控制权。我们保留无故免职任何或全部艾加斯董事的权利，以及召集艾加斯股东进行特别会议以便针对待定提案采取行动的权利。

我们希望我们的提名人和指定人员承担适用法律下的受托责任，将使艾加斯董事会：

- 修改权利协议或兑现权利，或以其他方式满足权利条件；
- 批准要约和拟议合并，或以其他方式满足条款203及证书条件；
- 采取任何其他必要行动使拟议合并得到许可完成。

如果股票在拟议合并前未被除牌，我们计划在要约完成后立即让纽约证券交易对股票除牌。由于撤销登记，包括股票除牌的要求满足，我们打算在要约完成后很快让艾加斯根据"交易法"停止股份注册。见要约第7节。

关于要约，空气产品公司和收购者根据公开信息已经审核并将继续审核收购方获得艾加斯控制权时他们将要考虑的各种可能的商业策略。此外，如果收购方获得对艾加斯的控制权或获取到艾加斯的账目和记录，空气产品公司和收购人计划对艾加斯及其资产、财务预测、公司结构、资本化、运营、财产、政策、管理和人员进行详细审查，并将根据当时的情况，考虑并决定在合并后的公司为实现预期协同效应所需的变更（如果有）。这些策略可能包括但不限于艾加斯的业务、设施位置、公司结构、雇用和成本水平合理化、产品开发、营销策略、资本化、管理或股息政策的变化。

空气产品和收购者已准备好在获得完成要约所须的监管批准后进行相关适当的剥离，我们预期的任何剥离都不会是重大的。

如果我们获得对艾加斯的控制权，我们目前拟在收购艾加斯的全部股权或完成拟议合并之前不会宣派任何股息。

除上述或本收购要约中的其他地方外，收购者目前没有与涉及艾加斯或其任何子公司进行特殊公司交易的计划或提案（如合并、重组、清算、任何运营职能的搬迁或出售，或重大资产的其他转让），也无计划或提案进行艾加斯董事会或管理层的任何变更，艾加斯债务、资本化、股息率或政策的重大变更，以及艾加斯公司结构或业务方面的任何其他重大变更。

> 要点 9：下一节将披露潜在的州法律和监管问题。这些细节在收购战中非常重要，套利交易者必须深入分析这些法律问题。

法定要求；批准合并。根据 DGCL，如果条款 203 和证书条件得到满足，则拟议合并将需要艾加斯董事会和大部分已发行股份持有人的批准。此外，依据 DGCL，如果此类条件满足并且根据要约或其他我们获得了至少 90% 的已发行股票，我们相信我们将无须艾加斯董事会或其他股东的赞成票而批准此拟议合并。

如果证书条件未满足但我们自行决定完成要约，则艾加斯证书条款 6 要求除非适用某些例外情况，我们应寻求拟议合并的批准。艾加斯证书的条款 6 规定与有"利害关系股东"（通常是一个拥有艾加斯的已发行表决权股 20% 或以上表决权直接或间接受益人的股东或相关人或关联人）的合并批准要求已发行股份投票权 67% 的持股人赞成票，除非此合并得到艾加斯多数无利害关系董事的批准或某些公平价格条件得到满足。虽然我们不确保会放弃证书条件，但我们保留此项权利，并且我们尚未确定我们是否在任何情况下都愿意这样做。

如果第 203 条款不满足但我们自行决定完成要约，则条款 203 可能大大延迟我们收购艾加斯全部股权的能力。一般情况下，203 条款禁止"利益相关股东"（通常是拥有公司 15% 或以上已发行表决权股的股东或相关人或关联人）在其成为利益相关股东后 3 年内与特拉华州公司参与"业务合并"（定义为包括兼并，合并及某些其他交易），除非 (i) 在此之前，公司董事会批准了此项让该股东成为利益相关股东的业务合并或交易；(ii) 在让该股东成为利益相关股东的交易完成时，该利益相关股东在交易开始时拥有该公司至少 85% 的已发行表决权股（不包括某些员工持股计划所拥有的股份，也不包括同是公司董事和高级职员者所拥有的股份）；或 (iii) 此业务合并由公司董事会批准并在股东年度或特别会议上通过授权，且非经书面同意，而是经非利益相关股东至少 66 2/3% 的已发行表决权股的赞成票通过。

如有以下情况，条款 203 的规定将不适用于特拉华州公司，包括但不限于：(i) 该公司修改其公司注册证书或规章制度，由（除其他任何所需投票外）多数有表决权的股份投赞成票以选择不受条款 203 管辖，但该项修订在其通过后 12 个月内不会生效，并且不适用于该公司与在该修订通过之时或之前成为利益相关股东人之间的任何业务合并；(ii) 该公司没有在国家证券交易所上市或由超过 2 000 名股东在册持有的一类有表决权的股票，除非上述任一项是由利益相关股东直接或间接采取行动导致，或由使某人成为利益相关股东的某一交易所致；或 (iii) 该业务合并是由一位利益相关股东在完成或放弃拟议交易之前，并于条款 203 要求进行的公告或通知中在先发生者之后提议。此拟议交易为任何与一股东进行或由一股东发起的拟议交易，且该股东应在过去 3 年内为非利益相关股东，或是经过该公司董事会批准并且由在任董事会多数赞成或不反对成为利益相关股东者。在任董事会成员应为过去 3 年内任何人成为利益相关股东前就已是董事者，或是由多数此类董事推荐选举以接任此类董事者。

该要约以条款 203 的达成为条件，条款 203 得以达成的要求为（包括但不限于）：(i) 在根据要约承兑支付股份之前，艾加斯董事会批准要约或拟议合并；(ii) 在要约截止前有效出售且未被撤回的股份连同我方当时持有的股份应于该日期占已发行股份的至少85%（不包括某些员工持股计划所拥有的股份，也不包括同是艾加斯公司董事和高级职员者所拥有的股份）。

虽然我们不确保会放弃第203条款条件，但我们保留此项权利，并且我们尚未确定我们是否在任何情况下都愿意这样做。如果我们放弃此条款并根据要约收购股份或其他，同时条款203适用，我们仍可寻求与艾加斯完成合并或其他业务合并。我们相信我们能够完成此次合并或其他业务合并，只要我们持有大部分已发行股份并且（i）此合并或其他业务合并由艾加斯董事会批准并在艾加斯股东年度或特别会议上通过授权，且非经书面同意，而是经我们或我们的相关人及关联人至少66 2/3%的已发行表决权股的赞成票通过；或（ii）该合并或其他业务合并于我们成为利益相关股东之日起3年届满后发生。

另外，如果我们放弃第203条款并根据要约收购股份或其他，并被条款203禁止在任何时间与艾加斯完成合并或其他业务合并，我们可能（i）决定不寻求完成此类合并或其他业务合并；（ii）依靠私下协商交易或其他方式，以可能高于、低于或与要约所支付价格相等的价格寻求在公开市场收购额外股份；或（iii）试图与艾加斯或由艾加斯进行一项或多项可替代性交易。我们尚未决定在此情况下我们是否会采取上述任何行动。

涉及艾加斯的任何合并或其他类似业务合并的确切时间和细节必然取决于多种因素，包括我们根据要约收购的股份数量。虽然我们目前打算根据上述条款提议合并或类似业务合并，但由于我们实施此交易的大幅延误、艾加斯为回应要约可能采取的行动、我们此后获取的信息、一般经济或市场情况的变化，或艾加斯业务或其他当前无法预见因素的变化，多种因素导致此交易可能不被如此提议，可能延期或放弃，或可能以不同的条款提出。我们保留不向艾加斯提议合并或其他类似业务合并或以上述讨论以外的条款提出此类交易的权利。具体而言，我们保留权利：（i）在包含证券或现金及证券的合并或其他类似业务合并中提议对价；（ii）在价值高于或低于上述金额的交易中提议对价。

上述讨论并非DGCL的完整声明，根据DGCL，其整体具备有效性。

13. 股息及分配

在收购要约当日或之后，如果艾加斯（i）对其股份或资本进行分拆、合并或其他改变；（ii）收购股份或以其他方式导致流通股份数量减少；（iii）发行或卖出额外股份或任何其他级别的股本中的部分，或其他投票权股份或任何可转换或交换成上述股份的证券、有条件或无条件的权利、认证股权或权利；或（iv）披露艾加斯已经采取此类行动。那么，在要约第14条不损害我方权益的前提下，我们会对要约价格和要约及提议合并的其他条款做出我们认为合适的调整，以反应此拆分、合并和其他包括可收购股份的类型和数量改变的情况。

在收购要约当日或之后，如果艾加斯依据股份宣派或派付任何现金股息或其他分配，或分发额外股份或权利、任何其他级别的股本，除投票权股份或其他可转换成上述股份，或有条件或无条件的可收购上述股份的权利，认证股权或期权。该对股东的应付或应派记录在与我方或我方提名人或受让人的根据要约购买的股份转换日之前。那么，根据要约第14条：（i）要约价格可以减去该现金股息或现金分配的数额；同时（ii）所有提呈股份的股东应收的非现金股息，分配或发行都会（a）为提呈股份的股东所持有并由我方留置，需由每位提呈股份的股东妥善汇入存入我方保管人，附带相关转让文件，或（b）根据我们的指引，以我方利益来行使，行使所得资金悉数汇给我方。等候汇入期间，根据适用法律，我们将作为这些非现金股息、分配、发行或所得的所有者，享有所有对应权利和特权，并由我方酌情决定是否预扣整个要约价格或从要约价格中减去相应数目或价值。

14. 要约条件

> 要点10：要约的特定条件非常重要，可以决定该恶意要约成功的可能性。

即使本要约其他条文另有规定，我们也无须接受支付，或在适用的SEC规则与条例下，包括证券交易法（关于在要约终止或过期时收购者随即支付或返还已购买的股份的义务）的条例14e-1（c），支付任何股份。

假如在过期日之前，最低投标条款、权益条款、203条例条款、认证条款、哈特-斯科特-罗迪诺反垄断改进法案条款或减损条款未得到满足，又或者在此要约日期之后，支付这些股份（无论在那以前是否有任何已经根据要约接受支付的股份）之前的任意时间存在以下条件中的任意一条，我们也可以终止或修改要约：

（1）如任何政府、政府机关或机构，或其他国内、国外、超国家的自然人，在任何法院或国内、国外或超国家的政府机关或机构，存在将要提出、已经提起或者正在进行的任何诉讼或法律程序，从而（a）挑战或寻求，或合理可能做出非法的拖延，或直接间接限制或禁止该要约的提出，以及我司或我司子公司或关联公司接受支付或支付部分或所有股份，以及我司或我司子公司或关联公司完成涉及艾加斯合并或其他同类业务，（b）寻求获得与完成本要约或任何这类合并及其他类似的业务合并直接或间接有关的物质赔偿，（c）寻求限制或禁止我司或任何我司子公司或关联公司，对所有或任何我们业务或资产或艾加斯业务或资产，或任何我们或艾加斯各自的子公司或关联公司实行全面拥有权和运营权，或迫使我司或我司子公司或关联公司处置或独立持有全部或任何我们业务或资产或艾加斯业务或资产，或任何我们或艾加斯各自的子公司或关联公司，或寻求对我司或任何我司子公司或关联公司处理该业务或拥有该资产的能力加以限制，（d）寻求对我司或我司子公司或关联公司有效执行股份全部所有权，包括对任何我司或我司子公司或关联公司收购或拥有的股份享有的对艾加斯股东披露的所有事物的投票权，加以或确认限制，（e）寻求剥离任何我司或我司子公司或关联公司的股份，（f）寻求任何大幅缩减由此要约交易或任何合并及其他涉及艾加斯的业务合并，预期由我司或我司任何子公司或关联公司带来的收益，（g）对该要约或任何涉及艾加斯的合并或其他业务合并的融资产生不利影响的，或（h）在我们合理判断下，对艾加斯或其子公司或附属公司的价值，或对我司或我司子公司或关联公司的股票价值产生不利影响的；

（2）任何已经采取的行动，或任何由任何国内、国外或超国家的法院、政府或政府机关或机构，提出、指定、发出、颁布、执行或认为适用于收购方空气产品及其子公司或关联公司，该要约接受支付或支付股份，或人员和涉及艾加斯的合并及业务合并的成文法、规则、法规、判词、判决、强制令、命令或判令，（除了涉及该要约或其他合并或业务合并申请 HSR 法案等候期条款）在我们合理判断下，会或可能会直接，间接产生上述段落（i）中（a）到（h）描述的任何结果；

（3）任何艾加斯或其关联公司在业务、资产、债务、财务状况、资本化、运营、经营业绩或预期发生的或将要发生的变化（或任何涉及潜在改变的发生或将要发生的进展），在我们合理判断下，会或可能会对艾加斯或其关联公司产生不利影响，或者我们认识到，在我们合理判断下，对艾加斯或其子公司或附属公司的价值，或对我司或我司子公司或关联公司的股票价值产生不利影响的；

（4）发生（a）在任何全国证券交易所或场外交易市场发生的股票一般交易暂停或价格限制，（b）道琼斯工业平均指数或标准普尔 500，或纳斯达克 100 指数从 2010 年 2 月 4 日闭市后起出现超过 15% 的跌幅，（c）任何美国或境外的政治大局，市场，经纪，或金融状况的变化，在我们合理判断下，可能对艾加斯或其关联公司在业务、资产、债务、财务状况、资本化、运营、经营业绩或预期整体而言产生重大不利影响，（d）美国宣布所有美国银行暂停银行业务或暂停支付，（e）任何美元或其他货币汇率重大不利变化（或任何涉及潜在不利变化的发生或将要发生的进展），或货币市场出现交易暂停或价格限制，（f）发生直接或间接涉及美国的战争，武装敌对或国际/国内灾难，或任何涉及美国的攻击，疫情或恐怖主义行为，（g）任何政府机关或机构发布的限制（不管是否强制性），或其他事件，在我们合理判断下，可能对银行或其他金融机构提供信贷产生负面影响的，或（h）截至 2010 年 2 月 4 日闭市，上述情况加剧或恶化；

（5）（a）他人（包括艾加斯或其子公司或关联公司）公开发出，或公开披露对部分或所有股份的收购或交换要约，或由我方得知任何个人或"团体"[如证券交易法第 13（d）（3）条所述] 已经收购或提出收购超过 5% 艾加斯任何类别或系列的股本（包括股票）获得实益拥有权，通过收购股份，组建团体或其他，或被授予任何有条件或无条件的期权、权利或认证股权等方式，以收购超过 5% 艾加斯任何类别或系列的股本（包括股票）获得实益拥有权，而非仅以善意套利为目的或其他在 2010 年 2 月 4 日呈交 SEC 文件中第 13D 或 13G 中的描述为目的，（b）任何在 2010 年 2 月 4 日前向 SEC 提交了该附表的此类个人或团体，已经收购或提出收购超过 1% 艾加斯任何类别或系列的股本获得实益拥有权，通过收购股份，组建团体或其他，或被授予任何有条件或无条件的期权、权利或认证股权等方式，以收购超过 1% 艾加斯任何类别或系列的股本获得实益拥有权，（c）任何个人或团体已签订最终协议或原则协议，或就收购或交换要约或合并、兼并或其他与艾加斯或涉及艾加斯的商业合并提出的提案，或（d）任何根据 HSR 法案，已提交通知和报告表格，或发出公告有意收购艾加斯或艾加斯任何资产或股票的个人；

（6）艾加斯或其任何子公司已（a）分拆，合并或发生其他改变，或授权或提议股份或其资本化的分拆，合并或其他改变，（b）收购或以其他方式导致流通股或其他证券数目下降，或授权或提议收购或以其他方式减少流通股或其他证券的数目，（c）发行或出售，或授权或提议发行或销售任何额外股份、其他类别或系列的股本、投票权股份或其他可转换成上述股份，或有条件或无条件的可收购上述股份（根据并按照 2009 年 12 月 31 日生效的条款，在该日期前发行的尚未行使的员工股票期权除外）的权利，认证股权或期权，或任何关于，代替或替代或交换任何股本的其他证券或权利，（d）允许发行或销售任何类别股本的任何股份或艾加斯任何子公司的其他证券，（e）宣布，支付或提议宣布或支付任何艾加斯股本的任何股份的任何股息或其他分配（权利认证的分配或根据在要约日期之前公布生效的权利协议赎回权利除外），（f）更改或建议更改任何已发行、已售、已授权或提议发行或销售的流通证券，任何债务证券或以其他方式发生或授权或提议发生的除日常业务以外的任何债务（修改权利协议使得权利不适用于要约和此处所述的拟议第二步合并除外）的任何重要条款，（g）授权，推荐，提议或宣布其计划或已经签订关于或影响任何合并、兼并、清算、解散、商业合并、资产收购、资产处置或任何重要合同或艾加斯及其子公司的其他权利或任何非日常业务的类似事件让渡的协议，（h）授权，推荐或提议或宣布其计划或已经与任何个人或团体（在我们合理判断下，对艾加斯或其任何子公司或附属公司的价值，或对我方或我方任何子公司或附属公司的股票价值具有或可能具有重大不利影响）签订任何协议或约定，（i）与任何其高级职员、董事、雇员或顾问采用、签订或修订任何雇佣、遣散、控制权变更、留任或其他类似协议、约定或计划，或据此拨款或奖励，或在除日常业务之外的每种情况下采用、签订或修订任何此类协议、约定或计划以向高级职员、董事、雇员或顾问提供更多的利益，作为提出要约、接受支付或支付某些或全部我们的股份或我们完成任何与艾加斯有关（包括在每种情况下与任何其他事件相结合，比如终止雇用或服务）的合并或其他类似商业合并的结果或关联,（j）除非法律要求在艾加斯或任何其子公司的任何员工福利计划 [如 1974 年雇员退休收入保障法第 3（2）条所定义] 中采取行动终止或修订或实质性增加责任，或我方已知悉这些此前未公布的行动，（k）将任何现有福利、雇佣、遣散、控制权变更或其他类似协议（在除日常业务之外的每种情况）所需资金的任何金额转入托管（或其他类似安排），或（i）对其公司注册证书或章程（或其他类似组成文件）做修订，或授权或建议任何修订，或我们发现艾加斯或其子公司已经，或授权或建议对其公司注册证书或章程（或其他类似组成文件）做修订而之前并未披露（修改权利协议使得权利不适用于要约和此处所述的拟议第二步合并除外的每种情况）；

（7）我们知悉（a）艾加斯及其任何子公司的任何重大合约权利受到削减或其他不利影响或艾加斯及其任何子公司的任何大额负债已加剧或已到期或在其规定的截止日期前遭受加剧，在每种情况下无论是否有通知，或时效消失或两者皆有，作为要约的结果或与要约相关，或者由我方或我方任一子公司或附属公司完成涉及艾加斯的合并或其他类似商业合并，或（b）艾加斯及其任何子公司的任何文书或协议中的任何协定、条款或条件，在我们合理判断下，对艾加斯或其任何附属公司的价值，或对我方或我方任何附属公司（包括任何作为要约的结果或与要约相关而随之产生的任何违约事项，接受支付或支付某些或全部我们的股份或我们完成与艾加斯有关的合并或其他类似商业合并）的股票价值具有或可能具有重大不利影响；

（8）我们或我们任一子公司与艾加斯签订最终协议或宣布原则性协议，规定与艾加斯或其任何子公司的合并或其他类似商业合并，或收购艾加斯或其任何子公司的证券或资产，或我们与艾加斯就要约将被终止的共识达成任何其他协议或谅解；

（9）艾加斯或其任何子公司应（i）授权向任何提议与或涉及艾加斯或其任何子公司进行合并或其他类似商业合并，或向艾加斯或其任何子公司购买证券或资产的人支付任何类型的期权，权证或权利，此处的权利根据我们的合理判断构成"锁定"设备（包括获得或接收艾加斯或其任何子公司的任何股份或其他证券，资产或业务的权利）或（ii）已支付或同意向与此类业务合并或购买相关的任何一方支付现金或其他代价；

（10）任何政府机关或机构所要求的批准、许可、授权、延期、行动或不行动、豁免或同意（包括在"要约—第15节—相关法律事项：监管审批"中描述的其他事项）不得以对空气产品和收购方有利的条款获得，或任何政府或政府机关或机构实施的任何与要约相关的等待期限或延长期限不得过期。

上述条件仅适用于空气产品、收购方及它们的附属公司，并且无论产生任何此类条件的情况如何，都可由我方或空气产品自行决定主张，或在截止日前的任何时间或时间段由我方自行决定放弃全部或部分。我们明确保留放弃要约任何条件，以及对要约条款或条件做出任何变更的权利。任何时候我方未能就以上条件行使我方的权利，不应被视为放弃任何此类权利。在特定事实和情况下对任何此类权利的放弃不应被视为在任何其他事实和情况下对此类权利的放弃。每项此类权利均应被视为可在任何时间或时间段主张的持续权利。

15. 相关法律事项；监管审批

> 要点11：任何所需的监管审批都应深入分析。

总则。 根据我们对艾加斯向SEC提交的公开信息和其他与艾加斯有关的公开6信息的审查，我们并未发现任何对艾加斯业务有重大影响的政府执照或监管许可，我们根据要约对股份的收购可能会对艾加斯的业务产生负面影响，或者除下文所述之外，我们也并未发现任何根据要约我们收购或持有股份所需的国内或国外政府或政府行政机关或机构、监管机关或机构的任何批准或其他行动。若要求或希望任何此类批准或其他行动，我们正在考虑，除下文"其他州收购法规"所述外，将寻求此类批准或其他行动。但除下文"反垄断"所述外，在这类事项的结果出来之前，目前无意推迟收购要约中出售的股份。无法保证任何此类批准或其他行动（如需）将被获得（有或无实质性条件），或如果未获得此类批准或未采取此类其他行动，则可能不会对艾加斯的业务产生负面影响，或艾加斯的某些业务可能无须处置，其中任一情况都可能导致我们选择终止要约而不收购要约中的股份。我们根据要约接收付款和支付股份的责任须遵守要约第14条中的条件。

特拉华州商业合并法规。 艾加斯受第203条规定的约束，该条款对涉及艾加斯的商业合并施加了某些限制。有关第203条规定的讨论，请参阅要约第12节。

其他州收购法规。 许多州已经通过法律，这些法律在不同程度上旨在适用于对公司的收购企图，这些公司在州内成立，或在州内拥有大量资产、股东、主要行政办公室或主要营业地点或他们的业务运营对该州有重大经济影响。艾加斯直接或通过其子公司在美国多个州开展业务，其中一些州已经颁布了此类法律。除本文所述之外，我们不清楚这些法律中的任何一条是否适用于我们或任何我们的附属公司与艾加斯之间的要约或任何合并或其他商业合并，我们并未遵循任何此类法律。如果在某种程度上这些法律的某些条款旨在适用于要约或任何此类商业合并，我们相信有合理的基础对这些法律提出异议。

1982年，在埃德加诉MITE公司案中，美国最高法院在宪法基础上宣布"伊利诺伊州商业收购法规"无效，因该法案作为州证券法的一部分，使得为收购公司而须满足的某些要求变得更困难。然而，在1987年CTS公司诉美国动力学公司案中，最高法院则认为，根据公司法，印第安纳州可以在未经其余股东事先批准的情况下，依宪取消潜在收购方对目标公司的投票权，该公司（其中包括）在该州成立并拥有大量股东。随后，在TLX收获公司诉Telex公司案中，俄克拉荷马州的一个美国联邦地方法院裁定当应用于俄克拉荷马州州外成立的公司时，俄克拉荷马州的收购法规违宪，因为它们会使得这些公司受到不一致的监管。同样，在泰森食品公司诉麦克雷诺案中，田纳西州的一个美国联邦地方法院裁定四项田纳西州收购法规在应用于田纳西州州外注册的公司时违宪，这一决定得到了美国第六巡回上诉法院的肯定。1988年12月，佛罗里达州的一个美国联邦地方法院在大都会公共有限公司诉巴特沃斯案中认定佛罗里达州附属交易法案和佛罗里达州控制股份收购法案在应用于佛罗里达州州外注册的公司时违宪。

如果任何政府官员或第三方寻求对我们或任何我们的附属公司与艾加斯之间的要约或任何合并或其他商业合并提出任何州收购法方面的司法复核，我们将会在那时采取可取的行动，该行动可能包括在适当的法庭诉讼中对这些法规的实用性和有效性提出异议。如果有声明指出一项或多项州收购法规适用于本要约或任何此类合并或其他商业合并且法院未确定法规对要约或任何此类合并或其他商业合并是否不适用或无效，我们可能被要求向相关州机构或股份持有人提交某些信息或获得批准，我们可能无法接受支付或支付相关提呈的股份或延误继续或完成该要约或任何此类合并或其他商业合并。在这种情况下，我们没有义务接收付款或支付任何提呈的股份。参阅要约第14节。

反垄断。根据HSR法案和联邦贸易委员会（FTC）颁布的法规，除非向司法部旗下的反垄断部门以及FTC提供某些信息且满足某些等候期要求，否则某些收购交易可能无法完成。依据本要约对股份的收购遵循该等规定。

> 要点12：由于AGR和APD业务重叠，获得反垄断批准将成为博弈中的关键因素。

根据HSR法案的要求，我们计划在本协议日期之后尽快向反垄断部门和FTC提交有关要约的通知和报告表格。因此，收购股份的等候期将在纽约时间晚上11:59到期，即提交文件后的15天，除非第15天是周六、周日或其他法定公众假期，则等候期将在下一个正常工作日的纽约时间晚上11:59到期。但是，在这个时间之前，反垄断部门或FTC可以通过向我们索取更多与要约相关的信息或文件材料来延长等候期。如果他们提出了此类请求，则等候期将延长至我们基本遵循该请求后的第10天，纽约时间晚上11：59。在此之后，等候期只能通过法庭命令延长。

根据HSR法案关于适用等候期满或提前终止（参阅要约第14节），根据要约，股份不应作为支付方式被接收或被支付。根据要约第14节中描述的某些情况，任何等候期延长都不会产生任何撤销权利，除非有适用法律另行规定。如果我们收购股份因反垄断部门或FTC要求根据HSR法案提交更多信息或文件材料而延误，该要约可以但不必延长。

反垄断部门和FTC经常根据反垄断法审查交易的合法性，如我们根据本要约收购股份的交易。在任何此类交易完成之前或之后的任何时间，反垄断部门和FTC只要认为有必要和适宜维护公共利益，都可以依据反垄断法采取此类行动，包括寻求根据要约责令购买股份或寻求剥离所收购的股份或剥离我们的或艾加斯的重大资产。私人团体或个别州份也可以根据反垄断法提起法律诉讼。我们无法保证不会有以反垄断为由对本要约提出的质疑，或者如果此类质疑被提出，结果会是什么。参见要约第14节中有关要约的某些条件，包括有关诉讼和某些政府行为的条件。

如果反垄断部门、FTC、一个州或一个私人团体提出与要约相关的反垄断质疑，空气产品和收购方可以与相关政府机构或质疑方就可能解决这些问题的方法进行谈判，且可能会因此类谈判的进行而延误要约和建议合并的完成。

不只是美国，要约和建议合并还可能受到其他国家的反垄断申诉。我们相信我们将获得任何所需的批准或许可，但无法保证所有此类批准和申请都能获得。

评估权。您不会因此要约获得评估权。然而，如果建议的合并完成，艾加斯的那些根据要约不提呈股份的股东在完成建议合并时继续持有股份，既不投票赞成建议合并，也不以书面形式同意，符合DGCL第262条规定的适用法律程序，他们将有权获得判定其股份公允价值的司法裁定（不包含因完成或预期此类合并而产生的价值因素）并以现金和公允的利息（如有）的形式获得该公允价值（所有此类股份统称为异议股份）。由于根据要约不存在评估权，因此不得根据DGCL第262条要求进行评估。任何此类对异议股份的公允价值的司法裁定可以基于除要约所支付的价格以及股份的市场价格之外的考虑。股东应该知悉所确定的价值可能高于或低于或与根据要约所支付的价格或该合并中已支付的对价相同。此外,我们可能会在评估程序中提出就此类程序而言异议股份的公允价格应低于邀约中支付的价格的争辩。

根据 DGCL 第 262 条,如果任何要求评估股份价值的持股人未能完善或有效撤回或丧失它、他或她在 DGCL 中规定的评估权,则该持股人所持股份将被转换为接收建议合并中支付的每股价格的权利。股东可以通过向我们提交书面撤销评估请求和接受合并同意书,以收回其评估请求。

未能按照 DGCL 第 262 条要求的步骤来完善评估权可能会导致丧失该权利。

其他。 根据我们对艾加斯相关的其他公开信息的审查,似乎艾加斯及其子公司在许多境外国家拥有资产并开展业务。就根据要约收购股份而言,某些外国法律可能会要求向政府机构提交信息并获得批准。在要约开始之后,我们将寻求有关任何这类法律实用性的进一步的信息,并在目前打算采取这些法律要求的此类行动,但我们不能保证能够获取此类批准。如果任何政府或政府机构在完成要约之前采取任何行动,我们可能没有义务接收付款和支付任何提呈的股份。见要约第 14 节。

我们提议的任何合并或其他类似商业合并也必须遵守任何适用的美国联邦法律。特别是,除非股票在这类交易之前根据"交易法"已经注销,否则如果此类合并或其他商业合并在要约终止后超过一年完成,或者未向股东支付至少等于要约中支付的价格的现金来收购股份,则我们需要遵循交易法中的规则 13e-3。如适用,规则 13e-3 将要求(其中包括)有关艾加斯的某些财务信息、与建议交易的公平性相关的某些信息,以及在此类交易中向少数股东提供的对价,在交易完成之前提交到 SEC 并分发给这些股东。

16. 法律程序

要点 13:APD 试图接管 ARG 的结果将取决于特拉华州衡平法院的诉讼。

特拉华州诉讼。2010年2月4日,空气产品公司开始针对艾加斯和艾加斯董事会成员在特拉华州衡平法院提起诉讼。诉讼中,空气化工产品公司诉艾加斯公司等人,民事诉讼第5249号(特拉华州诉讼),空气产品寻求以下命令:

- 宣布艾加斯董事在特拉华州法律下违反了他们对艾加斯股东的信托义务,拒绝与空气产品公司谈判且没有告诉股东空气产品之前对艾加斯的收购报价中的潜在参数,以及未能成立独立董事特别委员会,与独立顾问一起考虑和与空气产品公司谈判空气产品之前对艾加斯的收购报价。
- 迫使艾加斯董事成立艾加斯独立董事特别委员会,并拥有自己的独立财务和法律顾问,以诚信且合理地考虑和谈判交易提议。
- 禁止艾加斯董事以不符合其受托责任的方式,从事任何不当地阻碍、阻挠、挫败或干扰与空气产品公司的拟议交易的行为或不作为。
- 禁止艾加斯其员工、代理商、全部一致行动人及相关人采取任何阻滞空气产品获得艾加斯控制权的行为,该行为违反艾加斯对其股东的各自信托义务。

特拉华州诉讼的起诉副本已于2010年2月5日向SEC提交,作为空气产品公司提交的8-K表格的附件99.2。

宾夕法尼亚州诉讼。2010年2月5日,艾加斯开始针对科瓦斯·斯温·摩尔律师事务所(Cravath)在宾夕法尼亚费城县民事法院提起诉讼,该律所是空气产品的律师。诉讼中,艾加斯公司诉科瓦斯·斯温·摩尔律师事务所,民事诉讼第000857号,2010年2月份(宾夕法尼亚州诉讼),艾加斯正寻求一项要求科瓦斯的命令,该命令根据要约,基于科瓦斯过去代表艾加斯与某些融资交易以及未指明的惩罚性和其他损害赔偿相关,要求科瓦斯不再代表空气产品。

2010年2月9日,宾夕法尼亚周费城县民事法院驳回了艾加斯在宾夕法尼亚州诉讼中的一条特别禁令,该禁令将禁止科瓦斯就此要约向空气产品提供咨询服务并安排关于艾加斯2010年2月16日执行宾夕法尼亚州诉讼的初期禁令动议的证据听证会。

艾加斯股东集体诉讼。 2010 年 2 月 9 日，一名艾加斯的股东在特拉华州的衡平法院针对艾加斯和艾加斯董事会成员提起假设性集体诉讼。诉讼中，好莱坞警察退休系统诉艾加斯公司等人，民事诉讼第 5256 条（艾加斯股东集体诉讼），原告声称，除其他外，艾加斯董事违反了他们对艾加斯股东的信托责任且以"摒弃空气产品的姿态并采取其他防御措施"从而"剥夺"艾加斯股东的"权利"。原告代表所有艾加斯股东寻求宽免，包括宣布艾加斯股东违反其信托责任，要求艾加斯股东进行艾加斯的拍卖会和／或对艾加斯价值进行市场确认。

17. 费用和开销

J.P. 摩根证券公司是我们的财务顾问并担任此要约有关的交易管理人，并将收取与此约定有关的惯常费用。我们已经同意向 J.P. 摩根证券公司报销与此要约相关的支出，并向 J.P. 摩根赔偿某些责任，包括美国联邦证券法规定的某些责任。

我们委聘了麦肯齐合作伙伴作为信息代理和美国股票转让和信托公司，作为与要约有关的存托人。信息代理可以通过邮件、电话、电传、电报和个人访问持股人，并可要求经纪人、交易商、银行、信托公司和其他被提名人将与要约有关的材料转发给受益所有人。信息代理人和存托人将各自收到其提供的服务对应的合理的惯常的报酬，也会获得合理的自付支出的报销，并将获得与此相关的某些责任（包括美国联邦证券法规定的某些责任）的相应赔偿。

我们不会向任何经纪人或交易商或任何其他人（交易管理人、信息代理和存托人除外）支付任何根据要约招揽股份出售的费用和佣金。经纪人、交易商、银行、信托公司和其他被提名人，会应要求获得合理的必要的转发材料所产生的成本和费用报销。

18. 其他事项

如果要约不符合要约发出所在的司法管辖区法律，也不符合持股人或代理所在的司法管辖区的法律，该要约不会被发出，不会接受股份销售，或接受代理销售。但是，我们可以在这些司法管辖区内，通过自行决定采取我们认为必要的此类行动使得要约可以拓展至该司法管辖区的持股人。

我们未授权任何人传达任何信息或代表空气产品公司或收购要约或传送函中未包含的收购方。如果任何人做出传达信息或代表的行为，不应被视为经过授权。

我们已经根据交易法中第 14d-3 条向 SEC 以附表 TO 的形式提交了收购要约声明，并附上报表，提供了有关要约的某些额外信息。附表 TO 和其任何后续修订，包括报表，可以被审查，副本可以通过收购要约第 9 节中描述的方式在 SEC 办公室获取。

附录B

艾加斯（Airgas）和空气产品公司（Air Products）——法院裁决案文

> 要点1：我们将只使用首席大法官威廉·钱德勒的一些裁决，因为整个决定都是相当冗长的。特拉华州法院裁决的全文可在以下网站找到：
> https://courts.delaware.gov/opinions/download.aspx?ID=150850

特拉华州衡平法院

空气化工产品公司，

原告，

诉

艾加斯公司，彼得·麦考斯兰

詹姆斯·W. 霍维，保拉·A. 史尼德

戴维·M. 斯托特，埃伦·C. 沃尔夫

李·M. 托马斯和约翰·C. 万

小罗登

被告。

兹就艾加斯公司股东诉讼

民事诉讼第 5249-CC 号

民事诉讼第 5256-CC 号

意见

提交日期：2011 年 2 月 8 日

决定日期：2011 年 2 月 15 日

来自特拉华州威尔明顿莫里斯·尼克尔斯·阿什特·塔诺律师事务所的肯尼思·J.纳赫巴尔、乔恩·E.阿布拉姆奇克、威廉·M.拉弗蒂、约翰·P.DiTomo、埃里克·S.韦伦斯基、约翰·A.埃金斯、赖安·D.斯图特曼和S.迈克尔·施金；法律顾问：来自纽约州纽约市科瓦斯·斯温·摩尔律师事务所的托马斯G.拉弗蒂、大卫·R.马里奥特和格雷·A。原告空气产品公司和化学品公司。

来自特拉华州威尔明顿奇米柯斯·提柯利斯律师事务所的帕梅拉·S.提克里斯、罗伯特·J.克里纳、Jr、A.扎卡里·内勒和斯考特·M.塔克；法律顾问：来自宾夕法尼亚州费城贝瑞克·罗得·巴辛律师事务所的杰弗里·W.格兰、M.里查德.康明斯和朱莉·B.帕利；来自纽约州纽约市伯恩斯坦·里托威兹·伯杰·格罗斯曼律师事务所的马克·勒克维克、艾米·米勒和杰里米.弗里德曼；来自加利福尼亚州圣地亚哥罗宾斯·盖勒·鲁德曼·多德律师事务所的兰德尔·J.巴伦、A.里克·阿特伍德、Jr.和戴维·T.维兹布罗克；来自马萨诸塞州波士顿伯曼·迪瓦莱瑞欧律师事务所的莱斯利·R.斯特恩；来自佛罗里达州博卡拉顿市萨克塞纳怀特·P.A律师事务所的约瑟夫·E.怀特三世，是股东原告的律师。

来自特拉华州威尔明顿波特·安得森·科伦律师事务所的唐纳德·J.乌尔夫，Jr.、凯文·R.香农、伯顿·W.阿施曼、Jr.和赖安·W.布朗宁；法律顾问：来自纽约州纽约市瓦特泰尔·立普顿·罗森·凯兹律师事务所的肯尼思·B.弗里斯特、希欧多尔·N.玛维斯、艾里克·M.罗斯、马克·沃林斯基、乔治·T.康韦三世、约书亚·A.纳夫塔里斯、布兰得利·R.威尔森、杰斯安得·莫克和查尔斯·D.科丁，作为被告的律师。

首席大法官，钱德勒

目录

引言 4

一、事实 11

背景资料 12

A. 当事人 13

1. 空气产品公司 13

附录B 艾加斯（Airgas）和空气产品公司（Air Products）——法院裁决案文

2. 原告股东 … 14
3. 被告艾加斯 … 14
B. 艾加斯的反收购策略 … 18
C. 艾加斯的五年计划 … 19
D. 空气产品私下表示对艾加斯感兴趣 … 20
1. 60美元的全股报价 … 20
2. 艾加斯正式拒绝收购要约 … 25
3. 62美元的现金股票报价 … 27
E. 空气产品公司上市 … 30
F. 60美元的收购要约 … 32
G. 代理权竞争 … 36
H. 艾加斯推迟年会 … 39
I. 63.50美元的报价 … 40
J. 年会前紧张气氛加剧 … 43
K. 65.50美元的报价 … 45
L. "在65.50美元的情况下，股东希望双方能够接受。" … 46
M. 年会 … 48
N. 章程问题 … 48
O. 十月审判 … 49
补充条款中提出的事实证据听证会 … 52
P. 艾加斯和空气产品公司代表会面 … 53
Q. 更多庭审后的事实发展 … 57
1. 空气产品公司提名和11月1—2日艾加斯的董事会议 … 58
2. 12月7—8日艾加斯董事会函件 … 61
R. 70美元"最佳和最终"的报价 … 64
S. 艾加斯董事会一致拒绝了70美元的报价 … 70
二、评审标准 … 77
A. 优尼科标准 … 77
B. 优尼科不是这里适用的商业判断规则 … 79

C. 毒丸简介——莫兰案及其结果　　　　　　　　　　83
　　D. 关于 TW 服务的说明　　　　　　　　　　　　　97
　三、分析　　　　　　　　　　　　　　　　　　　　102
　　A. 艾加斯董事会是否已确定其合理感知到法律上可认定威胁的存在？
　　　　　　　　　　　　　　　　　　　　　　　　　102
　　　1. 过程　　　　　　　　　　　　　　　　　　　102
　　　2. "威胁"是什么？　　　　　　　　　　　　　104
　　B. 是否继续维持与空气产品公司要约所构成的"威胁"相对应的艾加斯防御措施？　　　　　　　　　　　　　　　　　　　　　　120
　　　1. 排除或强制　　　　　　　　　　　　　　　　120
　　　2. 合理性范围　　　　　　　　　　　　　　　　139
　　C. 药丸、政策和教授（和假设）　　　　　　　　147
　结论　　　　　　　　　　　　　　　　　　　　　　151

　　本案提出了以下基本问题：董事会在面对结构性非强制性、全现金、全额融资的收购要约时，能否真诚地并以合理的事实依据做出决定？能否保留毒丸，以防止股东自行决定他们卖出自己的股份？现任董事会已经失去一次竞选机会，自从收购要约首次公开之后也过去了一整年。股东是否在目标公司董事会对这不合适的收购要约的看法上有充分的了解？如果是这样，这是否意味着董事会可以对敌意收购要约说不？
　　上面所说对最后一问的回答是"不"，董事会不能"只是说不"就拒绝收购。根绝特拉华州的法律，它必须先通过两个严格的司法审查，由法官评估董事会采取的行动和动机。只有经过合理调查，听取外部顾问的建议后，董事会才会真诚地行动，并且阐明、说服法院该恶意收购要约对被收购公司造成合理威胁，公司可以通过阻止要约收购并迫使投标人选出支持该收购的大股东来解决这种威胁。
　　从本质上讲，此案例引出了针对公司法的一个最基本的问题，该问题涉及董事和股东之间的权利分配。"董事会对公司和股东的责任要求董事会放弃对公司长期价值（和其他方便）的关注，并进入一个让当下股票价值最大化的模式中？"① 还有一点，在恶性收购要约之下，谁来决定公司是否或何时出售公司？

由于股东权益计划（通常称为毒丸）最初是在特拉华公司构思，并在随后的 25 年以来，对谁最终决定一份收购要约是否合理，公司股东或是董事是否应该接受要约的争论从未停止。从 1985 年莫兰诉豪斯霍尔德国际股份有限公司②的案件，特拉华州最高法院首次维持通过毒丸作为有效收购的辩护，经历在 20 世纪 80 年代的恶意收购时期，以及衡平法院和特拉华州最高法院最近几次判决③，这个基本问题吸引了从业者、学者和司法机构成员，但还是没有被解决。

在余下的观点中更充分地描述了这些原因，我得出的结论是，根据特拉华州法律目前的立场，答案是打败一个不合理的恶意收购要约最终还是取决于董事会。因此，我发现艾加斯公司董事会已经担起重任，受到优尼科标准下在法律上的威胁后（据称空气产品公司的出价不合理，同时艾加斯公司的股东很有可能接受该不合理的要约），采取了一系列合理反应的防御措施以解决该威胁。因为，我决定支持被告。原告空气产品公司和股东的请求被拒绝，并且所有针对被告的索赔都会被永久驳回。④

引言

这是法院在艾加斯和空气产品公司长期的收购战中根据审判、审判后简报和从听证会得到的辅助性证据得到的结论。这段传奇故事始于 2009 年

---

① TW Serves., Inc. 诉 SWT Acquisition Corp., 1989 WL 20290, at *8（Del. Ch. 1989 年 3 月 2 日）。

② 490 A.2d 1059（Del. 1985）。

③ 见案例 Yucaipa Am. Alliance Fund II, L.P. 诉 Riggio, 1 A.3d 310, 351 n.229（Del. Ch. 2010）；eBay Domestic Holdings, Inc. 诉 Newmark, 2010 WL 3516473（Del. Ch. 2010 年 9 月 9 日）；Versata Enters., Inc. 诉 Selectica, Inc., 5 A.3d 586（Del. 2010）。

④ 被告还要求法院勒令空气产品公司支付由被告产生的证人费用和开支，该费用和开支是关于 David E. Gordon 辩护空气产品公司修订申诉诉状 I 的专家报告和证词，其辩称违反与 Peter McCausland 于 2010 年 1 月 5 日行使艾加斯股票期权相关的信托义务。该要求被驳回。当事方应承担所有各自的费用和开销。

10月中旬，当时空气产品公司总裁兼首席执行官约翰·麦克格雷德私下接洽了艾加斯的创始人兼首席执行官彼得·麦考斯兰，商讨潜在的收购或合并事宜。在麦克格雷德的私下提议遭到拒绝之后，空气产品公司于2010年2月开始准备恶性收购，对所有发行在外的艾加斯股份发起公开招标。

如今，自空气产品公司首次公布全部股票和全部现金要约计划之后已经过去了一年多，所有要约的条款（除了价格）都基本保持不变。[1] 经过几次价格上涨和延期之后，空气产品公司发布最好的以及最后的报价为每股70美元，该价格于今日2011年2月15日到期。艾加斯董事会一致否认该要约"明显不合适"。[2] 艾加斯的董事会一再表示，艾加斯在销售交易中的每股价值至少为78美元，这远远高于空气产品公司给出的70美元每股的要约。

所以，我们正处在一个十字路口，空气产品公司已经给出了最佳的以及最后的报价，显然他收购艾加斯的报价已经到了最后的阶段。与此同时，艾加斯董事会认为该报价明显不足，至少为78美元每股。在这个阶段，似乎双方都不会让步。艾加斯继续维持守势，阻止竞标并有效阻止股东提呈他们自己的股份。空气产品公司和股东作为原告，现在要求艾加斯赎回毒丸和其他阻止空气产品公司推进收购计划的防御措施，允许艾加斯的股东自行决定是否想要以最好及最后的报价70美元（无论是否合适）卖给空气产品公司。

本案为期一周的审判在2010年10月4日—2010年10月8日进行。双方提交了数百页的审判后备忘录。经过审判，有几条法律、事实和证据的问题有待解答。在对某些悬而未决的问题做出裁决时，我于2010年12月2日向律师发出了一份信件，询问在补充性后期简报中需要解决的一些问题。在各方根据该信件向法院做出回应的前夕，空气产品公司提高了他的报价至70美元并称是最佳和最终的报价。在那时，被告强烈反对基于10月信息的裁决，并暗示整个审判（整个案件）都没有实际意义，因为10月的审判主要集中在艾加斯的董事会对于空气产品公司当时65.50美元报价和董事会就该要约保留抗辩权。被告进一步表示，任何有关70美元要约的裁决都不成熟，因为董事会尚未考虑此要约。

---

[1] 要约条款的细则见章节 I.F.（60美元的收购要约）。
[2] JX 659［艾加斯14D-9附表（2010年12月22日）］，Ex.（a）（111）。

我拒绝了（被告提出的）没有意义以及不成熟的观点。[①] 没有意义在于：空气产品公司此前曾多次在诉讼中提高其出价，但我面临的核心问题是，空气产品公司的报价是否对艾加斯毒丸的存在构成威胁。不成熟在于：到 12 月 12 日发出询问信件时，艾加斯董事会就已经知道并拒绝了空气产品公司更改后的 70 美元的报价。但是，我确实允许各方根据此 70 美元的报价给出补充性发现。在 2011 年 1 月 25 日—1 月 27 日举行补充性文件听证会之后，以 70 美元的报价完成了记录，律师于 2011 年 2 月 8 日也提交了结论。

现在，通过全面阅读、审查并反思提交给我的所有证据，在仔细地考虑律师提出的论点后，我得出结论，艾加斯董事会自 2009 年 10 月以来一直没有违反受托艾加斯股东的责任。我发现董事会一直本着诚信行事，并且真诚地认为空气产品公司的 70 美元每股的出价是不够的。

虽然，我很难相信在非歧视性、全现金、全股份、全额融资的报价背景下，单独因为价格不足（根据目标公司董事会）会构成任何"威胁"，特别是介于现在可以根据特拉华州法律向艾加斯股东提供充分的信息。价格不足已成为"实质性强制"的一种形式，因为特拉华州最高法院在其收购判例中已经制定了这一概念。也就是说，艾加斯股东不相信董事会对价值的看法（或者考虑到可能有短期利润目标的合并套利交易者，他们可能会忽略董事会的建议），因此他们可能会错误地给出不合理的报价。我们的最高法院已明确承认实质性胁迫是一种有效的威胁。

审判官不能无视或重写上诉法院判决。因此，由于综上详细解释，我被特拉华州最高法院的判例所束缚，认为被告在优尼科标准下已经尽了最大的责任，提出了足以证明继续维护艾加斯毒丸合理性的威胁。也就是说，假设被告已经承担了责任，阐明了法律上可识别的威胁（第一点），那么艾加斯的防御措施被特拉华州的法律认为是合理的回应，即使该要约是全股，全现金的要约也是如此（第二点）。

在我个人看来，艾加斯的毒丸已经达到其合法的目的。虽然以最佳及最终 70 美元的报价搬上谈判桌仅两个月（自 2010 年 12 月 9 日起），空气产品公司的推进已经持续了超过 16 个月，艾加斯使用其毒丸，特别是轮选

[①] 2010 年 12 月 23 日的信件。

董事会的机制,给艾加斯董事会超过一整年的时间,让其股东了解艾加斯的内在价值和销售交易中的价值,让艾加斯董事会在一年中向其股东表达其对空气产品公司重复进攻是所谓的机会主义的看法,并教育其股东了解空气产品公司要约的不足之处。艾加斯得到了相比在特拉华州历史上任何诉讼毒丸案件更多的时间。足够的时间让它向股东展示了 4 个季度的财务业绩[1],表明艾加斯有能力去完成预期的目标。

此外,它还帮助了艾加斯董事会不断推动空气产品公司一开始给出的要约到最后给出的最高报价,提高了 10 美元每股。10 月的审理和 1 月的听证会都证明了艾加斯的股东基础是负责并且坚实的,他们可以获得让他们做出明智决定所需的所有基本信息。简而言之,这里似乎没有任何威胁,股东都知道他们需要知道什么(包括要约的细节和艾加斯董事会的态度)来做出明智的决定。

然而,正如我所理解的特拉华州的先例,我不能用我的商业判断代替艾加斯董事会。[2] 特拉华州最高法院已经承认价格不足是对公司政策和效力的有效威胁。[3] 特拉华州最高法院还明确指出:"选择实现公司目标的时间框架的任务可能不会委托给股东。"[4] 此外,最高法院在强有力的判词中表示"除非显然没有基础来维持公司的战略,否则董事没有义务为了短期股东利益而放弃一个经过深思熟虑的公司计划"。[5] 虽然我没有读到这个条例,但是消除了加强的优尼科标准对董事会审查的适用性,阻止非强制性的低价投标决定。我确实看到它与 Unitrin 的实际持股一样,表明董事会以有诚意、合理的基础来相信可以使用毒丸来阻止一个投标价格不足的要约,无论股东是否愿意接受它。

---

[1] 见 JX 304;JX 433;JX 645;JX 1086。

[2] Paramount Commc'ns, Inc. 诉 Time, Inc., 571 A.2d 1140, 1154(Del. 1990);see City Capital Assocs. Ltd. P'ship 诉 Interco, Inc., 551 A.2d 787(Del. Ch. 1988);Grand Metro. Pub. Ltd. Co. 诉 Pillsbury Co., 558 A.2d 1049(Del. Ch. 1988)。

[3] 见 Unitrin, Inc. 诉 Am. Gen. Corp., 651 A.2d 1361, 1384(Del. 1995)(该法院认定全现金换全部股票的要约中的"价值不足"是"法律认可的威胁")[引用 Paramount Commc'ns, Inc. 诉 Time, Inc., 571 A.2d 1140, 1153(Del. 1990)]。

[4] Paramount,571 A.2d at 1154。

[5] Id。

在这个案件下，即使经过了更严格的审查，艾加斯董事会已经证明它有合理的基础来维持公司长期的战略目标。艾加斯的董事会是独立的，并且依靠 3 位不同的外部独立财务顾问给出建议，结论都是报价不足。空气产品公司有 3 位人员被提名，于 2010 年 9 月入选艾加斯董事会，他们愿意全新全意为艾加斯董事会服务。当艾加斯董事会在 2010 年 12 月召开会议审议 70 美元的最佳及最终报价时，其中一位提名者说："我们必须保护毒丸。"[①] 的确，空气产品公司的一位董事在审判中承认艾加斯董事会成员在他们的受托职责范围内行事，他们希望"坚持合适的价格"[②]，而且"如果向空气产品公司提出要求，他认为对空气产品公司的股东不公平，他同样可以使用任何可用的法律机制"以支持适当的价格。[③] 根据特拉华州法律，艾加斯董事已经遵守其信托义务。因此，综上所述，我不得不驳回空气产品公司和股东原告的请求。

> 要点 2：
> 虽然为了节省空间，我们省略了结论的许多部分，但该结论将成为特拉华州未来收购案件的一个重要标准。

首席大法官威廉·钱德勒的结论如下。

结论

大法官斯特林最近建议：

> 随着时间的推移，许多人对所谓的毒丸，这种威力惊人、新颖的计划已经失去了兴趣。该计划唯一的目的就是通过稀释收购方的利益，

---

① SEH Tr. 420（Clancey）。
② 见章节 III，B.1.；见 Supra Note 449。
③ Bebchuk et al. at 944 [请注意如果没有 ESB，不需要法院干预就可以达到（教授所期望的）结果]。

向发行权利的董事会提供杠杆，以防止不利的交易发生。[1]

毫无疑问，毒丸是反收购的有效方式，但有潜在被滥用的风险。原告（包括空气产品公司及其股东原告）律师在这种情况下提出了反对使用毒丸令人信服的主张。他们说，如果不这样做，基本上会使所有使用分级分期委员会和拥有毒丸的公司"接管证据"。[2] 争论总是一个很好的声音，尽管它带领我们接近事实的结果，但是依旧不能左右最终基于事实的结论。

正如本案例所示，为了获得任何有效性，毒丸不会，并且不能具有设定的有效期。但需要明确的是，这个案例并不支持"永远说不"。它所支持的是特拉华州长期以来对合理行使管理层自由裁量权的尊重，只要董事会被认定是善意行事并依照其信托职责（经过严格的司法事实调查和对其防御行动的强化审查）行事。艾加斯董事会就是一个典型的例子。

公司董事仍然对所有股东负有信托义务，这无疑包括短期和长期股东。与此同时，只要恶意竞标者出价高于市场价值，董事会就不会被迫进入露华浓模式。这种机制可以绕过毒丸，甚至是毒丸和分级分期董事会的组合，这无疑会使这一过程变得更加困难。自1985年以来，特拉华州最高法院首次为坚持在不受欢迎的出价案中使用毒丸进行法律辩护。这便是特拉华州大致的现状，直到最高法院对其进行修改。

由于上述原因，空气产品公司和其股东原告的请求被驳回，所有针对被告的索赔都被驳回。双方应自行承担自己的费用。最终以这样的结果结束了本案。

命令订立，执行本意见所达成的结论。

---

[1] Hollinger Int'l, Inc. 诉 Black, 844 A.2d 1022, 1083 (Del. Ch. 2004)。
[2] 结案陈词 Tr. 88 (Nachbar)。

附录C

全食超市公司（Whole Food Market, WFM）——代理声明的摘录

> **要点 1：**
> 我们提供由投资银行家计算的全食超市代理声明的估值部分。

永核的财务分析综述

选定上市公司交易分析。永核查看并比较了 WFM 的某些财务信息与下列公开交易的杂货零售商和大型商家的金融乘数和比率（见附表 C-1）。

附表 C-1 杂货零售商和大型商家的财务乘数和比率

杂货零售商	大型商家
The Kroger Co.	Wal-Mart Stores, Inc.
Ahold Delhaize	Target Corporation
Sprouts Farmers Market, Inc.	
Weis Markets, Inc.	
Supervalu, Inc.	
Ingles Markets, Inc.	

虽然没有杂货商或商家可以直接与 WFM 相媲美，但是永核选择了这些公司，是因为他认为它们的特性对其分析目的有用。对于上述每家公司，永核根据截至 2017 年 6 月 14 日的财务数据和收盘价计算并比较了各种财务指标倍数和比率。所需要的数据从 SEC 提交的文件和公开的股票研究分析师的预测中获得。WFM 的财务指标倍数和比率基于公开的股票研究分析

师的预测以及 WFM 管理层提供的信息。

由于选定的同行公司中没有和 WFM 完全相同的,永核认为仅仅依靠公开交易分析中的定量分析结果是不合适的。因此,永核还对 WFM 和所选公司的业务、财务和运营特征以及商业前景的不同点进行定性分析。根据这些分析,永核提供了选定公司的 2017 历年和 2018 历年的倍数,并将这些倍数应用于 WFM 管理层对 2017 历年的预计,每种情况都表现出公司普通股每股的股权价值范围。

企业价值倍数分析:永核为选定公司导出了企业价值,以预计的 2017 年利息、所得税、折旧、摊销前利润(EBITDA)及 2018 年 EBITDA 的倍数形式表现。选定公司的企业价值 EBITDA 比的倍数如下。

选定的公司	EV/2017E EBITDA	EV/2018E EBITDA
杂货零售商		
The Kroger Co.	6.9×	6.7×
Ahold Delhaize	6.5×	6.1×
Sprouts Farmers Market,Inc.	12.6×	11.1×
Weis Markets,Inc.	8.0×	NA
Supervalu,Inc.	4.9×	5.0×
Ingles Markets,Inc.	6.9×	6.6×
大型商家		
Wal-Mart Stores,Inc.	8.7×	8.6×
Target Corporation	6.7×	6.7×

根据这一分析,永核为所选公司建立了一个 7.0～9.5 倍的 2017 年和 2018 年预计 EBITDA 倍数的参考范围,并将此倍数范围应用到 WFM 管理层预计的 2017 年 EBITDA 中,同时根据费用进行调整,其中包括遣散费以及商店和设施的关闭(调整后的 EBITDA),也应用于 WFM 管理层对 2018 年 EBITDA 的估算。完全摊薄后公司普通股股票的隐含价值范围如下。

分 析	调整后的 EBITDA/EBITDA/百万美元	选定的倍数范围	隐含股票价值范围/美元
EV/2017E Adj. EBITDA	1 258	7.0×～9.5×	27.75～36.89
EV/2018E EBITDA	1 331	7.0×～9.5×	29.22～39.04

价格与每股收益（Price to Earning Per Share，EPS）比分析：永核为选定公司导出并对比了这些公司的股票市值，以2017年预期每股收益和2018年预期每股收益的倍数形式表现。所选公司的每股收益倍数如下。

选定的公司	Price/2017E EPS	Price/2018E EPS
杂货零售商		
The Kroger Co.	13.8×	13.1×
Ahold Delhaize	14.7×	13.0×
Sprouts Farmers Market，Inc.	27.2×	23.9×
Weis Markets，Inc.	NA	NA
Supervalu，Inc.	11.8×	11.4×
Ingles Markets，Inc.	14.1×	12.7×
大型商家		
Wal-Mart Stores，Inc.	18.3×	17.4×
Target Corporation	13.4×	13.8×

基于此分析，永核为所选公司建立了一个20～24倍的2017年和2018年每股收益倍数的参考范围，并将此倍数范围应用到WFM预计的2017年每股收益中，同时根据税后费用进行调整，其中包括遣散费以及商店和设施的关闭（调整后的EPS），也应用于WFM预计的2018年每股收益。完全摊薄后公司普通股股票的隐含价值范围如下。

分析	调整后的EPS/EPS/美元	选定的倍数范围	隐含股票价值范围/美元
Price/2017E Adj. EPS	1.43	20.0×～24.0×	28.69～34.43
Price/2018E EPS	1.49	20.0×～24.0×	29.76～35.72

类比交易分析

永核审查了与2007年1月1日—2017年6月14日期间涉及杂货零售商的某些先例收购交易相关的公开信息，永核选择了其认为是杂货零售业相关交易的一些类比交易，并从分析中排除了涉及少数投资的交易。对于每一个类比交易，永核计算了企业总价值，以过去12个月EBITDA（LTM EBITDA）的倍数形式表现。经过永核审查的类比交易如下。

交易宣布日期	目标公司	收购公司	企业总价值/LTM调整后的EBITDA
2017-4-10	Unified Grocers, Inc.	Supervalu, Inc.	10.0×
2016-10-17	Save-A-Lot (subsidiary of Supervalu Inc.)	Onex Corp.	6.4×
2016-3-14	The Fresh Market, Inc.	Apollo Global Management, LLC	7.1×
2015-11-11	Roundy's, Inc	The Kroger Co.	7.1×
2015-6-24	Delhaize Group	Koninklijke Ahold NV	8.1×
2014-8-27	Demoulas Super Markets, Inc.(50.5% stake)	Arthur T. Demoulas	*
2014-3-6	Safeway, Inc.	Cerberus Capital Management, LP, Kimco Realty Corporation, Klaff Realty, LP, Lubert-Adler Partners LP, Schottenstein Stores Corporation	5.0×
2013-12-20	Arden Group, Inc.	TPG	10.0×
2013-7-22	Nash Finch Company	Spartan Stores, Inc.	6.7×
2013-7-9	Harris Teeter Supermarkets, Inc.	The Kroger Co.	7.3×
2013-1-10	Supervalu(five retailgrocery banners)	Cerberus Capital Management LP	4.0×
2012-10-11	Smart & Final Holdings Corp.	Ares Management	7.5×
2011-12-19	Winn-Dixie Stores, Inc.	Lone Star Funds	5.4×
2011-6-28	BJ's Wholesale Club, Inc.	CVC Capital Partners, Leonard Green & Partners LP	7.6×
2009-12-17	Ukrop's Super Markets, Inc.	Ahold USA	*
2009-10-5	Bi-Lo	Delhaize Group	*
2007-10-11	TOPS Friendly Markets, LLC Markets	Morgan Stanley Private Equity	*
2007-3-5	Pathmark Stores, Inc.	The Great Atlantic & Pacific Tea Company	10.0×
2007-2-21	Wild Oats Marketplace	Whole Foods	15.3×
2004-2-20	Smart & Final, Inc.	Apollo Global Management, LLC	10.5×

*数据并未公开披露。

附录 C　全食超市公司（Whole Food Market，WFM）——代理声明的摘录

根据先例交易的倍数范围，永核随后选择了一个 8.0～10.0 倍的企业价值倍数参考范围，并将这些倍数范围应用到 WFM 截至 2017 年 4 月 9 日的季度过去 12 个月的 EBITDA 中，同时根据特定费用进行调整，其中包括遣散费以及商店和设施的关闭（LTM 调整后的 EBITDA），最后计算完全摊薄后公司普通股股票的隐含价值范围，如下所示。

分　　析	LTM 调整后的 EBITDA / 百万美元	选定的倍数范围	隐含股票价值范围 / 美元
企业价值 /LTM 调整后的 EBITDA	1 293	8.0×～10.0×	31.84～39.93

在先例交易分析中使用的公司或交易均不相同，也无法直接与 WFM 或该合并进行比较。在评估先例交易时，永核就一般业务、市场、财务状况，以及其他事项做出判断和假设。这些其他事项是不受 WFM 控制的，如竞争对 WFM 业务的影响，或整个行业、行业增长以及 WFM 或行业或整个金融市场的财务状况不会出现任何重大不利变动，这可能会影响公司的公开交易价值以及正在进行对比的合并的交易总价值。

贴现现金流分析

永核进行了贴现现金流分析，旨在通过计算公司预计的未来现金流量的现值来估计公司的价值。永核根据 2017—2022 财年的贴现现金流分析计算出全食超市公司的每股权益价值的范围。在准备这个分析时，永核依据的是 WFM 的预测。此外，为了计算期末现金流，永核推导出 2022 财年的 EBITDA 为 20.58 亿美元，同时通过将 2021 年收入增长百分比提高至 2020—2021 年的收入增长百分比，并将营业利润稳定保持在 2021 年的水平（连同全食超市公司预测，统称为管理层估算），从而使无杠杆自由现金流量标准化为 8.45 亿美元，公司也确认了该推导的合理性。出于比较的目的，永核还根据公开的股票研究分析师报告进行了贴现现金流分析，这些在 2017 年 5 月 10 日后公开的报告提供了截至 2021 财年的预测。永核也运用相似的方法推导出 2022 财年的 EBITDA 为 15.56 亿美元，标准化无杠杆自

由现金流量为 5.16 亿美元（股票分析师的估算）。

在得出公司普通股每股的预估股权价值后，永核通过将 7.0～9.5 倍的企业价值倍数和 2.5%～3.5% 的永续增长率应用到全食超市公司 2022 财年的预估 EBITDA 中，估算出一个 2022 年的终值范围。永核随后贴现了 WFM 预估的无杠杆自由现金流量，包括管理层估算中的和公共股票分析师的估算中的现金流量，以及不同情况下的预期终值。每种情况都使用 7.0%～9.0% 的贴现率来计算现值。贴现率的计算基于永核根据市场和规模风险溢价、美国国债无风险利率、历史贝塔系数和债务成本确定的对 WFM 加权平均资本成本预估范围的判断。永核首先通过从 EBITDA 中减去折旧和摊销并假设税率为 39.0% 来计算税后净营业利润，然后通过再加回折旧和摊销、减去资本支出、根据净营运资金变化进行调整来调整最终结果，计算出无杠杆自由现金流量。根据以上的计算，贴现现金流分析得出了完全摊薄后公司普通股股票的隐含价值范围，如下所示。

场　　景	每股隐含价值范围（终值倍数）
管理层估算 / 美元	37.11～51.22
股票分析师的估算 / 美元	28.50～39.55
场　　景	每股隐含价值范围（永续增长率）
管理层估算 / 美元	36.05～65.01
股票分析师的估算 / 美元	23.17～41.80

附录D
直路通信——股东委托书节选

> 要点1：此附录内容为直路通信委托书的背景部分。

合并背景

直路通信董事会定期召开会议审查直路通信的运营情况，同时讨论直路通信可行的潜在战略选择，目标是使股东价值最大化。

2015年11月，一份匿名报告提出了一些指控，其中涉及FCC在2011年和2012年更新某些直路通信频谱许可证的情况。在该报告公布后，直路通信开启了独立调查，并于2016年8月1日向美国联邦通信委员会（FCC）公开了调查结果。

2016年6月期间，直路通信方代表和AT&T方代表就对直路通信的部分或全部28 GHz LMDS（区域多点传输服务）的无线频谱租赁可能进行了周期性的讨论。2016年6月23日，一位AT&T方代表告知直路通信首席执行官大卫·乔纳斯，AT&T对直路通信39 GHz的无线频谱同样感兴趣，并且于2016年6月29日，AT&T提交了一份关于直路通信39 GHz无线频谱相关许可证的尽职调查请求清单。

> 要点2：在委托书中，股东和套利交易者可以了解到直路通信董事会于2016年秋季起，开始参与同其他方的讨论。

2016年夏季和秋季期间，直路通信与表示有兴趣收购其多种频谱资产的各方均进行了讨论，我们将各方分别称为投标人 A、投标人 B 和投标人 C，但所有讨论均未进行到交易阶段。投标人 A 从未表达收购整个公司的意向。2016 年 8 月 26 日，AT&T 递交了一份额外的尽职调查请求清单，并暗示其可能有意收购整个公司。

2016 年 9 月 20 日，FCC 执法局发出一份调查函，要求提供有关直路通信 39 GHz 和 28 GHz 频谱许可证的其他文件和信息，直路通信全力配合 FCC 的调查。

2016 年 9 月 21 日，AT&T 提交了一份投资条款清单，提出以每股 32.32 美元或以总价 4 亿美元的价格收购直路通信的所有已发行股票。

2016 年 9 月 28 日，大卫·乔纳斯告知 AT&T、直路通信将雇用一名外部财务顾问，并且整个公司对任何的收购都要求价格高出直路通信每股 50 美元的过去 52 周高点。AT&T 的发言人建议，在程序上，AT&T 可快速完成收购的最高价格为直路通信企业总价值 4.99 亿美元所反映的每股价格。

2016 年 10 月 28 日，直路通信聘请永核作为其董事会战略决策评估方面的财务顾问。

> **要点 3**：AT&T 于 2016 年 11 月首次提出要约。

2016 年 11 月 11 日，AT&T 向直路通信发出一份关于拟定初步条款的非约束性要约。根据该要约，AT&T 将以每股 43.90 美元的价格收购直路通信的所有已发行股票，即该企业总价值 5.5 亿美元现金所反映的每股价格。AT&T 还要求直路通信在独家协议执行后的 90 天内仅与 AT&T 进行谈判协商，该协议草案附在投资条款清单上。

2016 年 11 月 14 日，直路通信董事会召开会议讨论 AT&T 递交的投资条款清单、FCC 的调查现状以及在进一步考虑 AT&T 和投标人 B 的收购意向前解决 FCC 调查的可能性。直路通信董事会与其管理层讨论了这些事项，董事会在讨论后确定，如果可以先解决 FCC 的调查，直路通信将能够与潜在投标人谈判并在潜在交易中获得更有利的条款。

2016 年 11 月 18 日，投标人 B 向直路通信致函提议交易。在提议中，投标人 B 将以 3.5 亿美元现金收购直路通信所有 28 GHz 和 39 GHz 许可证及相关资产。信中要求直路通信同意在 2016 年 12 月 10 日前仅与投标人 B 进行谈判协商，并在东部时间 2016 年 11 月 27 日下午 5 时前签订独家协议。该协议草案附于信中。

2016 年 11 月起，直路通信和 FCC 的代表进行数次会议，讨论可能的同意法令以解决 FCC 调查。直路通信和 FCC 交换了同意令的条款清单草案，并于 2016 年 12 月至次年 1 月初协商得出一个可能的解决方案。在协商过程中，直路通信董事会收到了关于协商进程和同意令拟议条款的最新进展。

2016 年 12 月 30 日，直路通信董事会聘请威嘉律师事务所（Weil）作为其董事会战略决策评估方面的外部法律顾问。

> 要点 4：出售直路通信的诱因发生在 2017 年 1 月，当时直路通信与 FCC 达成了一项要求直路通信采取一系列行动的同意法令。我们认为该同意法令中要求的行动从根本上迫使直路通信进入出售流程。

2017 年 1 月 11 日，直路通信董事会召开了拟议 FCC 同意法令议定条款的审议。拟议的 FCC 同意法令将解决由 FCC 执法局开启的 FCC 调查。根据拟议的 FCC 同意法令，直路通信将承诺，包括但不限于（i）支付 1 500 万美元的民事罚款，可分期付款；（ii）向 FCC 交出其在 39 GHz 频谱带的 196 份许可证；（iii）在 2018 年 1 月 11 日或之前提请批准出售其剩余 39 GHz 和 28GHz 频谱许可证的申请，并将此类出售所得款项的 20% 作为补充民事罚款汇款至美国财政部。FCC 同意法令进一步规定，如果直路通信未能在 2018 年 1 月 11 日之前提交其频谱许可证移交申请，直路通信将向美国财政部支付 8 500 万美元的额外民事罚款，或由直路通信自行选择，将其产品组合中的所有频谱许可证上交 FCC。在得到直路通信外部 FCC 问题法律顾问的建议后，直路通信董事会得出结论，认为在现有情况下，FCC 同意法令中提出的条款是合理的，并且如果直路通信拒绝加入 FCC 同意法令，则将面临结果显著不利的重大风险，其中包括与 FCC 的长期诉讼的可能性。FCC 问题法律顾问指出新政府的上台可能会引发同意法令中 FCC 政策和方法的变更。在与直路通信管理层、外部法律顾问和永核代表讨论了FCC同意法令的条款后，直路通信董事会批准直路通信加入此FCC同意法令。直路通信和FCC于2017年1月11日执行FCC同意法令。

在直路通信加入FCC同意法令后，直路通信的管理层、外部法律顾问及永核的代表共同讨论了支付FCC同意法令要求的初始1 500万美元民事罚款的可行选择。直路通信管理层考虑了股权融资的可能，同时直路通信在S-3表上提交了股票注册上市声明，为可能的股权融资做准备。直路通信管理层也考虑进行债务融资。依照直路通信管理层的指示，永核的代表联系了一些潜在的债务融资来源方。2017年1月23日—2017年1月31日期间，直路通信与多个潜在融资来源方签署了保密协议，其中包括克拉特巴克资本管理，目的即是筹集资金以支付FCC同意法令中应上缴FCC的1 500万美元初始罚款。

2017年1月31日，直路通信董事会与永核和直路通信的公司法律顾问施威尔律师事务所（Schwell）的代表进行了电话会议。永核的代表与直路通信董事会讨论了贷款协议的拟定条款，根据该协议，一个由克拉特巴克资本管理的CF特殊情况基金领导的投资人财团（我们统称为贷款人）将贷款1 750万美元给直路通信。永核的代表还与直路通信董事会讨论了联系潜在投标人收购直路通信的流程及此流程可能的时间表，之后直路通信董事会授权永核的代表与直路通信管理层合作以确定潜在投标人名单，并开始与潜在投标人联系以评估他们与直路通信进行潜在交易的兴趣。

2017年2月期间，在直路通信董事会的指示下，永核的代表联系了20位潜在投标人，其中11位与直路通信签署了保密协议。这些投标人是Verizon、AT&T、投标人B、投标人C和其他7个有战略意义的投标人，我们称之为投标人D、投标人E、投标人F、投标人G、投标人H、投标人I和投标人J。在与直路通信签署保密协议后，除投标人D外的所有投标人均被授权访问由直路通信建立的一个在线虚拟数据室。投标人D在签订保密协议后告知永核的代表，表明其不再有兴趣与直路通信进行潜在交易，因此无法访问该虚拟数据室。

2017年2月6日，直路通信董事会成立了一个特别委员会，由独立董事会成员K.克里斯托德、威廉·F.韦尔德和弗雷德·扎伊德曼组成,我们称之为特别委员会。其成立的目的在于(包括但不限于)评估可行的潜在选择,以剥离直路通信专利权方面的权益以及向这些专利权相关的第三方提出现有或可能索赔的权利(此权利来源于直路通信持有的直路通信IP集团的84.5%股权,我们称之为IP集团)。

2017年2月7日,直路通信与贷款人签订了贷款协议,贷款人根据该协议中的条款和条件向直路通信贷款1 750万美元。这笔资金被分配用于在到期时支付FCC同意法令中应上缴FCC的1 500万美元初始罚款以及用于公司日常开支。

2017年2月10日,在直路通信董事会的指示下,永核的代表向与直路通信签订保密协议的各方发出了首轮投标说明书以及对直路通信的介绍展示,并要求各方在东部时间2017年3月2日下午5时之前提交初步投资意向。为了使投标人能够一致地计算直路通信的隐含企业价值,首轮投标说明书纳入了基于直路通信管理层提供的特定信息和假设的瀑布分析。其中详细说明了根据FCC同意法令应向FCC缴纳的20%罚款、其他对第三方的估计付款义务以及中标者因收购直路通信而产生的预期交易费用。

2017年2月14日,特别委员会在威嘉律师事务所位于纽约的办事处举行了面对面会议,目的是评估可能的选择以剥夺直路通信在IP集团的股权。经过讨论,特别委员会准许直路通信探索其他为IP集团获取价值的方法,因为这些资产预计不会对潜在的全公司投标人具有实质价值,反而可能被这些投标人视为负债。

根据2013年7月31日直路通信和IDT之间签署的"分离和分销协议",直路通信不时向其前母公司艾迪悌科技有限公司(IDT)寻求赔偿。由于霍华德·乔纳斯同是直路通信和IDT的重要股东,特别委员会(而不是整个直路通信董事会)需要决定评估直路通信在分离和分销协议下的权利和义务,代表直路通信向IDT提出与FCC同意法令相关赔偿的可行性以及直路通信的与其董事会对直路通信战略选择的评估相关的债务。特别委员会聘请谢尔曼&斯特林律师事务所(谢尔曼)担任特别委员会的外部法律顾问。

2017年2月14日,特别委员会在谢尔曼位于纽约的办事处举行了面对面会议，目的是讨论为了直路通信股东的利益而向 IDT 提出或保留潜在赔偿要求的可行性。

2017 年 2 月 16 日，直路通信董事会召开了一次电话会议，直路通信管理层、永核、威嘉律师事务所、谢尔曼和施威尔律师事务所的代表均参与会议并向直路通信董事会汇报了流程的最新现状和永核代表初步外联的情况。永核的代表指出，截至当日共有 7 个投标方积极使用数据室。截至 2017 年 2 月 21 日，直路通信已与 11 个当事方签署了保密协议，但由于其中一方拒绝继续此进程，因此只有 10 个当事方获准进入数据室。永核的代表还指出，首轮投标说明书要求各方于 2017 年 3 月 2 日之前提交非约束性投资意向。

2017 年 2 月 28 日，谢尔曼的一位代表联系了威嘉律师事务所的代表，传达独立董事为了直路通信的股东利益而计划保留对 IDT 的潜在赔偿要求，以及他们正在探索各种备选方案，包括（i）出售直路通信的无线频谱资产（而非出售整个公司），以及（ii）将针对 IDT 的赔偿要求委派给诉讼信托。

> **要点 5**：3 月，直路通信开始收到其他方的投标。此过程从未公开，直到委托材料提交后才为公众知悉。

2017 年 3 月 1 日，永核的代表收到了投标人 F 的初步投资意向。投标人 F 表示有兴趣以 4.35 亿美元现金或每股 24.99 美元的价格收购直路通信的所有无线频谱。2017 年 3 月 2 日整天，永核的代表分别收到了 AT&T、Verizon、投标人 B 和投标人 C 的初步投资意向。投标人 C 提出以 4 000 万美元的价格单独收购直路通信的 28 GHz 无线频谱产品组合，或以 5.11 亿美元的总企业价值或每股 34.28 美元的价格收购整个公司。AT&T 提出以 6.02 亿美元的总企业价值或每股 35.44 美元的价格收购直路通信。Verizon 提出以 5.5 亿美元的总企业价值或每股 32.18 美元的价格收购直路通信。投标人 B 提出以 2.8 亿美元的价格收购直路通信一半的 39 GHz 无线频谱产品组合，或以 4.7 亿美元的价格收购直路通信全部的 39 GHz 无线频谱产品组合。投标人 E 和投标人 I 分别要求额外的一周时间去完成各自的尽职调查工作，并提交了一份初步的非约束性投资意向。投标人 G、投标人 H 和投标人 J 选择不提交初步的非约束性投资意向，并且没有进一步参与该流程。

2017年3月3日，董事会召开电话会议，直路通信管理层，永核和威嘉律师事务所的代表参与会议并讨论已收到的初步投资意向及相应回应。永核的代表与直路通信董事会共同审核了所有初步投资意向，直路通信董事会与永核和威嘉律师事务所的代表讨论了第二轮对价的流程。随后，直路通信董事会授权永核的代表向每个投标人提供其各自竞标的反馈，并筹备第二轮投标说明书。直路通信董事会还授权威嘉·律师事务所准备一份合并协议草案，该草案将与第二轮投标说明书一起发送给投标人。

2017年3月8日，特别委员会召开了电话会议，直路通信的总法律顾问以及威嘉律师事务所和谢尔曼的代表参与会议。会议上，特别委员会审查了直路通信与各知识产权评估公司就IP集团进行的外联情况。特别委员会表达并讨论了担忧，认为直路通信投标人不会有兴趣积极寻求针对IDT的潜在赔偿要求，从而在竞标收购直路通信时不会将此索赔赋予应有的合理价值。特别委员会接着讨论了为了便于直路通信的出售而将直路通信与针对IDT的潜在赔偿要求进行分离，或协商解决针对IDT的潜在赔偿要求的可行性。

2017年3月9日，永核的代表收到了投标人I对收购直路通信的39 GHz产品组合或28 GHz产品组合或整个公司的初步投资意向，其3个报价均远低于其他投标人。因此，在直路通信董事会的指示下，永核的代表通知投标人I，直路通信已决定不让他们继续参与此流程。

2017年3月13日晚，直路通信董事会召开电话会议，直路通信管理层、永核、威嘉、施威尔和谢尔曼的代表均参加会议。永核的代表提到Verizon的一位代表向永核的代表表示，将准备优先处理并加速进行该流程，且在此基础上愿意将其报价提高至7.5亿美元的总企业价值，而非最初投资意向中的5.5亿美元报价。经过详细讨论后，直路通信董事会决定允许Verizon从速完成尽职调查，但不排除其他竞标者参与此过程。直路通信董事会指示永核的代表准备向所有投标人发送第二轮投标说明书，按计划进行出售流程。

同时在2017年3月13日晚，特别委员会召开了由直路通信的总法律顾问以及永核、威嘉和谢尔曼的代表参与的电话会议。谢尔曼的代表与特别委员会讨论了为直路通信股东的利益保留针对 IDT 的潜在赔偿要求的各种备选方案。特别委员会考虑并讨论了上述方案，包括与潜在赔偿要求有关的反诉风险的可能性，最终决定将针对 IDT 的潜在赔偿要求排除在潜在交易之外符合直路通信及其股东的最佳利益，同时在第二轮投标说明书中如是告知潜在投标人。

> **要点 6**：第二轮招标程序于 3 月开始。

2017 年 3 月 14 日，在直路通信董事会的指示下，永核的代表向 AT&T、Verizon、投标人 B、投标人 C 和投标人 F 发送了第二轮投标说明书，要求投标人于东部时间 2017 年 3 月 30 日下午 5 时前提交其修订后的投资意向。

2017 年 3 月 14 日和 15 日，霍华德·乔纳斯通过电话分别联系了 3 位独立董事。在其中一通电话中，霍华德·乔纳斯称，"分离和分销协议"赋予了 IDT 对直路通信的特定权利，该权利使 IDT 可向直路通信追究其对导致 FCC 同意法令的事件应承担的任何责任。霍华德·乔纳斯提议与独立董事会面，探讨解决这些潜在问责的可能性。

2017 年 3 月 15 日，IDT 的一名代表告诉直路通信的代表，霍华德·乔纳斯有兴趣将 IP 集团的一笔潜在交易作为解决针对 IDT 的任何赔偿要求的更广泛讨论的一部分。

2017 年 3 月 16 日，投标人收到了一份合并协议草案。当天晚些时候，永核的代表收到了投标人 E 的初步投资意向，投标人 E 提出用于收购直路通信的总企业价值远低于其他投标人提供的报价。因此，在直路通信董事会的指示下，永核的代表通知投标人 E，其公司董事会已决定不让他们继续参与此流程。

2017 年 3 月 17 日，威嘉的代表与霍华德·乔纳斯、霍华德·乔纳斯和 IDT 的外部法律顾问博伊斯·席勒·弗莱克斯纳有限责任合伙公司（博伊斯·席勒）进行了讨论，探讨投标人要求霍华德·乔纳斯和帕特里克亨利信托（霍华德·乔纳斯通过其持有对直路通信的大部分投票权益）参与表决协议支持潜在交易的可能性。根据帕特里克亨利信托的条款，霍华德·乔纳斯对于合并有关的信托股份进行投票，因此需要他的支持才能获得股东支持。霍华德·乔纳斯告诉威嘉律师事务所的代表，虽然他还未准备承诺关于直路通信整体合并或出售交易的支持，但却准备仅支持出售直路通信无线频谱资产的交易——这是根据FCC同意法令必须出售的唯一资产。当晚，特别委员会与直路通信的总法律顾问以及威嘉律师事务所和谢尔曼的代表一起进行了电话会议。威嘉律师事务所的代表向特别委员会汇报了其与霍华德·乔纳斯事先讨论的最新进展。汇报过后，特别委员会决定安排一场特别委员会成员、霍华德·乔纳斯及其各自外部法律顾问之间的会议，以讨论霍华德·乔纳斯关于可能出售直路通信的看法以及对此交易的潜在支持，并讨论由霍华德·乔纳斯控制的针对IDT的潜在赔偿要求相关的顾虑。

同在2017年3月17日，Verizon的代表向永核的代表口头表示其将于第二轮投标截止日期前提交一份修订后的提案，以7.5亿美元的总企业价值收购直路通信，一并附上合并协议的修订草案，以期抢先完成该流程。

2017年3月20日，谢尔曼的代表致电博伊斯席勒的代表。通话中，博伊斯席勒的代表指出，霍华德·乔纳斯并未准备承诺支持一项可根据分离和分销协议在合并结束后向IDT索赔的潜在交易。

2017年3月20日晚，威嘉律师事务所收到了Verizon外部法律顾问德贝沃伊斯 & 德普有限责任合伙公司（德贝沃伊斯）的合并协议修订草案。Verizon的合并协议草案考虑了全现金收购价格，并且霍华德·乔纳斯和帕特里克亨利信托将签署书面同意以批准采用合并协议。该书面同意将构成股东批准，并剔除直路通信董事会在合并协议签署和合并结束之间回应第三方更优提案的机会。

2017年3月21日，Verizon向永核的代表递送了一份书面非约束性的投资意向，确认了此前提供的反映7.5亿美元总企业价值的口头报价，并要求直路通信在不晚于东部时间2017年3月24日下午5点与Verizon签订独家协议。Verizon还指出，如果直路通信在该时间前未能与Verizon达成独家协议，其可能会重新评估继续此进程的愿望。

2017年3月21日，直路通信董事会召开由直路通信管理层代表及威嘉的代表参与的电话会议，讨论 Verizon 提交的合并协议修订草案。会议上，威嘉的代表向直路通信董事会汇报 Verizon 已同永核的代表确认了其 7.5 亿美元的修订提案，并将直路通信与 Verizon 签订独家协议作为此提案的前提条件，威嘉的代表审核了 Verizon 的合并协议草案中提议的条款。经过讨论，直路通信董事会指示威嘉要求永核的代表与其他每个投标人进行沟通，告知他们直路通信已从其中一个投标人处收到了非常高的报价，并询问其他每个投标人如果流程继续进行他们是否能够大幅提高报价，以及如果需要他们能否准备好加速进行流程。直路通信董事会还指示威嘉修改从 Verizon 收到的合并协议，以期在 2017 年 3 月 24 日之前向德贝沃伊斯提供协议的修订草案。

2017 年 3 月 21 日晚—2017 年 3 月 22 日，在直路通信董事会的指示下，永核的代表联系 AT&T、投标人 B 和投标人 F 各自的代表更新了交易进展情况，并表示直路通信已收到来自一个积极性高、资本充足的投标人的抢先投标，其中包括合并协议草案的标价提高以及最低限度的未来尽职调查。永核的代表向每位投标人表示直路通信尚未就流程如何进行做出决定，但询问每个投标人根据他们迄今为止所做的尽职调查，是否可以预期自己会提出显著提升的修订报价。永核的代表要求每个投标人于 2017 年 3 月 23 日结束前给予答复。投标人还被告知，根据收到的回复，该流程可能会持续至原始投标截止时间 2017 年 3 月 30 日，也可能用不同的时间表执行。

2017 年 3 月 23 日，永核的代表收到了之前联系的每位投标人的回复。AT&T 和投标人 B 均表示准备提供每股 45～49 美元的报价。投标人 F 表示其将能够修改报价至反映直路通信逾 8 亿美元的总企业价值，这将意味着每股价格约为 47.95 美元。

2017 年 3 月 24 日，直路通信董事会召开了由直路通信管理层、永核和威嘉的代表参加的电话会议，总结过去一周的发展情况，并讨论与 Verizon 签订独家协议是否符合直路通信及其股东的利益最大化。永核的代表还与直路通信董事会讨论了随着流程的继续应该意识到的关键外部期限，特别指出参与近期美国频谱拍卖的电信行业公司之间关于某些问题的讨论受到特定限制，而这些限制将在 4 月中下旬消失，受影响的公司可能会将注意力从直路通信的投标过程转移到追求对这些公司来说更大且具有潜在更大战略重要性的其他可能的交易上。同样在本次会议上，威嘉的代表与直路通信董事会共同审查了董事的信托责任以及与直路通信董事会的直路通信可能出售的对价有关的其他法律事宜。直路通信的外部 FCC 问题顾问摩根路易斯 & 博科思有限责任合伙公司（摩根路易斯）的一位代表与直路通信董事会共同审查了每个投标人的频谱聚合相关的潜在风险以及针对每个潜在投标人的预期的 FCC 审查流程。在与其外部法律和财务顾问讨论后，直路通信董事会确定与 Verizon 签订独家协议并不符合直路通信及其股东的利益最大化，并指示永核的代表将此决定告知 Verizon 的代表。随后，直路通信董事会讨论了将传达给剩下的其他每个投标人的信息，同时指示永核的代表要求其他每个投标人尽快提供合并协议的修订草案并通知其他每个投标人直路通信已决定继续按照原始时间表进行流程，维持 2017 年 3 月 30 日的第二轮投标截止日期不变。

2017 年 3 月 28 日，威嘉分别收到了来自 AT&T 和投标人 B 各自法律顾问的合并协议修订草案。AT&T 和投标人 B 的合并协议草案都考虑了全现金收购价格，且霍华德·乔纳斯和帕特里克亨利信托将签署书面同意以批准并采用合并协议。同在 2017 年 3 月 28 日，投标人 F 告知永核的代表其将退出竞标，并表示其已决定对此经过考虑后的估值，其资金还有其他更为优先的用处。2017 年 3 月 29 日清晨，威嘉向德贝沃伊斯提交了合并协议的修订加价，除其他事项外，还用由霍华德·乔纳斯和帕特里克亨利信托进行的表决协议代替了书面同意，从而保留了直路通信董事会考虑随后的主动提出的更优提案的能力；重申直路通信因签订更优提案（如协议中所定义）的协议或由于干预事件（如协议中所定义）根据直路通信董事会的建议做出改变而终止合并协议的权利；提议在合并需要获得 FCC 批准时，加强 Verizon 的资产剥离义务，同时如果合并协议由于未能在外部终止日期前获得必要的监管审批而被终止，则要求 Verizon 承担支付分手费的义务。

2017 年 3 月 29 日，特别委员会在威嘉纽约办事处举行了面对面会议，直路通信的总法律顾问、威嘉、谢尔曼、博伊斯席勒和 IDT 的代表以及霍华德·乔纳斯均出席会议，讨论赔偿要求和 IP 集团的资产。会议中，霍华德·乔纳斯表示他将支持结构中包括买方股票作为对价的合并交易。至于潜在的赔偿要求，IDT 及其律师概述了他们认为直路通信向 IDT 提出赔偿主张并不可行的各种原因、此潜在赔偿要求可能造成的任何损害的局限性，以及 IDT 可以向直路通信主张的各种索偿。特别委员会和 IDT 的代表分别在谢尔曼和博伊斯席勒的代表陪同下，经过冗长而详细的讨论后达成原则性协议，以解决潜在的赔偿要求并将直路通信持有的 IP 集团 84.5% 的股权出售给 IDT。

> **要点 7：直路通信收到了数份修订后的投资意向。**

2017 年 3 月 30 日，永核的代表分别收到了 AT&T、Verizon 和投标人 B 修订后的投资意向。AT&T 提交了一份非约束性的修订投资意向，提出以 8.75 亿美元的总企业价值或每股 52.44 美元的价格收购直路通信。投标人 B 提交的一份非约束性的修订投资意向提出以 8.01 亿美元或每股 48 美元的价格收购直路通信。Verizon 提交的非约束性的修订投资意向提出以 7.76 亿美元的总企业价值或每股 45.26 美元的价格收购直路通信。每份提案都以直路通信获得霍华德·乔纳斯和帕特里克亨利信托以书面同意为依据的股东批准为条件，并且每个投标人都表示可在未来几天内开始交易。投标人 C 未提交修订的投资意向，且未进一步参与此流程。

2017 年 3 月 31 日，直路通信董事会举行了电话会议，直路通信管理层、永核和威嘉的代表参加会议并讨论了来自 AT&T、Verizon 和投标人 B 的修订投资意向。直路通信董事会与直路通信的管理层以及永核和威嘉的代表讨论了霍华德·乔纳斯接受股票对价以代替现金对价的要求、霍华德·乔纳斯参与表决协议而非提供书面同意对直路通信的潜在好处、每个投标人愿意考虑纯股票对价或是现金股票组合对价的交易的可能性，以及在换股交易的情况下维持固定对价价值而非固定换股比率的希望。经过以上讨论，直路通信董事会授权永核的代表向每个投标人传达所要求的对价形式将从现金变为现金股票组合，并将包括直路通信股东选择接受现金对价或股票对价的权利，但须考虑以股票形式支付的总对价的最低百分比。直路通信董事会随后要求威嘉准备合并协议的修订草案，周密考虑现金股票对价与股东选举机制。

2017年4月2日，在直路通信董事会的指示下，永核的代表向剩下的投标人发送了第三轮投标说明书，要求每个投标人于东部时间2017年4月6日下午5时前提交一份书面的非约束性提案及标价提高的合并协议。说明书中还指出，直路通信已与IDT达成原则性协议出售IP集团并就赔偿要求取得和解。

2017年4月5日清晨，威嘉向AT&T、Verizon和投标人B各自的外部法律顾问分发了合并协议的修订草案，该草案反映了现金和股票的合并对价结构。

2017年4月5日下午，特别委员会召开了由谢尔曼的代表参加的电话会议，审议一份条款清单草案中与IDT的原则性和解和IP集团资产的出售。经过讨论，并考虑到若直路通信向IDT提出赔偿要求可能带来的收益以及合并交易的成本和风险，特别委员会投票决定继续进行该和解和出售，同时指示直路通信的总法律顾问代表直路通信与IDT执行条款清单。该条款清单由直路通信和IDT于2017年4月6日执行。

2017年4月5日晚，直路通信董事会召开电话会议，直路通信管理层、永核和威嘉的代表参与会议并向直路通信董事会汇报流程进展。永核的代表告知直路通信董事会，其已按照直路通信董事会的要求将合并对价结构的变更通知每个投标人。同时在该会议上，永核的代表与直路通信董事会讨论了其对直路通信的初步财务分析以及投标人迄今为止提交的投资意向中的财务条款。永核的代表还与直路通信董事会讨论了，包括但不限于，由于直路通信未准备2018年1月31日以后任何时间段的财务预测，因此其初步财务分析并未包含贴现现金流分析；由于出于永核的初步财务分析的目的，缺乏从资产、运营以及战略定位上与直路通信相当的上市公司，且财务信息公开的涉及28 GHz和39 GHz频段无线电频谱销售或租赁的先例交易数量有限，因此其初步财务分析并未包含对上市公司的分析。

要点8：AT&T和Verizon继续相互竞价。

2017年4月6日，永核的代表收到了来自（i）AT&T的报价，提出以9.512亿美元的总企业价值或每股57美元的价格收购直路通信；（ii）Verizon的报价，提出以10.28亿美元的总企业价值或每股61.57美元的价格收购直路通信。威嘉还收到了来自Verizon的代表德贝沃伊斯和AT&T外部法律顾问基尔帕特里克汤森 & 斯托克顿有限责任合伙公司（基尔帕特里克）的合并协议的修订草案。同样在2017年4月6日，一份表决协议草案在虚拟数据室提供给投标人，表决协议这种形式先前已由霍华德·乔纳斯和博伊斯席勒商议并通过。

当晚晚些时候，直路通信董事会召开电话会议，与直路通信管理层、永核和威嘉的代表共同讨论来自Verizon和AT&T的报价。威嘉的代表向直路通信董事会汇总了合并协议修订草案中仍留有的主要问题，包括但不限于① Verizon不愿接受反向分手费（在该交易未能获得监管审批的情况下由Verizon向直路通信支付）；而AT&T接受反向分手费，并提议此费用为8 500万美元。Verizon要求列入"强制投票"的契约，该契约将强制直路通信举行股东大会，无论直路通信是否会收到更优提案；而AT&T则未要求提供此条款。Verizon对合并协议草案的意见还包括要求IP集团撤回其针对Verizon的未决专利侵权索赔。经过讨论，直路通信董事会决定等收到投标人B的修订投资意向后再确定后续步骤，投标人B的代表已事先通知永核的代表其将在2017年4月7日的董事会会议后提交修订投资意向。

2017年4月7日，在直路通信董事会的指示下，永核的代表通知AT&T的财务顾问直路通信董事会已决定与另一个报价高于AT&T的投标人推进收购进程。为了回应AT&T财务顾问的疑问，在直路通信董事会的指示下，永核的代表表示如果AT&T的9.512亿美元或每股57美元出价并不是AT&T的"最佳和最终"报价，那么仍可在东部时间2017年4月7日下午2时前提交修订后的提案。

2017年4月7日下午，永核的代表收到了投标人B的"最佳和最终"报价和AT&T的修订提案。投标人B提出以9.596亿美元的总企业价值或每股57.50美元的价格收购直路通信，AT&T的报价修订为12亿美元的总企业价值或每股71.81美元的价格。同样在2017年4月7日下午，德贝沃伊斯和基尔帕特里克分别代表 Verizon 和 AT&T 向威嘉就表决协议草案发表意见。

2017 年 4 月 7 日傍晚，作为对永核代表来电询问 Verizon 和投标人 B 是否会提高各自报价的回应，永核的代表收到了 Verizon 的进一步修订提案，其报价为 12.62 亿美元或每股 75.50 美元，同时投标人 B 口头告知永核的代表，他们可以提高其报价至 10 亿美元，但不会支持超过 10 亿美元的交易价值。当晚晚些时候，直路通信董事会召开电话会议，与直路通信管理层、永核和威嘉的代表共同讨论了每个投标人给出的修订提案。直路通信董事会与其法律和财务顾问讨论了 Verizon 在合并协议和表决协议中提出的交易保护条款以及对于直路通信撤回对 Verizon 的未决专利侵权索赔的要求。经过以上讨论，直路通信董事会指示威嘉继续与 Verizon 的法律顾问和霍华德·乔纳斯的法律顾问谈判协商合并协议和表决协议的最终条款。

同样在 2017 年 4 月 7 日，博伊斯席勒的代表向谢尔曼的代表表达了顾虑，认为合并的完成不应取决于 IDT 和直路通信之间关于和解的进一步文件，并要求制定约束性的条款清单以防止这种可能性。

2017 年 4 月 8 日上午，威嘉和德贝沃伊斯的代表就合并协议的剩余未决问题进行了协商，并在一天内交换了合并协议草案和披露清单。下午早些时候，在直路通信董事会的指示下，永核的代表告知 AT&T 直路通信将与另一个竞标者推进收购进程。当天晚些时候，永核的代表收到 AT&T 的修订提案，其提出以 14 亿美元的总企业价值或每股 83.72 美元的价格收购直路通信。AT&T 还提议合并对价采用 100% 股票对价的形式以简化交易机制，但同时提出如果直路通信要求股票现金混合对价，AT&T 也愿同意该要求。直路通信董事会召集永核和威嘉的代表于东部时间下午 3 时进行电话会议，讨论从 AT&T 收到的新提案。直路通信董事会与永核和威嘉的代表讨论了直路通信股东全部接收股票对价这种类型交易的潜在利弊，其中包括提议的固定价值结构大大降低了直路通信股东面临的在交易签约和结束之间投标人股票价格市场动荡的风险；AT&T 和 Verizon 都是非常庞大的、高度资本化的发行人，他们的股票具有非常大的流动性；全股票交易的税务问题和希望出售其以对价形式收到的股票的股东的经纪人成本。因此，直路通信董事会决定其准备接受全股票形式对价的交易。在与永核和威嘉的代表讨论过后，直路通信董事会确定与AT&T合作符合直路通信及其股东的最佳利益，并授权威嘉将合并协议的修订草案送交AT&T，但同时也继续进行与Verizon的谈判。直路通信的董事还决定于当晚晚些时候再次召集会议。

2017年4月8日晚，直路通信董事会召开了电话会议，直路通信管理层、永核和威嘉的代表参加会议，审议了当日全天发生的事件，包括收到AT&T以14亿美元的总企业价值全股票交易形式收购直路通信的提案。威嘉的代表还向直路通信董事会更新了与Verizon的谈判情况，并告知直路通信董事会在当天前一次的董事会会议之后，威嘉将一份合并协议的修订草案递送给了基尔帕特里克，同时指出在AT&T的合并协议草案中没有未决的重要事项。AT&T的合并协议草案接受了8 500万美元的反向分手费，并且还给予了直路通信董事会在直路通信的股东批准合并之前若收到提出更优提案的主动报价可终止合并协议以签订更优提案（如合并协议中所定义）协议的权利。在董事会会议期间，基尔帕特里克告知威嘉，AT&T将收回其对表决协议的所有意见，并接受威嘉最初提供的表决协议形式。经过讨论，直路通信董事会授权永核的代表告知Verizon，直路通信已收到其他竞标者的更优报价并且直路通信董事会已确定寻求此更优报价符合直路通信及其股东利益最大化。当日整晚威嘉继续进行AT&T和Verizon的合并协议和相关交易文件。

同时在2017年4月8日，在谢尔曼的代表参加的特别委员会电话会议上，特别委员会指示谢尔曼的代表根据自2017年3月29日达成原则性和解后收到的对直路通信出价大幅提高的投标，以及根据FCC同意法令条款直路通信应向FCC支付的金额相应提高的罚款，向IDT索求额外的和解对价。

同一天，谢尔曼的一位代表告知博伊斯席勒的代表，由于对直路通信的出价已经上升到一个更高的水平，潜在赔偿要求的价值已显著增加，特别委员会要求IDT鉴于情况的重大变化提高和解对价。博伊斯席勒的代表代表IDT以口头和书面形式断然拒绝了特别委员会的要求，该代表表示如果直路通信未按照正在执行的条款清单中列出的条款进行和解，那么IDT将被迫采取法律行动。在考虑了上述回应之后，特别委员会决定不再坚持增加对赔偿要求的和解对价，并且鉴于特别委员会认为对直路通信大幅提高的报价将使股东受益匪浅，因此不值得冒任何风险耽误预期的合并。2017年4月9日，直路通信和IDT执行了一份修订后的反映了IDT要求的条款清单，即在条款清单中列入一项条款，使该条款清单在当事方无法进一步记录和解时具有约束力。

2017年4月9日上午，在直路通信董事会的指示下，永核的代表向Verizon传达直路通信收到的另一个竞标者更优报价，并且直路通信董事会决定寻求该更优报价。Verizon的代表询问如果Verizon提出以14.25亿美元的总企业价值收购直路通信，直路通信是否愿意终止流程并与Verizon进行独家交易。永核的代表回应说他们会向直路通信董事会传达此请求。

2017年4月9日，威嘉和基尔帕特里克继续与AT&T落实合并协议条款。东部时间2017年4月9日下午12时15分，直路通信董事会召开电话会议，直路通信管理层、永核和威嘉的代表参与会议。永核的代表向直路通信董事会汇报了其与Verizon的最新沟通情况，威嘉的代表向直路通信董事会提供了所有交易文件状态的最新信息。

东部时间下午2时，直路通信董事会举行了电话会议，直路通信管理层、永核和威嘉的代表参加会议。直路通信董事会与其顾问讨论了直路通信股票的价格继续被竞标抬高的期望是否合理，并且确定超过AT&T当前报价2 500万美元的价格并不足以让其推进与Verizon的独家交易进程。

下午2时的董事会会议之后，直路通信首席执行官大卫·乔纳斯和直路通信总法律顾问戴夫布雷奥联系霍华德·乔纳斯，提供了该流程进展状态的最新消息。霍华德·乔纳斯表达了他的观点，即与Verizon进行交易的监管审批流程可能比与AT&T的交易更为复杂。

东部时间下午4时，直路通信董事会举行了由直路通信管理层、永核和威嘉代表参与的电话会议。大卫·乔纳斯向直路通信董事会提供了有关他和布雷奥先生与霍华德·乔纳斯的讨论的最新消息。直路通信董事会的法律顾问与直路通信董事会一起审阅了其监管顾问提出的监管建议，即与Verizon谈判的交易和与AT&T谈判的交易获得监管审批的可能性相当。经过讨论，并根据Verizon的排他性要求、霍华德·乔纳斯的顾虑及其他一些情况，直路通信董事会确定告知Verizon其不再继续推进与Verizon的交易进程是符合直路通信及其股东的利益最大化,并授权永核的代表向 Verizon 传达此消息。

2017 年 4 月 9 日下午,永核的代表联系 Verizon 的代表,通知他们直路通信董事会已决定与另一个竞标者推进收购进程。通话过后,依照直路通信董事会的指示,永核的代表与 AT&T 进行了沟通,表示虽然 AT&T 目前的合并协议草案为直路通信提供了比其他竞标者更有利的条款,但他们的报价仍低于另一个投标人的报价。AT&T 随后向永核的代表表示通过与直路通信签订直路通信无线频谱的租约,其可以将目前的报价提高 5 000 万美元,但同时直路通信必须对与 AT&T 的交易做出承诺并在当时终止出售流程。在与 AT&T 沟通的同时,Verizon 通知永核的代表 Verizon 将向直路通信发送一份反映 15.5 亿美元总企业价值或每股 92.65 美元的进一步修订报价,并且也愿意在排他性要求以及撤回针对 Verizon 的未决专利侵权索赔相关要求上做出让步。

> **要点 9**:直路通信首席执行官表示他倾向于支持 AT&T 的投标,因为他认为 AT&T 更有可能获得及时的监管审批。

东部时间 2017 年 4 月 9 日下午 7 时,直路通信董事会重新召集直路通信管理层、永核和 Weil 的代表进行会议。永核的代表向直路通信董事会更新了其与 Verizon 和 AT&T 的代表分别进行讨论的情况。大卫·乔纳斯提供了与霍华德·乔纳斯进一步对话的最新消息,并对直路通信董事会表示尽管 Verizon 提供的报价有所提高,但霍华德·乔纳斯仍赞成与 AT&T 进行交易,因为他认为 AT&T 将会更快获得监管部门的审批(霍华德·乔纳斯后来向直路通信董事会证实了此观点)。直路通信董事会随后与其外部法律和财务顾问讨论了与 AT&T 拟议的合并协议条款,其中包括该协议未列入阻止董事会考虑主动提出的更优提案的条款,也未列入相当于直路通信 3% 的股权价值的分手费不具有排他性的条款。直路通信董事会及其顾问讨论了大卫·乔纳斯与 AT&T 的首席财务官(AT&T 的 CFO)之间进行交易双方直接通话的可能性,以询问 AT&T 是否会考虑进一步提高其报价。经过讨论,直路通信董事会授权大卫·乔纳斯致电 AT&T 的 CFO。

下午 7 时董事会会议后，大卫·乔纳斯致电 AT&T 的 CFO，并表示直路通信董事会已收到另一位投标人的提案，该提案的出价比 AT&T 目前的报价更高。大卫·乔纳斯向 AT&T 的 CFO 表示，如果 AT&T 能够提供 16 亿美元的报价，直路通信董事会将准备批准与 AT&T 的交易。AT&T 的 CFO 告知大卫·乔纳斯批准一笔反映 16 亿美元总企业价值的报价需要获得 AT&T 董事会的通过，同时就满足要求的上涨金额寻求董事会批准。随后大卫·乔纳斯向直路通信董事会和顾问们通报了 AT&T 的 CFO 的回复。

东部时间晚 10：15 前后，AT&T 的 CFO 致电大卫·乔纳斯通知他 AT&T 准备提高其报价至总企业价值的 16 亿美元，前提是直路通信董事会当晚批准与 AT&T 的交易。东部时间 2017 年 4 月 9 日晚上 10：30，直路通信董事会再次召集会议，直路通信管理层、永核和威嘉的代表出席了会议。大卫·乔纳斯向直路通信董事会汇报了他与 AT&T CFO 的谈话。威嘉的代表审查了董事的信托责任以及与直路通信董事会的合并对价有关的其他法律事宜，包括双方协商的合并协议的拟议条款。永核的代表随后与直路通信董事会一起审查了其对合并的分析，并传达了永核的意见，即截止其意见日期，并基于且遵循后续程序、所做的假设、考量的事项、永核进行的审查范围的条件和限制，同时考虑到：①其意见中叙述的公司特定事实和情况及直路通信董事会的决定；②由直路通信向永核提供的有关直路通信的有限信息，或其意见中描述的公开发布的信息，包括在直路通信董事会的指示下，直路通信的管理层没有准备 2018 年 1 月 31 日以后任何时间段直路通信的财务预测；③在得到直路通信董事会同意的情况下，永核并未就直路通信进行与其意见有关的特定分析，而永核以往通常会根据公司特定事实和情况、直路通信董事会的决定及由直路通信向永核提供的或公开的与直路通信相关的有限信息得出意见并进行与此意见相关的特定分析。其意见中叙述的有限信息包括永核无法对直路通信进行贴现现金流分析、无法对指定上市公司进行分析，以及无法进行其他特定分析；④直路通信采取的竞争性销售流程，如其书面意见中所述，从财务角度来看 AT&T 合并协议规定的每股合并对价对有权获得此类每股合并对价的直路通信普通股持有人（AT&T 合并协议中定义的除外股份持有人除外）来说是公平的。

除其他事项外，直路通信董事会还考虑了合并协议的条款。该条款允许直路通信在执行和宣布合并协议后受理第三方主动提案，其中包括如果直路通信董事会寻求的替代提案优于AT&T交易，应支付非排他性分手费，以及AT&T在获得监管部门审批方面的合同承诺。

经过讨论，直路通信董事会一致确定符合直路通信及其股东的利益最大化，并宣布与AT&T和急转弯并购子公司签订合并协议是明智的；指示合并协议应在股东大会上提交直路通信股东进行投票方能通过并采纳；并且建议直路通信的股东通过合并协议并批准合并。

会议结束后，直路通信和AT&T签署了AT&T合并协议。2017年4月10日上午，直路通信和AT&T各自发布了一份新闻稿，宣布执行AT&T合并协议。

2017年4月13日，永核的代表收到了Verizon代表的来信，其表示Verizon仍有兴趣与直路通信进行交易，并且目前正在"评估其相信比您目前交易对您的股东更有利的竞标"。当天下午晚些时候，直路通信向SEC提交了一份8-K表，其中包括AT&T合并协议，并在8-K表中提到直路通信收到的Verizon发出的此信函，但并未提及Verizon的名字。

要点10：Verizon向直路通信提出"最优报价"。

2017年4月20日，永核的代表收到了Verizon的一封来信，提出以基于直路通信18亿美元的总企业价值，即每股104.64美元的价格收购直路通信100%的已发行流通股（最优报价）。该信函表明Verizon相信在AT&T分手费和FCC要求的罚款生效后，其最优报价可构成AT&T合并协议中定义的"更优提案"。信中还附有合并协议的修订草案。经修订的合并协议反映出Verizon撤回了让直路通信停止针对Verizon的未决专利侵权索赔的要求，同时提出如果与Verizon签订合并协议后直路通信终止该协议并加入更优提案的协议，直路通信可向Verizon支付直路通信分手费，或以5亿美元的收购价格向Verizon出售直路通信持有的所有28 GHz无线频谱。该信表明，顶级报价在纽约时间 2017 年 4 月 24 日晚 11：59 自动到期，除非在此之前直路通信董事会确定该顶级报价构成 AT&T 合并协议中的更优提案，并且在纽约时间 2017 年 5 月 2 日晚 11：59 自动到期，如果直路通信和 Verizon 当时没有达成最终协议。

2017 年 4 月 20 日晚，直路通信董事会与直路通信管理层、永核和威嘉的代表进行电话会议讨论顶级报价。应直路通信董事会的要求，永核的代表随后向直路通信董事会提供了来自 Verizon 的 4 月 13 日信函摘要以及顶级报价的条款。永核的代表审查了顶级报价中的财务条款，并将其与 AT&T 合并协议中的财务条款进行了比较，指出 Verizon 已同意为直路通信支付 3 800 万美元的公司分手费，但若与 Verizon 的合并协议终止则需要直路通信偿还。威嘉的代表为直路通信董事会审查了 Verizon 提交的修订合并协议的条款，并总结了直路通信在 AT&T 合并协议中非招徕条款下的程序和合同义务，以及为加入更优提案的协议而终止 AT&T 合并协议的标准。在与其法律和财务顾问讨论过后，直路通信董事会确定可合理预期该顶级报价构成更优提案，并且可合理预期未能考虑该顶级报价将与直路通信董事会的信托责任不符。经过讨论，直路通信董事会指示威嘉的代表向 AT&T 的法律顾问发送秉承 AT&T 合并协议的从 Verizon 收到的文件，并与 Verizon 就交易文件进行谈判。

2017 年 4 月 22—23 日的周末，威嘉的代表与德贝沃伊斯的代表就修订后的合并协议的条款进行了讨论。

要点 11：直路通信的 CEO 同意 Verizon 报价。

2017 年 4 月 23 日，大卫·乔纳斯与霍华德·乔纳斯和博伊斯席勒的代表进行通话，讨论霍华德·乔纳斯对顶级报价的看法。霍华德·乔纳斯告诉大卫·乔纳斯，鉴于威嘉和德贝沃伊斯的代表已经讨论过的合并协议条款的某些修改，他愿意支持最优报价。

2017 年 4 月 23 日晚，威嘉向德贝沃伊斯提交了合并协议的修订草案以及相关的公开信。威嘉和德贝沃伊斯在 2017 年 4 月 24 日当天协商了合并协议、表决协议和公开信的条款，并由直路通信董事会批准，一致通过这些文件的最终版本。同样在 2017 年 4 月 24 日晚，基尔帕特里克的代表向威嘉提交了合并协议的修订草案，该草案未指明每股修订价格，并在是否提出匹配报价或更优报价的问题上仍然服从 AT&T 的最终决定。

2017 年 4 月 24 日晚 9：30，直路通信董事会召开电话会议，直路通信管理层、永核和威嘉的代表参加会议。威嘉的代表提供了与德贝沃伊斯达成的合并协议和表决协议条款的最新信息。随后，永核的代表与直路通信董事会一起审查了其对最优报价的分析以及对直路通信的财务分析。在与威嘉和永核的代表讨论过后，直路通信董事会确定最优报价构成符合 AT&T 合并协议要求的更优提案，并且依照 AT&T 合并协议中 AT&T 在接下来的 5 个工作日内出价匹配最优报价的权利，直路通信董事会将终止 AT&T 合并协议。直路通信董事会授权永核的代表向 Verizon 通报其决定。此后，威嘉代表直路通信向 AT&T 的代表基尔帕特里克发送了更优提案通知和相关文件。2017 年 4 月 25 日上午，直路通信发布新闻稿，宣布直路通信董事会依据 AT&T 合并协议确定最优报价构成更优提案。

同一天上午，AT&T 通知直路通信其正在根据 AT&T 合并协议行使其权利，要求直路通信与 AT&T 进行为期 5 个工作日的诚意谈判，以便修改 AT&T 合并协议从而使顶级报价不再构成 AT&T 合并协议中的更优提案。

> **要点 12**：AT&T 提出了两个备选报价，一个是 108.64 美元，另一个是 120.78 美元。但是，其中更高的报价将阻止直路通信考虑 Verizon 的任何进一步报价。AT&T 试图结束竞标过程。Verizon 于 2017 年 5 月 1 日将报价上调至 135.96 美元。

2017 年 5 月 1 日，在 AT&T 的要求下，AT&T 的代表在威嘉位于纽约的办公室会见了直路通信管理层、永核和威嘉的代表。AT&T 的代表在会上讨论了他们对与 AT&T 进行交易的好处的看法。在讨论休息期间，Verizon 的代表联系威嘉了解 Verizon 的报价状况，表达其对收购直路通信的持续兴趣，并表示若有必要愿意提供额外对价以在竞标中获胜。东部时间晚上 8 点，直路通信董事会与直路通信管理层、永核和威嘉的代表进行电话会议，讨论基尔帕特里克代表 AT&T 发出的一封信函，其中概述了收购直路通信 100% 已发行流通股的两个备选报价：每股 108.64 美元，我们称之为 5 月 1 日修订版 AT&T 提案或每股 120.78 美元，这是以直路通信董事会和霍华德·乔纳斯同意加强可以阻止直路通信考虑来自 Verizon 或其他人的任何进一步提案的交易保护措施为条件的，我们称之为 5 月 1 日备选版 AT&T 提案。该信表明，5 月 1 日修订版 AT&T 提案将于东部时间 2017 年 5 月 2 日晚 11：59 自动到期，除非在此之前直路通信董事会一致决定顶级报价不再构成更优提案，并一致通过 AT&T 的修正案和 5 月 1 日修订版 AT&T 提案并将其对 AT&T 合并协议的提议修正送达 AT&T。5 月 1 日备选版 AT&T 提案将于东部时间 2017 年 5 月 1 日晚 11：59 自动到期，除非在此之前直路通信董事会一致决定顶级报价不再构成更优提案，并且一致通过与 5 月 1 日备选版 AT&T 提案相关的 AT&T 合并协议的修订、表决协议的修订和 5 月 1 日备选版 AT&T 提案的修订，并将其对 AT&T 合并协议的提议修正送达 AT&T。经过讨论，直路通信董事会决定直路通信董事会会议休会，并在收到 Verizon 修订后的约束性报价后重新召集会议。Verizon 先前曾向威嘉的代表表示其计划于同日晚间向直路通信董事会提交该修订版约束性报价。

当晚晚些时候，Verizon 提交的约束性报价提出以基于约 23 亿美元的企业价值即每股 135.96 美元的价格收购直路通信 100% 的已发行股票，我们将其称为 5 月 1 日 Verizon 报价。该信表明，如果双方当时尚未签署最终协议，5 月 1 日 Verizon 报价将于纽约市时间 2017 年 5 月 8 日晚 11：59 自动到期。根据 AT&T 合并协议条款的要求，威嘉的代表将 5 月 1 日 Verizon 的报价信转发给基尔帕特里克。

直路通信董事会于东部时间晚上 10：30 重新召开电话会议，直路通信管理层、永核和威嘉的代表参与会议讨论 5 月 1 日 Verizon 报价。经过讨论，直路通信董事会决定其需要额外的时间来考虑 5 月 1 日 Verizon 报价，并决定在第二天重新召开会议。

2017年5月2日下午，直路通信董事会与直路通信管理层、永核和威嘉的代表进行电话会议以进一步讨论5月1日Verizon报价。永核的代表审查了其对5月1日Verizon报价的财务分析。在与威嘉和永核的代表讨论后，直路通信董事会经过向永核和Weil的代表咨询，决定5月1日Verizon报价构成AT&T合并协议中的更优提案，并且AT&T有权在接下来的3个工作日内（根据AT&T合并协议的要求）出价匹配5月1日Verizon报价，直路通信董事会将终止AT&T合并协议。直路通信董事会授权永核的代表联系Verizon，告知他们直路通信董事会的决定。当晚晚些时候，威嘉代表直路通信向AT&T的代表基尔帕特里克发出了更优提案通知和相关文件。AT&T随后向直路通信发出通知，称其正在根据AT&T合并协议行使其权利，要求直路通信与AT&T进行为期3个工作日的诚意谈判，以便修改AT&T合并协议从而使5月1日Verizon报价不再构成更优提案。直路通信于2017年5月3日上午发布新闻稿，宣布直路通信董事会已决定5月1日Verizon报价构成AT&T合并协议中的更优提案。

2017年5月5日下午，基尔帕特里克代表AT&T向永核和威嘉的代表发出了一份约束性报价，提出以基于约23亿美元的企业价值即每股138.89美元的价格收购直路通信100%的已发行股票，我们称之为5月5日AT&T报价。信中表示5月5日AT&T报价将于东部时间2017年5月8日晚11：59自动到期，除非在此之前直路通信董事会决定5月1日Verizon报价不再构成更优提案且批准AT&T对AT&T合并协议、5月5日AT&T报价的修订，并将其对AT&T合并协议的提议修正送达AT&T。

2017年5月7日上午，威嘉的代表与Verizon的代表进行了交谈，并告知Verizon直路通信已收到AT&T的修订报价，直路通信董事会计划在当日上午10：30的会议上考虑该报价，并且直路通信董事会可能决定让直路通信执行反映了AT&T修订报价的AT&T合并协议的修正案。Verizon的代表告诉威嘉，Verizon正在考虑提交提高的报价，如果Verizon决定这样做，其将在预定的直路通信董事会会议之前提交修改后的报价。

> 要点 13：Verizon 提供了一个基本报价，并提出如果直路通信允许 AT&T 和 Verizon 就直路通信及其许可证问题相互协商谈判，那么可在基本报价的基础上提高 12 美元。该条款将有效地结束竞争性竞标过程。

2017 年 5 月 7 日上午 10:30 的直路通信董事会会议前不久，Verizon 向永核和威嘉的代表提交了修订后的约束性报价，提出收购直路通信 100% 的已发行股票（a）以基于约 31 亿美元的企业价值即每股 184 美元的价格，我们称为 5 月 7 日 Verizon 基础报价，或者（b）以基于约 33 亿美元的企业价值即每股 196 美元的价格，如果直路通信允许 Verizon 与 AT&T 进行为期 5 个工作日的讨论，并就此达成直路通信出售后，Verizon 和 AT&T 将分别持有部分直路通信许可证的交易，我们称之为 5 月 7 日 Verizon 增强报价。东部时间 2017 年 5 月 7 日上午 10:30，直路通信董事会召开电话会议，直路通信管理层、永核和威嘉的代表参加会议并讨论 5 月 7 日 Verizon 基本报价和 5 月 7 日 Verizon 增强报价。直路通信董事会决定稍后重新召开会议，让直路通信董事会、直路通信的管理层和直路通信的顾问更深入地考虑每个报价的影响。

> 要点 14：直路通信董事会相信竞价会持续走高，因此不接受 Verizon 和 AT&T 之间的谈判。

东部时间 2017 年 5 月 7 日中午 12 点，直路通信董事会重新召开会议。大卫·乔纳斯向直路通信董事会汇报了自上次会议以来他与霍华德·乔纳斯进行的交谈。霍华德·乔纳斯表示，如果直路通信没有在 5 月 7 日 Verizon 增强报价截止日期前收到 AT&T 的回复，那么他倾向于直路通信推进 5 月 7 日 Verizon 更优报价。

东部时间 2017 年 5 月 7 日下午 3 时，直路通信董事会重新召开会议。直路通信董事会与其法律和财务顾问讨论了 5 月 7 日 Verizon 基本报价和 5 月 7 日 Verizon 增强报价之间的差异以及各自的影响，包括 5 月 7 日

Verizon 增强报价反映了直路通信股东每股 12 美元的潜在附加价值，同时由于允许 Verizon 和 AT&T 直接讨论直路通信的无线频谱分配，5 月 7 日 Verizon 增强报价可能会结束竞争性竞标过程，因为 Verizon 已经表达了对 28 GHz 无线频谱的偏好而 AT&T 表达了对 39 GHz 无线频谱的偏好。在与其法律和财务顾问讨论后，直路通信董事会得出结论认为根据迄今为止的竞争性竞标过程，由于直路通信董事会相信 AT&T 可能会匹配 Verizon 的报价，而 Verizon 将进一步提高其报价，从而让直路通信董事会为直路通信的股东获取更高的价值，因此推进 5 月 7 日 Verizon 增强报价并不符合直路通信及其股东的最佳利益。直路通信董事会一致决定 5 月 7 日 Verizon 基本报价构成了 AT&T 合并协议中定义的"更优提案"，并且未能与 Verizon 进行讨论，将被视为与直路通信董事会的信托责任不符。直路通信董事会指示威嘉和永核的代表分别告知 Verizon 和 AT&T，直路通信董事会推进 5 月 7 日 Verizon 基本报价的决定。大卫·乔纳斯此后向霍华德·乔纳斯更新了直路通信董事会做出 5 月 7 日 Verizon 基本报价构成"更优提案"的决定以及达成这一决定的理由，霍华德·乔纳斯表示支持董事会的决定。

2017 年 5 月 8 日上午，直路通信发布新闻稿，宣布直路通信董事会已决定 5 月 7 日 Verizon 基本报价构成更优提案。

> **要点 15**：AT&T 退出，直路通信董事会不得不接受比 Verizon 更高的备选提案低 12 美元的报价。直路通信董事会曾打赌说竞价将继续，但却让其股东损失了很多本该得到的利益。

东部时间 2017 年 5 月 10 日晚 8：15 左右，直路通信董事会收到 AT&T 的一封信，信中表示 AT&T 已经决定不再向直路通信提出任何新的报价或提案，或提出对 AT&T 合并协议的任何修订；承认直路通信董事会已确定的 5 月 7 日 Verizon 基本报价根据 AT&T 合并协议构成更优提案；并且了解其不再修改 AT&T 合并协议的决定将导致直路通信终止 AT&T 合并协议。信中附有在 AT&T 合并协议终止时向 AT&T 支付 3 800 万美元分手费的电汇指引。

东部时间 2017 年 5 月 10 日晚 10 点，直路通信董事会召开电话会议，直路通信管理层、永核和威嘉的代表参加了会议。大卫·乔纳斯向直路通信董事会汇报，在收到 AT&T 的信后，他与 AT&T CFO 进行了沟通，后者确认 AT&T 对提交任何进一步报价收购直路通信不感兴趣。威嘉的代表还指出，当天早些时候，威嘉向 Verizon 寻求重新开放 5 月 7 日 Verizon 更优报价，但 Verizon 拒绝这样做。威嘉的代表审查了董事的信托责任和其他涉及直路通信董事会考虑终止 AT&T 合并协议并与 Verizon 签订合并协议的法律事宜，包括双方已协商的合并协议条款。然后，永核的代表与直路通信董事会一起审查了其对与 Verizon 合并的分析，并发表了永核的意见，即截止其意见日期，并基于且遵循后续程序、所做的假设、考量的事项、永核进行的审查范围的条件和限制，同时考虑到其意见中叙述的公司特定事实和情况以及直路通信董事会的决定；由直路通信向永核提供的有关直路通信的有限信息，或其意见中描述的公开发布的信息，包括在直路通信董事会的指示下，直路通信的管理层没有准备 2018 年 1 月 31 日以后任何时间段直路通信的财务预测；在得到直路通信董事会同意的情况下，永核并未就直路通信进行与其意见有关的特定分析，而永核以往通常会根据公司特定事实和情况、直路通信董事会的决定以及由直路通信向永核提供的或公开的与直路通信相关的有限信息得出意见并进行与此意见相关的特定分析。其意见中叙述的有限信息包括永核无法对直路通信进行贴现现金流分析、无法对指定上市公司进行分析、无法进行其他特定分析，以及直路通信采取的竞争性销售流程，如其书面意见中所述，从财务角度来看 Verizon 合并协议规定的每股合并对价对有权获得此类每股合并对价的直路通信普通股持有人（股份持有人除外）来说是公平的。

经过讨论，直路通信董事会一致确定符合直路通信及其股东的利益最大化，并宣布与 Verizon 和并购子公司签订合并协议是明智的；指示合并协议应在股东大会上提交直路通信股东进行投票方能通过并采纳；并且建议直路通信的股东通过合并协议并批准合并。

2017 年 5 月 11 日上午，直路通信和 Verizon 签署了合并协议，同时，Verizon 代表直路通信向 AT&T 支付了分手费。直路通信和 Verizon 各自发布了一篇新闻稿,宣布终止 AT&T 合并协议以及执行直路通信和 Verizon 的合并协议。

Verizon 合并的原因

　　Verizon 董事会将责任委派给其董事会的特别交易委员会,以审查和批准与直路通信的潜在交易。特别交易委员会一致批准合并及合并协议。Verizon 董事会认为,该合并通过允许其在全国范围内获得 39 GHz 频谱的许可证并在主要市场增强其 28 GHz 频谱组合,支持 Verizon 在 5G 开发方面的持续领先地位。在做出决定前,Verizon 董事会咨询了 Verizon 的管理层,并考虑了直路通信的频谱持有量、5G 高频段频谱的其他潜在来源以及其他公司的频谱持有量。

附录E

直路通信——2017年4月13日STRP 提交的8-K文件摘录

> 要点1：本附录提供了直路通信公司提交的8-K文件，该文件披露在直路通信公司与AT&T公司达成合并协议后，第三方公司表示仍有兴趣竞购直路通信公司。
>
> 对套利交易者来说，仔细地阅读文件是很重要的。直路通信公司竞标战的关键在本文档末尾的"条款8.01 其他事件"中。

美利坚合众国
证券交易委员会
华盛顿特区 20549

8-K 表
当前报告
根据1934年证券交易法第13或15（d）条
报告日期（最早报告事件日期）：2017年4月9日

直路通信 INC.
（其章程中指定的登记人的确切名称）

州或其他司法管辖区	委托文件编号	IRS 雇主识别号
特拉华州	1-36015	46-2457757

5300 山核桃公园路，218 室，格伦艾伦，弗吉尼亚州，23059

（主要办事机构地址及邮政编码）

登记人电话号码，含区号：（804）433-1522

无

（更改前姓名或更改前地址，若上次报告后有改动）

如果 8-K 文件旨在同时满足注册人根据以下任何条款的备案义务，请勾选相应的方框：

☐ 根据《证券法》第 425 条（17 CFR 230.425）规定的书面信息

☐ 根据《交易法》第 14a-12 条（17 CFR 240.14a-12）规定收集的征求材料

☐ 根据《交易法》第 14d-2（b）条［17 CFR 240.14d-2（b）］规定的启动前通信

☐ 根据《交易法》第 13e-4（c）条［17 CFR 240.13e-4（c）］规定的启动前通信

条款 1.01 签订最终协议

2017 年 4 月 9 日，特拉华州公司直路通信股份有限公司（Straight Path）与特拉华州公司 AT&T（AT&T）及 AT&T 的全资子公司即特拉华州公司急转弯并购子公司（Merger Sub）签订了合并协议和计划（合并协议）。根据合并协议，除其他事项外，Merger Sub 将与直路通信（合并方）合并，而直路通信为合并后的存续公司。

在有效的合并时间内（有效时间），在有效时间之前立即发行流通的直路通信每股面值 0.01 美元的 A 类普通股和每股面值 0.01 美元的 B 类普通股（统称股份）（除 AT&T 公司、Merger Sub 或任何其他 AT&T 的直接或间接附属公司拥有的股票，以及直路通信或任何直路通信的直接或间接附属公司拥有的股票外，并且任何情况下均不代表第三方持有）将被转换为接收适量有效发行、全额缴纳和除缴投资额外免除任何费用或责任的 AT&T 普通股（AT&T 股份）的权利，这等同于 95.63 美元除以有效时间前第二个完整交易日结束时纽约证券交易所 AT&T 股票（AT&T 股价）每股 5 天成交量加权平均价格所得的商数，四舍五入至小数点后两位，并计算为最接近的万分之一股（总体称为合并对价）。直路通信意图是（i）合并符合1986年经修订的《国内收入法案》第368（a）条颁布的《财政部条例》中的"重组"要求，及（ii）合并协议应构成《合并协议》中所述的财政部条例第1.368-2（g）条所指的重组计划。

　　直路通信董事会（下称董事会）一致批准了合并协议，并确定该合并协议及其交易对直路通信及其股东是公平合理的，且符合他们的最佳利益，同时决定建议直路通信的股东批准该合并协议。

　　根据与非招徕提案有关的某些例外情况，直路通信已同意不会直接或间接招徕竞争性的收购提案或参与任何有关非招徕收购提案的讨论或提供相关的非公开信息。但是，在符合某些条件的情况下，如果收到更优提案或合并协议签订之日后发生与直路通信有关的事件，且董事会在与其财务顾问和外部法律顾问协商后诚意确定不采取这样的行动将不符合适用法律下其对直路通信股东的受托责任，那么董事会可以改变其建议批准该合并协议的决定。

　　合并的完成取决于惯例成交条件的满足或放弃，其中包括：（i）直路通信股东批准协议；（ii）收到监管批准，包括收到联邦通信委员会（FCC）对合并的同意，以及根据经修订的1976年哈特-斯科特-罗迪诺反垄断改进法案（HSR）规定的任何等候期的期满或终止；（iii）没有任何法律或强制令禁止完成合并协议中的交易；（iv）表格S-4上有关合并登记声明的有效性；（v）在符合特定重要标准的前提下，各方的陈述和保证的持续准确性；（vi）各方在所有重大方面保持遵守约定；（vii）未发生已对或可能对直路通信有重大不利影响的事件（定义见合并协议）；（viii）直路通信公司收到其税务顾问意见，关于该合并将符合经修订的1986年《国内收入法案》第368（A）节中美国联邦所得税中"重组"的定义所产生的影响；（ix）收到AT&T股票在纽约证券交易所的上市批准，通知须正式发布；（x）在本段第（ii）点中提到的FCC同意须成为最终命令（定义见合并协议）。

　　直路通信已在合并协议中做出惯例声明和保证。合并协议还包含了惯用契约和协议，包括在合并协议签署之日至合并协议中拟进行交易完成之间，与直路通信业务行为有关的契约和协议。直路通信的陈述和保证被其披露时间表和美国证券交易委员会（SEC）文件中的披露证实是有效的。在合并协议交易结束后，任何合并协议中的陈述和保证都将不存在。

合并协议包含直路通信和 AT&T 公司某些终止权利，其中包括：（i）有一方有违规行为，导致交易条件未能实现；（ii）未取得直路通信公司股东对合并协议的批准；（iii）直路通信公司董事会改变其建议批准合并协议的决定。协议进一步规定，合并协议终止后，在直路通信因收到更优提案或因干预事件（定义见合并协议）而改变其建议的某些情况下，直路通信应向 AT&T 支付 3 800 万美元的分手费。此外，如果合并未在 2018 年 7 月 9 日（**最终日期**）之前完成，且除收到 FCC 同意或 HSR 批准（或 HSR 规定的等候期期满）外，所有合并完成条件均已得到满足或放弃，AT&T 公司必须向直路通信支付 8 500 万美元。如果在 2018 年 1 月 9 日或之前没有完成合并，则直路通信或 AT&T 公司可以终止协议。但是，如果尚未获得监管部门批准，且其他所有完成条件已经满足或者豁免，则直路通信或 AT&T 公司可以终止协议的日期将自动延长 180 天。

合并协议将作为报告附件，以便向投资者和证券持有人提供有关其条款信息。本协议不会提供关于直路通信、AT&T 或 Merger Sub 的任何其他事实信息，也不会修改或补充直路通信和 AT&T 提交给 SEC 的公开报告中关于它们自身的任何事实披露。合并协议中包含的直路通信、AT&T 和 Merger Sub 的陈述、保证和约定仅用于该合并协议，同时受制于直路通信、AT&T 和 Merger Sub 共同协定的有关该合并协议协商条款的重要的条件和限制。此外，其中一些陈述和保证对于特定日期的记录可能不准确或不完整，可能受制的合同标准与通常适用于直路通信或 AT&T 的 SEC 文件有很大不同，或是被用于在直路通信、AT&T 和 Merger Sub 中分摊风险而不是将事情确定为事实。

上述合并协议的摘要及其进行的交易并非完整，同时其完整性有效且受制于合并协议全文，该协议全文作为图表 2.1 附于本报告，并且通过引用并入本文。

此外，直路通信的大股东霍华德·乔纳斯已与 AT&T 公司签订投票协议，同时开始执行合并协议（投票协议）。投票协议规定，乔纳斯（通过信托持有其股份）将根据投票协议中规定的条款和条件，以其持有的直路通信股票投票支持合并及合并协议项下拟进行的其他交易。投票协议将在下列发生最早的事件时自动终止（i）合并有效时间，（ii）依照第七条的规定合并协议的有效终止，（iii）董事会在发生更优提案或干预事件时改变决策，（iv）对合并协议条款所做的任何变更将终止信托或乔纳斯投票赞成该合并的义务（根据合并协议的条款和条件），或者（v）最终日期。直路通信不是投票协议的一方。

上述投票协议及其拟进行交易的摘要并非完整，同时其完整性有效且受制于投票协议全文，投票协议作为表 B 附于合并协议中，合并协议全文作为图表 2.1 附于本报告，并且通过引用并入本文。

条款 5.02 董事或特定高级职员的离职；董事的选举；特定高级职员的任命；特定高级职员的补偿安排。

在签订合并协议时，直路通信批准了大卫·乔纳斯、乔纳森·兰德、皮周月和大卫·布雷奥的离职安排（以下统称高管）。离职安排规定，如果在合并完成后的两年内，直路通信在没有"理由"的情况下终止某高管的聘用，或某高管因"合理理由"（这两个词条的定义将放在合并完成前签订的离职协议中）而辞职，该高管有权接收一笔相当于其年度基本工资和目标奖金总额的 1.5 倍（乔纳斯可收到 2.5 倍）的一次性付款，但须放弃索赔要求。

直路通信还批准了对大卫·乔纳斯、乔纳·森兰德和戴维·布若的留任奖金，金额分别为 180 万美元、100 万美元和 100 万美元。在合并完成后继续受聘的个人有权在合并完成之日起 30 日内一次性领取留任奖金。

此外，大卫·乔纳斯还获得了 6 万股直路通信的限制性股票，该股票将在下列最早时间发生时授予（i）2018 年 12 月 31 日和（ii）完成合并之日。

条款 5.03 公司章程和条款的修订

2017 年 4 月 9 日，董事会决定，修订直路通信公司章程（下称章程）符合直路通信及其股东的最佳利益，并通过决议授权、批准和采用了章程的修订案（下称章程修订案）。章程修订案于合并协议之日起生效。

根据章程修订，新的第 11 条加入其中，规定除非直路通信以书面形式准许选取另外法院外，否则唯一且排他可以审理（i）代表直路通信提起的任何衍生诉讼，（ii）任何声称直路通信的任何董事、高级职员或其他雇员对直路通信或其股东违反受托责任的诉讼，（iii）任何根据特拉华州公司法或直路通信注册证书或章程（任一可能会不时进行修订）的规定主张索赔的诉讼，（iv）任何解释、申请、执行或确定直路通信注册证书或章程有效性的诉讼，或（v）任何针对直路通信，或针对受内部事务原则管辖的直路通信的任何主管或其他职员提起的诉讼，受理的法院应为位于特拉华州的州法院（如果位于特拉华州内的州法院没有管辖权，则使用特拉华州联邦地方法院）。

章程修订案副本作为图表 3.1 附于本报告，并且通过引用并入本文。

> **要点 2：** 8-K 表最重要的部分就是文件最后的部分，我们将其列在下方。这是套利交易者采取行动的关键。如果他们还没有持有直路通信的股份，这就是参与近代公司史上最有利可图的竞标战之一的机会。

条款 8.01 其他事件

2017 年 4 月 13 日，本公司（直路通信）和公司财务顾问永核集团有限责任公司收到第三方来信，该第三方在本公司签订合并协议前一直在竞标收购本公司。信中表示，该第三方仍对与本公司的交易感兴趣，且其目前正在"评估一项最高出价，认为该出价将比目前的交易更有利于你的股东"。无法保证直路通信会收到任何类似的报价，即使收到类似报价，也无法保证董事会将确定该要约构成合并协议中定义的更优提案。在任何情况下，本公司对任何此类要约的权利和义务应受合并协议的约束。

条款 9.01　财务报表及图表

财务报表及图表

图　表　号	描　　述
2.1	合并协议和计划。 日期：2017 年 4 月 9 日 协议方：特拉华州公司直路通信股份有限公司、特拉华州公司 AT&T Inc.、急转弯并购子公司股份有限公司
3.1	直路通信股份有限公司的章程修订案